I N V E S T I G A Ç Ã O

I

IMPRENSA DA UNIVERSIDADE DE COIMBRA
COIMBRA UNIVERSITY PRESS

U

EDIÇÃO
Imprensa da Universidade de Coimbra
Email: imprensa@uc.pt
URL: http//www.uc.pt/imprensa_uc
Vendas online: http://livrariadaimprensa.uc.pt

COORDENAÇÃO EDITORIAL
Imprensa da Universidade de Coimbra

CONCEÇÃO GRÁFICA
António Barros

INFOGRAFIA
Mickael Silva

IMAGEM DA CAPA
3D Social Networking by Chris Potter

PRINT BY
CreateSpace

ISBN
978-989-26-0865-5

ISSN DIGITAL
978-989-26-0866-2

DOI
http://dx.doi.org/10.14195/978-989-26-0866-2

DEPÓSITO LEGAL
408184/16

1ª EDIÇÃO • ABRIL 2009
1ª REIMPRESSÃO • SETEMBRO 2009
2ª REIMPRESSÃO • NOVEMBRO 2010

INTERVENÇÃO EM REDE   2.ª EDIÇÃO

Serviço Social, Sistémica e Redes de Suporte Social

SÓNIA GUADALUPE

IMPRENSA DA
UNIVERSIDADE
DE COIMBRA
COIMBRA
UNIVERSITY
PRESS

Ao Rui e à Laura

Índice

Introdução

As redes sociais, assim como o trabalho e a intervenção em rede, entram no vocabulário dos assistentes sociais recentemente, mas noções relacionadas estiveram sempre presentes no Serviço Social desde os primórdios da profissão.

O conceito de rede social tem contornos multidisciplinares, não sendo exclusivamente utilizada no contexto de uma disciplina científica, teoria ou modelo. No entanto, a temática das redes sociais associada à intervenção social e intervenção em rede é trazida para o Serviço Social português essencialmente pela via da intervenção sistémica, tendo-se consolidado através da chamada nova geração de políticas sociais. São inúmeras as ligações do Serviço Social à Sistémica, desde os cruzamentos na história, às influências mútuas dos contributos de autores oriundos de diversas áreas disciplinares e do próprio Serviço Social, às afinidades que encontramos entre os valores preconizados por tal perspectiva e os da profissão.

Introduzir esta temática obriga a um poder de síntese que nem sempre é possível ter. Mas aquilo a que me refiro por "Sistémica" ou a que Maria de Vasconcellos (2006) se refere como "pensamento sistémico" ou "epistemologia sistémica", enquanto "novo paradigma da ciência", ultrapassa em muito a conhecida "teoria dos sistemas" e inclui os novos desenvolvimentos, que incorporam articulações e contributos transdisciplinares que dão corpo às "teorias sistémicas novo-paradigmáticas" (*idem*). Esta distinção nem sempre é passível ser traçada claramente, dada a profusão de nomenclaturas. Como sempre me habituei a considerar a Sistémica como uma forma de perspectivar o mundo, utilizo frequentemente a expressão "perspectiva sistémica", não querendo, no entanto, trair os seus sentidos epistemológico, ontológico e gnoseológico.

A minha formação em intervenção sistémica trouxe-me uma nova forma de pensar a relação como mundo e, particularmente enquanto assistente social, uma nova forma de equacionar a intervenção em Serviço Social. As implicações nas relações estabelecidas entre sistemas interventores e de intervenção são múltiplas e transformadoras. Apesar do contexto dominante relativamente ao qual fui pensando e ensaiando as intervenções ao longo desta formação ter sido sempre o sistema familiar, já que a formação que me guiou e trilhou os caminhos foi em terapia familiar e intervenção sistémica, integrei as concepções que me faziam mais sentido e alarguei-as a outros contextos da intervenção social. Descobri, assim, um campo ainda em aberto para o Serviço Social nas redes sociais, particularmente na sua vertente de suporte social, e na intervenção em rede.

Embora tenha escrito estes textos como assistente social e, essencialmente, enquanto professora e formadora de assistentes sociais, tenho a forte convicção de que a intervenção em rede se constitui como um terreno claramente multi e transdisciplinar, pelo que os conteúdos que proponho nesta obra se dirigem a estudantes e profissionais de Serviço Social, assim como aos diversos actores profissionais que participam na área da intervenção comunitária, e que utilizam metodologias associadas à intervenção em rede.

A forma como estruturei os textos permitirá a sua abordagem na sequência prevista, ou, pelo contrário, fazer uma leitura mais centrada num ou noutro ponto, sem que o leitor tenha necessariamente de se inteirar por completo dos pontos precedentes ou subsequentes. O primeiro capítulo aborda a relação do Serviço Social com a Sistémica e enquadra epistemologicamente os conteúdos que se seguem. O segundo capítulo é dedicado à conceptualização de um dos conceitos centrais do livro: a rede social. Segue-se uma problematização e operacionalização do diagnóstico das redes de suporte social no âmbito do Serviço Social, sucedendo-se o quarto capítulo, onde são apresentados diversos instrumentos para o diagnóstico e intervenção social em sistemas sociais. Os dois últimos capítulos são dedicados à intervenção em rede, onde são debatidos conceitos e práticas e apresentados vários modelos de intervenção em rede ensaiados por autores relevantes nesta área.

São leituras, percursos de formação, debates, reflexões e inquietações que constituem os sustentáculos onde se ancoram as minhas concepções actuais. Organizei, por vezes de forma caótica e nem sempre conclusiva, o que fui integrando. A singularidade e interesse da obra residem no que emerge da forma como a concebi, entrelacei e construí. Sigam-me, então, neste entrelaçado para que daqui resulte a co-construção de uma rede de conhecimentos e posicionamentos para equacionar a avaliação e a intervenção nas redes de suporte social.

1. As interconexões do Serviço Social com a Sistémica

1.1. Serviço Social e Sistémica, uma relação consolidada

O Serviço Social apresenta amplas e inúmeras ligações à e com a Sistémica, nas suas mais diversas expressões.

Se ao longo dos anos esta relação se tem consolidado, não pode, no entanto, afirmar-se a existência de um quadro teórico, perspectiva, orientação, modelo de acção ou abordagem que reúna consenso no âmbito do Serviço Social. Nem nos parece que tal fosse desejável para a profissão, correndo o risco de, pelo contrário, ser redutor e estrangulador. Aliás, as investigações levadas a cabo por Norlin e Chess (1997, *cit. in* Miley *et al.*, 2001) e Timberlake, Sabatino e Martin (1997, *in op cit.*) revelam a diversidade teórica que orienta o exercício profissional dos assistentes sociais que parecem preferir a integração de referenciais distintos para a construção de uma abordagem eclética, apesar do primeiro estudo apontar para que as orientações psicossociais e dos sistemas sociais fossem referidas como as mais frequentemente aplicadas.

Miley *et al.* (2001) identificam um conjunto de factores a ter em conta quando se avalia a utilidade que uma teoria apresenta na prática. Entre eles estão os conhecimentos que lhe subjazem, expectativas quanto ao papel do interventor e do utente, definição que traz para os problemas sociais, ênfase na mudança, abrangência de áreas relevantes e focalizações, a apresentação de métodos específicos de intervenção, consistência com a ética e os valores profissionais, efectividade interventiva consubstanciada e sustentada em pesquisas desenvolvidas. As opções e orientações que cada assistente social faz baseado no seu posicionamento sobre a sua própria formação, concepção da sociedade e da relação da profissão com a sociedade, demonstram a sua adesão a paradigmas tradicionais ou alternativos (Schriver, 1998, *in op cit.*), levando a que, por um lado, "funcionem como agentes de controlo social ou, em contraste, favoreçam o poder dos seus clientes no sentido de produzirem mudanças em si próprios, nas suas situações e na estrutura social" (Miley *et al.*, 2001:28).

Não pretendendo clivar estas duas vias, pois nem sempre se podem distinguir de forma tão clarificadora, entendemos que contemporaneamente assistimos esmagadoramente à defesa da segunda postura no plano do discurso, mas práticas pouco reflectidas levam a esbarrar na primeira postura. A produção desta obra baseia-se essencialmente neste diálogo frequentemente contraditório. As nossas convicções passam por afirmar que, apesar de determinadas metodologias de intervenção social no quotidiano terem ficado associadas, numa determinada conjuntura socio-histórica, a um dos dois grandes paradigmas que, na concepção de Faleiros (1983, cit. in Faleiros, 1997a), orientam a prática profissional, ou seja, o paradigma funcionalista-tecnocrático e o paradigma dialético e político ou crítico, encontramos possibilidades de equacioná-las à luz de diferentes posicionamentos.

Um assistente social orientado ideologicamente por ditames mais conservadores e outro por concepções críticas da sociedade usarão a mesma metodologia, os mesmos recursos e a mesma acção de forma diametralmente distinta. Apesar de admitirmos que nem todas as metodologias são neutras ou assépticas, muito mais facilmente reconhecemos que a sua utilização acrítica redunda numa intervenção social atomística pouco fecunda em mudança, independentemente do discurso mastigado sobre o agente de mudança social difundido e repetido sistematicamente pelos assistentes sociais na actualidade.

Faleiros (1997a) discute a possibilidade de erigir a rede e a relação de redes como objecto da profissão baseando-se no pressuposto teórico de que tanto a sociedade como a profissão se constroem na dinâmica das relações sociais, implicando lutas de poder e saber.

Este debate em torno desta proposta da construção da rede social enquanto objecto profissional trazido por Faleiros (1997a) funda-se em questões diametralmente distintas daquelas que conhecemos associadas às práticas preconizadas e levadas a cabo pelo Serviço Social nos primórdios da profissão, mesmo as que já focalizavam o indivíduo no seu contexto. Lembramos, por exemplo, a importância assumida pela visita domiciliária, com ampla tradição na área da saúde, e que se consubstanciava numa entrevista conjunta com a família para que se obtivesse um quadro completo dos seus problemas. Uma das autoras pioneiras do Serviço Social, Mary Richmond, na sua obra de 1917, *Diagnóstico Social*, considerava algumas asserções da intervenção que se aliam a uma concepção ecológica da intervenção social. Esta autora defendia o tratamento de toda a família, advertindo contra o isolamento dos membros da família e do seu contexto natural. Richmond antecipou mesmo algumas ideias do modelo estrutural familiar (por exemplo, o conceito de coesão familiar) e a ideia de família como sistema dentro de sistemas.

No quadro do designado Serviço Social Clínico, com tradição norte-americana, a terapia familiar e os desenvolvimentos metodológicos no âmbito do que se convencionou designar por intervenção sistémica, foi o campo onde mais se tornou visível e consolidou esta relação. Tanto é assim, que Nichols e Scwartz (1998:34) afirmam mesmo que "nenhuma história da terapia familiar seria completa sem mencionar a enorme contribuição dos assistentes sociais e a sua tradição de serviço comunitário".

O interesse e envolvimento de assistentes sociais pela terapia familiar estabeleceu-se em grande medida porque, "desde o início da profissão, os assistentes sociais estiveram preocupados com a família, tanto como uma unidade social fundamental quanto como foco da intervenção" (Ackerman, Beatman, & Sherman, 1961, cit. in Nichols & Scwartz, 1998:34). Não podemos também deixar de assinalar que alguns autores contemporâneos que muito contribuíram para o desenvolvimento da intervenção sistémica nas últimas décadas, nos planos teórico-metodológico e técnico, foram ou são assistentes sociais ou estão intimamente ligados ao Serviço Social, a saber: Virginia

Satir[1], Peggy Papp[2], Lynn Hoffman[3], Insoo Kim Berg[4], Jay Lappin[5], Olga Silverstein[6], Froma Walsh[7]; Peggy Penn, Michael White[8], Steve de Shazer[9], Monica McGoldrick,[10] Betty Carter[11], Stefano Cirillo[12], entre outros.

Mas esta relação do Serviço Social com as teorias dos sistemas e com a Sistémica nunca foi nem é pacífica nos debates no seio da área disciplinar.

Superar a divisão dos modelos tradicionais

Werner Lutz (1956, *cit. in* Hartman & Laird, 1983) examina criticamente a aplicação dos conceitos da Teoria Geral dos Sistemas ao Serviço Social no seu artigo "*Concepts and Principles Underlying Social Work Practice*", encontrando-se o mesmo tipo de discussão na

---

[1] Viveu entre 1916 e 1988. Com formação inicial ligada à educação, inicia o seu trabalho com famílias em 1951, sendo uma das pioneiras da terapia família e co-fundadora do *Mental Research Institute*. Publicou *Conjoint Family Therapy* (1964), *Peoplemaking* (1972) e *The New Peoplemaking* (1988).

[2] Membro *do Ackerman Institute for The Family*. Autora da obra *The Process of Change* (1983).

[3] Autora de *Foundations of Family Therapy* (1981) e *Family Therapy: an intimate history* (2001).

[4] Viveu entre 1935 e 2007. Com diversas ligações ao ensino em Serviço Social, contribuiu para o desenvolvimento das terapias breves centradas na solução. Foi co-fundadora e directora do *Milwaukee Brief Family Therapy Center* e fundadora da *Solution-Focused Brief Therapy Association*. Obras mais recentes: *Interviewing for Solutions* (1997), *Tales of Solutions* (2001), *Building Solutions in Child Protective Services* (2000).

[5] Formado em Serviço Social Clínico em 1976 pela Universidade de Rutgers. Encontra-se ligado a instituições como *American Association of Marriage and Family Therapy*, *National Association of Social Workers, American Family Therapy Academy, Minuchin Center for the Family*.

[6] Co-autora da obra *The Invisible Web* (1991), com Peggy Papp e Betty Carter.

[7] Foi presidente da *American Family Therapy Academy*. É professora na *The School of Social Service Administration* em Chicago. Fundou, juntamente com John S. Rolland, o *Chicago Center for Family Health*. É autora de *Morte na Família* (com Mónica McGoldrick, 1998) e *Fortalecendo a Resiliência Familiar* (2005), entre outras obras.

[8] Introduz as Terapias Familiares Narrativas e desenvolveu a técnica da externalização dos problemas. Fundador e co-director do *Dulwich Centre* (Adelaide, Austrália). Escreveu *Maps of Narrative Practice* (2007), sendo co-autor com David Epston de *Narrative Means to Therapeutic Ends* (1980).

[9] Foi, até à sua morte, em 2005, director do *Brief Family Therapy Center*. É autor de *Patterns of Brief Family Therapy, an Ecosystemic Aproach* (1982) e *Claves para la solución en terapia breve* (1990), entre outras obras, para além da parceria com White já referida.

[10] É diplomada em Serviço Social pelo *Smith College School of Social Work*. É actualmente directora do *Multicultural Family Institute of New Jersey*. Escreveu com Betty Cárter *The Family Life Cycle: a framework for family Therapy* (1980) e *The Expaned Family Life Cycle: individual, family and social perspectives* (1999), com Randy Gerson escreveu *Genograms in Family Assessement* (1985), organizou com Betty Carter *As Mudanças no Ciclo de Vida Familiar* (1989, 1995), com Froma Walsh organizaram *Morte na Família, sobrevivendo às perdas* (1991, 1998), escreveu com Derald Wing Sue *Multicultural Social Work Practice* (2005), com J. Pearce e J. Giordano *Etnicity & Family Thepapy* (1992), *Novas abordagens da Terapia Familiar* (2006), entre outras obras. Mereceu a distinção da *Social Work Coalition of UMDNJ* em 1989.

[11] A assistente social, também conhecida como Elizabeth Carter, é conhecida pela produção de obras em torno do ciclo vital da família com Mónica McGoldrick. O seu nome associa-se às terapias familiares feministas.

[12] Este psicólogo dedicou-se às aplicações da Sistémica aos serviços sociais. É responsável pela *Scuola di Psicoterapia della Famiglia Mara Selvini Palazolli* (Milão, Itália). Coordenou um trabalho que reúne contributos de diversos assistentes sociais: *Il cambiamento nei contesti non terapeutici* (1990).

obra *Theory Building in Social Work* de Gordon Hearn (1958, *in op cit.*). Foi uma década mais tarde que a influência da Sistémica no Serviço Social norte-americano se veio a consolidar pela mão de Hearn, que produziu uma série de comunicações apresentadas nos encontros do *Council on Social Work Education*, em 1969, sobre a aplicação destas teorias ao ensino e prática do serviço social, pelo que Malcolm Payne (2002) o aponta como um dos primeiros autores que aplicou a teoria dos sistemas ao trabalho social. Na mesma linha foram os contributos de Mary Paul Janchill (1969), Carel Germain (1968) ou Carol Meyer (1970) (*cit. in* Hartman & Laird, 1983). Hartman e Laird (1983:60) sublinham que tanto teóricos, como professores ou profissionais de Serviço Social perceberam "o poder integrador da perspectiva dos sistemas como uma ajuda no desenvolvimento de modelos genéricos da prática que alcançassem os métodos tradicionais" que ficaram conhecidos como serviço social de casos, grupos e comunidades.

Aliás, esta superação da divisão dos modelos tradicionais aparece reflectida em dois estudos de 1973, de Goldstein e de Pincuis e Minahan, que defenderam a aplicação das ideias de sistemas à prática. Estes vieram a ter um impacte determinante na profissão, nomeadamente no trabalho em grupo e no desenvolvimento social (Payne, 2002). Goldstein, assistente social e professor de Serviço Social, partindo da teorização sobre a praxis, defende que o assistente social deve fazer uma reflexão sobre o seu trabalho diário onde encontrará indícios para investigar novos conhecimentos que permitirão uma prática mais eficaz (Campanini & Luppi, 1996). No trabalho com indivíduos, o autor destaca a possibilidade de entender os indivíduos como membros interactivos de uma multiplicidade de relações sociais. A abertura a novas teorias possibilitou que a "sua forma de ver e compreender", influenciasse a sua prática e proporcionasse uma série mais ampla de alternativas para intervir em qualquer "indivíduo-condição--problema". A capacidade para entender o indivíduo como inseparável das suas relações e contextos sociais mais vastos, deu-lhe a oportunidade de trabalhar com famílias, com grupos e com intervenções de desenvolvimento e acção comunitária. Debatia-se com a falta de uma teoria capaz de oferecer uma visão global dos problemas sociais: encontrou resposta na Teoria Geral dos Sistemas. Incorporou, assim, a teoria sistémica como uma série de princípios para a prática do Serviço Social. Acredita que a adopção desta chave de leitura permite a redefinição do papel e das funções na profissão: não só resolver os problemas mas activar as possibilidades do sistema-utente desenvolver competências para que possa resolvê-los autonomamente. Goldstein propõe, assim, um "modelo unitário" em que o assistente social e o utente estariam inseridos no âmbito de sistemas sociais mais amplos em interacção (*idem*).

Allen Pincus e Anne Minahan, na obra *Social Work Practice: Model and Method*, de 1973, apresentam o seu modelo para a prática a partir de uma reflexão sobre as funções do Serviço Social, partindo das ideias sobre a mudança nos sistemas sociais preconizadas por Lippett, Watson e Westley (1958, *cit. in* Hartman & Laird, 1983). A sua intenção seria ultrapassar a ideia de que os assistentes sociais se dedicariam apenas a uma só dimensão do sistema: indivíduo, pequeno grupo ou comunidade, ultrapassando também a divisão metodológica tradicional.

Campanini e Luppi (1996) apresentam o modelo destes autores como um "modelo integrado" de quatro sistemas: o sistema agente de mudança (instituição ou organização); o sistema utente (pessoa, família, grupo, organismo ou comunidade); o sistema branco (pessoas que exercem influência para que se possibilite a mudança); e o sistema de acção (pessoas que trabalham para o objectivo de mudança, entre as quais se destaca o assistente social). Defendem que o Serviço Social se debruça sobre as interacções entre as pessoas e os sistemas no seu ambiente social, definindo, assim, o seu objecto. Não consideram o problema em si mesmo, mas na sua dimensão de significado no contexto dos sistemas: as reacções que provoca, os recursos que se podem activar para a sua resolução, etc. Defendem, no entanto, que nenhum modelo poderá adaptar-se ou funcionar bem em todos os contextos, devendo, por isso, o Serviço Social adoptar vários enfoques teóricos. Neste sentido, Hartman e Laird (1983:59,61) afirmam a sua "prática centrada na família" inscrita numa abordagem sistémica eclética, que utiliza o quadro da teoria geral dos sistemas em complementaridade com a perspectiva ecológica enquanto "plataforma epistemológica".

Se as autoras enfatizam o contributo da Teoria Geral dos Sistemas para equacionar e pensar os fenómenos e organizar as percepções sobre indivíduos, famílias, organiza-ções e ambientes, afirmam, no entanto, que para que esta teoria se estruturar "numa série de proposições que guiem a prática do dia-a-dia, tem de ser aplicada de forma mais particular ao mundo do Serviço Social" (*idem*:68). Para tal defendem que será através da "ciência da ecologia enquanto metáfora para a prática que essas concepções abstractas vão ser aplicadas concretamente" (*idem*:69). Adoptada a ecologia como metáfora para a prática do Serviço Social, a unidade que passaremos a focalizar será "o sistema ecológico complexo que inclui o indivíduo, a família, o ambiente relevante, e as relações transaccionais entre esses sistemas" (*ibidem*), ou seja, estamos a lidar com "um sistema ecológico extremamente complexo" (*ibidem*). Hall e Fagen (1968, *cit. in* Hartman & Laird, 1983:69) reafirmam esta necessidade de alargamento dos sistemas na concepção das situações com as quais trabalham os assistentes sociais, dizendo que "um sistema em conjunto com o seu ambiente constroem o universo das coisas que interessam num dado contexto", entrando no domínio da complexidade.

A Sistémica na definição de Serviço Social

A relação que se foi construindo inscreve-se claramente na definição de Serviço Social (Trabalho Social, se traduzido literalmente[13]) proposta pela *International Fede-ration of Social Workers* (IFSW)[14] em 2000 (*in* Henriquez, 2001), já que esta remete o exercício profissional para a promoção da mudança social, resolução de problemas e capacitação das pessoas orientado pelos princípios da justiça social e dos direitos humanos, e centra o campo de intervenção na relação entre as pessoas e o meio am-biente, partindo de teorias do comportamento humano e dos sistemas sociais, guiando a análise de situações complexas e fomentando transformação a nível individual, organizacional, social e cultural.

A IFSW identifica práticas e intervenções diversas, tanto a nível psicossocial como no plano sociopolítico. No conjunto das primeiras refere as intervenções terapêuticas

---

[13] Esta designação é utilizada em diversos países para identificar o Serviço Social enquanto profissão, no entanto, em Portugal a designação para a profissão é Serviço Social, utilizando-se a expressão Trabalho Social para designar um conjunto de profissões do campo da intervenção social, entre as quais se encontra o Serviço Social.

[14] Encontra informação adicional *online in* ww.ifsw.org, constando inclusive a versão portuguesa da definição (Cf. www.ifsw.org/en/p38000411.html).

familiares. Apesar de concordarmos que o trabalho psicoterapêutico com famílias pode ser contemplado nas intervenções do Serviço Social, desde que os assistentes sociais que assumam essas intervenções tenham desenvolvido competências específicas neste âmbito, estas não esgotam as intervenções sistémicas. Também é nossa convicção que a terapia familiar não será o tipo de intervenção sistémica que faz mais sentido levar a cabo nos contextos de trabalho dos assistentes sociais, pelo menos tida numa acepção clássica correspondente a um *setting* próprio. Os contextos e as problemáticas de intervenção em Serviço Social oferecem desafios que encontram terreno profícuo em intervenções de âmbito microssocial menos estruturadas, quer seja a nível das intervenções em rede ou com famílias multiassistidas.

Apesar desta definição de Serviço Social acentuar questões de fundo que entendemos como implicações de uma epistemologia sistémica, o facto de reportar parte da sua base teórico-metodológica para a teoria dos sistemas traz uma vez mais a necessidade de clarificação e de discussão dos pressupostos e orientações epistemológicas e ontológicas que lhe subjazem. As evoluções e articulações integradoras na Sistémica há muito se descolaram das teorias que lhe deram origem, pelo que se torna desconfortável ainda observar que a teoria dos sistemas é apresentada quase taxativamente por alguns autores contemporâneos, sem que se tenham em consideração as críticas ou as articulações, desenvolvimentos e discussões actuais.

1.2. Uma Epistemologia para o Serviço Social

Teoria, modelo, quadro ou perspectiva

Tentaremos aqui equacionar possíveis respostas para a pergunta: pode a Sistémica ser uma epistemologia para o Serviço Social?

Antes de prosseguir, é necessário esclarecer a que nos referimos quando nos reportamos à Sistémica: a um quadro epistemológico, a uma teoria, a um modelo de intervenção, ou às três vertentes simultaneamente? Vasconcellos (2006) sistematizou diversas expressões utilizadas que se prendem com estas três dimensões geralmente identificadas no âmbito científico: a epistemologia, a teoria e a prática. Podemos recuperar algumas dessas expressões que muitos usam e que geram uma enorme confusão conceptual: epistemologia sistémica, paradigma sistémico, visão sistémica, pensamento sistémico, quadro de referência sistémico, perspectiva sistémica, concepção sistémica, postura sistémica, teoria sistémica, modelo sistémico, abordagem sistémica, enfoque sistémico, intervenção sistémica, prática sistémica, trabalho sistémico, método sistémico, técnica sistémica, terapia sistémica, formação sistémica, etc...

Curiosamente, logo na capa da tradução castelhana do livro de Campanini e Luppi (1991) aparece no título a expressão "modelo sistémico" e logo no subtítulo o conceito de "perspectiva", algo semelhante acontecendo na divisão do livro "A Sistémica" de Durand (1979:11), aparecendo como título da primeira parte "a abordagem sistémica" e do primeiro capítulo "um novo método", assim como na conclusão, a referência à "abordagem sistémica e cultura sistémica" e às "perspectivas sistémicas". Estes são apenas dois exemplos que ilustram bem a aplicação diversa que é dado ao conceito.

Vasconcellos (2006) considera o "pensamento sistémico como o novo paradigma da ciência" ou como "a epistemologia da ciência novo-paradigmática" (Vasconcellos, 1995, *in op cit.*:24). A autora reivindica este estatuto para o pensamento sistémico "porque pensar sistemicamente é pensar a complexidade, a instabilidade e a intersubjectividade; ou porque os pressupostos da complexidade, da instabilidade e da intersubjectividade constituem em conjunto uma visão de mundo sistémica" (Vasconcellos, 2006:147). É nesta tríade conceptual que assenta a cisão com a ciência dita tradicional. Apesar de no contexto da pós-modernidade existirem outras epistemologias que podem reclamar o mesmo estatuto, tal como os paradigmas da complexidade de Edgar Morin, do construtivismo social de Heinz von Foester, Paul Watzlawick ou Glasersfeld, da auto-organização de Humberto Maturana e Varela, das estruturas dissipativas ou da ordem a partir da flutuação de Ilya Prigogine, entre outros (Vasconcellos, 2006), a autora dirige o seu foco de atenção para as suas convergências e articulações, reconhecendo capacidade ao pensamento sistémico para abordar a relação recursiva entre as três dimensões que a autora reclama para o paradigma científico, dimensões essas que não concebe que alguém adopte isoladamente. É neste ponto que reconhecemos a pertinência da sua proposta, já que a Sistémica desde sempre preconizou uma encruzilhada que trilha caminhos de outros e fez deles os seus próprios caminhos.

Apesar de partilharmos as ideias da autora que fundamentam a proposta do pensamento sistémico enquanto paradigma da ciência pós-moderna, não o assumiríamos como *o paradigma*, mas antes como *um paradigma* entre outros, retirando-lhe o peso da exclusividade e afastando o risco de uma nova pretensão hegemónica ou de encará-lo como omincompreensivo. Deixaríamos igualmente cair o epíteto *novo* por considerar que a sua contextualização socio-histórica faz com que rapidamente esta adjectivação perca sentido.

Transições paradigmáticas

A crise da ciência moderna e dita tradicional, construída sobre o modelo de racionalidade, ou "fim de ciclo de hegemonia de uma certa ordem científica", tal como refere Santos (1987:9), abre portas a uma nova ordem científica, muito pela mão das ciências sociais.

"A consciência filosófica da ciência moderna, que tivera no racionalismo cartesiano e no empirismo baconiano as suas primeiras formulações, veio a condensar-se no positivismo oitocentista" (Santos, 1987:18) que aplicou o modelo mecanicista ao domínio social em duas vertentes vulgarmente consideradas antagónicas: a da "física social", que preconizava a aplicação dos princípios da epistemologia e metodologia igualmente aplicáveis aos estudos da natureza; a que reivindica um estatuto próprio para as ciências sociais aprisionando-as no domínio da subjectividade (*idem*). Esta última, apesar de no enunciado surgir com uma postura antipositivista, revela-se como subsidiária do modelo de racionalidade das ciências naturais, distinguindo a natureza do ser humano e reivindicando especificidades e a necessidade de utilização de metodologias qualitativas (*idem*). Se esta vertente não se demarcou do paradigma dominante, permitiu abrir capítulos de discussão que traziam sinais da crise que veio a instalar-se.

Santos (1987:5), metaforicamente, numa reflexão situada em plena transição paradigmática, no último quarto do século XX, diz-nos que "vivemos num tempo atónito que ao debruçar-se sobre si próprio descobre que os seus pés são um cruzamento de sombras, sombras que vêm do passado que ora pensamos já não sermos, ora pensamos não termos ainda deixado de ser, sombras que vêm do futuro que ora pensamos já sermos, ora pensamos nunca virmos a ser".

A construção desta ideia de crise institui-se pela interacção de uma série de pequenos e grandes rombos nas convicções até aí inquestionáveis da ciência. Desde logo as teorias e enunciados de Einstein e os novos desafios que colocava ao domínio da astrofísica, a física quântica com as ideias sobre a interferência do observador no objecto a nível da microfísica ou o princípio da incerteza de Heisenberg, assim como as investigações de Gödel e o teorema da incompletude que levam a questionar os fundamentos do rigor da matemática (Santos, 1987), ou os avanços no conhecimento nas diversas ciências que permitiram introduzir novas linhas de questionamento e pensamento na construção científica.

"O que afecta um paradigma, quer dizer, a pedra angular de qualquer sistema do pensamento, afecta simultaneamente a ontologia, a metodologia, a epistemologia, a lógica e consequentemente a prática, a sociedade, a política" (Morin, 2003:80), como tal, os reflexos não podem fazer-se sentir apenas no plano das discussões académicas e científicas. Paradigma é uma palavra com origem grega em *parádeigma* (que significava modelo ou padrão). Este é entendido como conjunto de regras e regulamentos que estabelecem limites (Vasconcellos, 2006) ou como "princípios *supralógicos* de organização do pensamento" (Morin, 2003:14) que subjazem às operações que permitem o conhecimento (separação, união, hierarquização, centralização), podem ser entendidos igualmente como os "princípios ocultos que governam a nossa visão das coisas e do mundo sem que disso tenhamos consciência" (*idem*:15). Então, estamos permanentemente a "filtrar" o mundo através dos nossos paradigmas. Aliás, os construtivistas dedicaram muito da sua atenção à natureza pró-activa dos processos cognitivos na relação que o sujeito estabelece com o mundo e às implicações que tal concepção trazia às formas como podemos equacionar esta relação, e que merecerão destaque adiante.

Todas as mudanças paradigmáticas reflectem-se necessariamente na intervenção social e no quotidiano, "cada um de nós, ao mudar seu paradigma, é que se constituirá como um foco de possíveis e significativas transformações" (Vasconcellos, 2006:25).

Discussões e confusões

Regressemos um pouco atrás no texto e à pergunta inicial deste ponto. Numa tentativa de resposta, que será sempre uma aproximação e nunca *a* derradeira resposta, diríamos que a Sistémica é um quadro epistemológico no contexto da pós-modernidade que se articula, absorve e integra aspectos de diversas abordagens teóricas e teorias de diferentes áreas, permitindo a formulação de modelos de intervenção vinculados a uma postura moldada pelo olhar que se constrói nesse mesmo quadro. É nesta dupla vertente que equacionamos o seu enlace com o Serviço Social.

Perspectivada enquanto modelo de intervenção social, é acusada amiúde de ser asséptica, entendendo-se que tenta distanciar-se de qualquer ideologia. No entanto, não é este o entendimento que temos. Curiosamente, num breve encontro com José

Paulo Netto, confessando a vinculação às ideias da Sistémica, este fez uma associação imediata ao funcionalismo que também imediatamente recusámos sem, no entanto, ter-se proporcionado o tempo, o espaço e a oportunidade para discutir-se o ponto de vista divergente em que nos colocamos. Esta é, aliás, uma associação feita comummente por colegas que optaram por aprofundar outros modelos e que trilharam outras "escolas". Foi provavelmente para responder a este desafio que nos propusemos a colocar por escrito as nossas convicções e a organizar os conhecimentos e reflexões acumuladas relativamente à intervenção em rede numa perspectiva sistémica.

Consideramos, desde logo, que as transformações e articulações na ciência contemporânea permitem equacionar ideologicamente a intervenção numa perspectiva sistémica. Mas esta será apenas e unicamente uma das pistas que se reflectem ao longo deste trabalho, prometendo dedicar-nos a esta discussão de forma mais aprofundada em futuros trabalhos.

A estas acusações de assepsia subjazem duas confusões.

A primeira está relacionada com a defesa da neutralidade na intervenção feita pela Sistémica, ideia esta que pode ser uma quimera. Quando nesta área se fala em neutralidade na intervenção alude-se ao respeito por todas as perspectivas de todos os intervenientes, sendo esta mais próxima de uma posição múltipla do que uma não-posição (Relvas, 2000). Concordamos inteiramente com Durkin (1981, *cit. in* Efran & Clarfield, 1998) quando este afirma que "nenhuma postura é apolítica ou neutra".

Mas trata-se fundamentalmente de uma confusão entre quadros conceptuais que partilham raízes e conceitos-chave mas que seguem rumos claramente divergentes. Referimo-nos concretamente ao facto de as teorias sociológicas da acção social de Talcott Parsons serem identificadas na literatura por teoria dos sistemas ou "teoria sistémica da sociedade" (Figueiredo, 2003) ou mesmo "análise sistémico-funcional" (Sanicola, 1994), tendo ficado também conhecidas na Sociologia como o paradigma do sistema social. Hartman e Laird (1983) sublinharam a influência que os sociólogos americanos do funcionalismo estrutural[15], Talcott Parsons, Luhmann e Robert Merton, tiveram no Serviço Social dos anos cinquenta.

Note-se, aliás, que alguns dos autores do Serviço Social que criticam duramente a Sistémica fundamentam essas críticas nas ideias do chamado funcionalismo estrutural. De facto, as primeiras obras de Talcott Parsons (1902-1979), *The Sctructure of Social Action*, de 1937, e *The Social System*, de 1951, que contribuem para a construção da sua teoria sobre o sistema de relações sociais para a análise da sociedade, tiveram uma enorme influência no Serviço Social à época. Embora não sejam claras as influências mútuas entre esta corrente da Sociologia e a Teoria Geral dos Sistemas ou a Cibernética, a sua contemporaneidade com a obra de Parsons leva a considerar a possibilidade de emigração de conceitos, já que o autor equacionou a acção social como uma relação entre o actor e uma dada situação que ocorre num contexto global que entende a acção como elemento de uma totalidade que os sistema organiza. Apesar desta aparente relação, o conceito de sistema social em Parsons é tido como uma derivação da construção de Pareto (1848-1923) cujas ideias se centram em torno do equilíbrio (ou

---

[15] Esta é a designação mais comummente associada a Talcott Parsons. Alain Birou (1988) inclui a concepção estruturo-funcional da teoria sociológica na corrente da Sociologia Funcional, apesar de referir-se igualmente ao contributo do autor quando define estruturalismo.

"imutabilidade endógena") como estado preferencial no funcionamento do sistema, atribuindo a sua mutação a uma origem exógena (Figueiredo, 2003).

Parsons propõe o *"AGIL Scheme"* (*Adaptation, Goal, Integration e Latency*) para uma doutrina em torno dos conceitos de estrutura, função e sistema social, valores e norma (Figueiredo, 2003). A função reporta-se ao conjunto de actividades destinadas a responder aos quatro tipos de necessidades do sistema: adaptação (que possibilitaria as relações entre o sistema e o meio); perseguição de objectivos (que definiria os seus fins e mobilizaria recursos para alcançá-los); integração (tida por responsável pela coordenação das partes e a manutenção da sua estabilidade); latência (que asseguraria a manutenção e fidelidade às normas e valores do sistema). O sociólogo Robert King Merton (1910-2003) centrou-se mais na distinção entre o que considerava funções manifestas e latentes e entre a ideia de função e disfunção (Giddens, 1997). As funções latentes reuniriam intencionalidade na participação social, sendo as segundas as consequências dessa actividade sem que disso os participantes tivessem consciência. Assumindo a coesão social como função latente da sociedade, concentra-se nas suas tendências desintegradoras ou que desafiassem a ordem das coisas. A disfunção referia-se, então, aos aspectos da acção social que levassem à produção de mudança, entendida como uma ameaça à coesão social (*idem*).

Estas concepções e os conceitos "derivados" são um enorme foco de discussão em todas as abordagens teórico-metodológicas. Sanicola (1994:85-108) sistematiza bem esta discussão e os seus dilemas, confrontando a "análise sistémico-funcional" com a "abordagem relacional", problematizando os limites e (i)legitimidades de ambas em torno de diversos parâmetros. A autora (*idem*:98) considera que o funcionalismo e o neofuncionalismo apresentam "uma compreensão insuficiente da relação social" e demonstram os seus limites como leitura da sociedade, não só numa perspectiva teórica como também para a prática interventiva, vinculando-se à abordagem que esta chama de relacional.

Se, de facto, a partilha conceptual patrocina algumas das confusões que assinalámos, veremos adiante no texto que, no quadro de evolução epistemológica da Sistémica, esta vem a demarcar-se inequivocamente da forma como estes conceitos foram usados e divulgados pelas escolas funcionalistas.

Rejeitando clivagens entre abordagens

Os desenvolvimentos que a Sistémica sofreu e as articulações que possibilitou, permitem reconhecer no seu corpo teórico reflexos claros das propostas vinculadas às principais abordagens sociológicas, quer do estruturalismo, do funcionalismo ou do interaccionismo simbólico. Já relativamente ao marxismo esta relação não se torna tão clara, o que não quer dizer que sejam incompatíveis. Provavelmente nenhuma perspectiva, mesmo num campo de discussão com profundas clivagens, será incompatível de forma absoluta. Também consideramos que nenhum paradigma, abordagem teórica, teoria e modelo que informem a intervenção social pode ser tido por monolítico. Se os colocarmos à conversa, de forma aberta, descobriremos sempre novas possibilidades de olhar que nos permitirão construir um posicionamento que nos distanciará ou aproximará deles num ou noutro aspecto, mas raramente de forma absoluta e definitiva. Se haverá aspectos que não nos farão sentido e que rejeitaremos, haverá outros que nalguma situação ou nalgum contexto o poderão fazer e relativamente aos quais recorreremos no nosso pensamento e na nossa acção enquanto actores sociais.

Entendemos que a Sistémica faz um enorme sentido na prática quotidiana dos assistentes sociais, que se faz essencialmente a nível microssocial, desde que esta prática não se limite a este plano e não perca de vista as questões mais amplas que perpassam as sociedades.

Um assistente social que utilize as referências da Sistémica na sua intervenção junto dos seus utentes pode simultaneamente e compativelmente filiar-se a um ideário de sociedade que preconize mudanças societárias estruturais. Uma vez mais sublinhamos que a intervenção microssocial em Serviço Social não pode ser um fim em si mesma. É fundamental assumir competências de intervenção microssocial, sem, no entanto, esquecer que a casuística na qual intervimos directamente não está dissociada dos problemas sociais existentes e emergentes na sociedade globalizada.

Os problemas que se enfrentam e que obrigam a equacionar e co-construir respostas e soluções para necessidades e problemas sociais que as pessoas vivem em situações concretas, não demite o assistente social do seu compromisso e responsabilidade de intervir politicamente. É num pensamento e acção vai-e-vem entre os planos macro e microssociais nas suas múltiplas interrelações e possibilidades que nos faz sentido a intervenção em rede numa perspectiva ecossistémica.

Influência dos modelos clínicos

A esta discussão associa-se outra, que se prende com a vertente clínica do Serviço Social. Nos Estados Unidos da América, o Serviço Social Clínico é assumido como especialidade e assume tradição desde os primórdios da profissão. Neste, a dimensão terapêutica ou de intervenção baseada na relação face a face entre assistente social e sujeito(s) assume centralidade. São inúmeras as práticas, orientações e perspectivas identificadas neste campo, nomeadamente as de influência psicodiâmica, cognitivo--comportamental, humanista e existencial, ou as intervenções influenciadas pelos modelos de comunicação e da psicologia social, etc. (Payne, 2002). As influências da Psicologia e da Psiquiatria são profundas e inegáveis nesta área disciplinar e trazem algumas questões que abrem debates nunca encerrados. Woods e Hollis (1990, *cit. in* Payne, 2002:135), ao analisarem o trabalho psicossocial de casos, que no Serviço Social português assume particular popularidade na área da saúde, afirmam que será "caricatural dizer que não existe uma preocupação com a mudança social", assumindo-se a responsabilidade dos trabalhadores sociais relativamente à assumpção de liderança na mudança de políticas, no entanto, a atenção parece estar mais centrada nas necessidades da pessoas e da famílias do que nos factores sociais (*ibidem*).

Aquilo que observamos empiricamente reitera estas ideias, já que a intervenção no quotidiano nestas áreas está vinculada a desafios rotineiros, e remete frequentemente para segundo plano a intervenção no plano político. Ainda que seja compreensível que este plano ganhe menor relevância nos contextos institucionais de inserção dos assistentes sociais a nível quotidiano, já não o será a integração acrítica que por vezes se faz dos modelos de intervenção simplesmente porque fazem sentido naquele contexto e naquelas problemáticas diagnosticadas. Exige-se que "a prática profissional concreta, quotidiana, exprim[a] não apenas a capacidade técnico-operativa de quem a realiza, mas também, e principalmente, sua posição existencial, política e ideológica face às relações da sociedade em que vive" (Baptista, 2001:17) e tal reivindica que tenhamos uma perspectiva crítica dos modelos (e das suas concepções) que nos orientam nesse exercício profissional. Pois os modelos de intervenção reflectem sempre uma determinada visão sobre a sociedade.

Na área da intervenção sistémica, a influência da terapia familiar é profunda. Esta surge, nos Estado Unidos da América, no final dos anos cinquenta do século passado, no contexto desta conjugação entre mudanças paradigmáticas e novas experiências psicoterapêuticas que não isolavam o sujeito do seu meio. Pelo que nos é dado saber, é pela via da terapia familiar que os assistentes sociais iniciam a sua formação sistémica em Portugal, através do curso de Terapia Familiar e Intervenção Sistémica proporcionado pela Sociedade Portuguesa de Terapia Familiar[16]. Este quadro traz competências aos assistentes sociais enquanto psicoterapeutas, mas também alarga as suas competências enquanto interventores sociais em contextos ditos não-terapêuticos, ou seja, os contextos clássicos de intervenção em Serviço Social. Aliás, apesar de neste tipo de formação a intervenção *princeps* ser a Terapia Familiar, são objecto de supervisão nos últimos anos de formação outro tipo de intervenções mais alargadas e menos ortodoxas, assim como outro tipo de focalizações criativas orientadas pelos princípios da perspectiva sistémica. Se historicamente se começa a falar de intervenção sistémica em vez de terapia sistémica por esta reflectir um alargamento dos contextos de intervenção para além do sistema familiar, hoje utiliza-se predominantemente o vocábulo *intervenção* em vez de *terapia* para sublinhar a ideia de auto-organização e autonomia dos sistemas onde intervimos, colocando a tónica nas suas próprias competências e já não na capacidade do interventor (Alarcão & Relvas, 2002). Para compreender melhor estes conceitos, exploraremos no ponto seguinte alguns sublinhados das ideias que foram dando corpo à(s) Sistémica(s).

1.3. A Sistémica como um "Sistema Afastado do Equilíbrio": Evoluções e Transformações

Convidamos a uma breve visita guiada pelas grandes linhas que permitem compreender algumas das noções enunciadas adiante à luz do quadro que orienta a forma como perspectivamos hoje a intervenção sistémica no Serviço Social.

Origens da Sistémica

De facto, apesar de apresentar hoje um quadro bastante distinto da sua génese, a Sistémica surge com a Teoria Geral dos Sistemas. Esta teoria emerge no contexto da crise da ciência assente no paradigma positivista que caracterizava o chamado racionalismo

---

[16] A Sociedade Portuguesa de Terapia Familiar (SPTF) foi fundada em 1979 por médicos psiquiatras, pedopsiquiatras, psicólogos e assistentes sociais, tendo iniciado o seu primeiro Curso de Formação em Terapia Familiar em 1982, em Lisboa. Desde então tem realizado inúmeros eventos e Cursos de Intervenção Sistémica e Familiar por todo o país, "abrangendo um número muito elevado de profissionais nas áreas da Saúde, Educação, Segurança Social e Justiça" (SPTF, s/d, *Online In* http://www.sptf.pt/, consultado em 2007/07/14).

clássico, em que cada ciência tinha o seu objecto, dando origem a uma proliferação de disciplinas, levando ao que Rosnay (1977) chamou de "esboroamento do saber".

O positivismo, que ficou associado a Auguste Comte (1798-1857) enquanto seu fundador, preconizava a utilização do método analítico, pretendendo a apreensão do infinitamente pequeno, profundamente analisado, decompondo o objecto noutros objectos mais simples. O objecto era tido enquanto individualidade, isolado do contexto de outros objectos, sem relações com o contexto ou com o observador (assumindo este uma posição neutra).

Em 1954, Ludwig Von Bertalanffy Kenneth Boulding, Ralph Gerard e Anatol Rapoport criaram a *The International Society for the Systems Sciences* dedicada a estudos interdisciplinares sobre os sistemas complexos, no *Stanford Center for Advanced Study in the Behavioral Sciences*. Com a obra *General System Theory* (1968) de Von Bertalanffy (1901-1972), um biólogo de formação, equacionou-se o problema dos saberes esboroados que não permitia, no seu entender, avançar no conhecimento, pois o método analítico entendia-se como profundamente desadequado à realidade, já que não permitia estudar e compreender os fenómenos na sua complexidade.

Morin (2003:16-19) chama-lhe "paradigma da simplificação" baseado numa "inteligência cega", isto é, um paradigma assente nos princípios de disjunção, redução e abstracção, baseado na separação cartesiana entre *res cogitans* e *res extensa*, essenciais à compreensão do mundo complexo e à redução do complexo ao simples (Santos, 1987; Morin, 2003) ou na divisão entre "condições iniciais" e "leis da natureza". Esta divisão sistemática dissociava o "reino da complicação e do acidente" do "reino da simplicidade e regularidade" (Santos, 1987). Só neste era antes considerado possível observar e medir com rigor. Morin (2003:18), cujos escritos foram determinantes para a Sistémica, recusa "o pensamento simplificador" ou "paradigma da simplicidade" por ser "incapaz de conceber a conjugação do uno e do múltiplo (*unitas multiplex*)" e por esta "inteligência cega" isolar os objectos do seu contexto, assim como por não se permitir conceber o "elo inseparável entre o observador e a coisa observada".

Aquilo a que Morin (2003:87) chama de obsessão pela simplificação conduz os cientistas na busca pelo "tijolo elementar com o qual o universo estava construído". Se inicialmente se julgou encontrá-lo na molécula, a sua decomposição em átomos levou à crença na descoberta da "unidade primeira". Na questão atrás referida, que passa a ser central para a Sistémica e que tem múltiplas implicações, há, então, um acontecimento marcante na Física que põe em causa a concepção em termos de simplicidade: a descoberta do *quark*, a partícula que constitui o átomo, de caracterização difícil, "vaga, complexa, que não chega a isolar-se" (*ibidem*). Aliás, não é estranho que o *quark*, quando descoberto, tenha introduzido tão enorme revolução na forma como no seio das ciências ditas exactas se equacionava o objecto. Lavoisier, no séc. XVIII, mostrava que o átomo (que significa "indivisível", em grego) era base das substâncias químicas, tendo instituído um novo desafio que se prendia com a divisão do átomo. Esta foi conseguida em diferentes etapas ao longo da história das ciências[17], mas até à

---

[17] Mendeleev veio a classificar os diferentes tipos de átomos na conhecida tabela periódica dos elementos. A divisibilidade da matéria fica no centro do debate, tendo Thompsom mostrado que o átomo continha partículas menores, os electrões, que até hoje não foi possível dividir. Rutherford veio a demonstrar que a maior parte da massa do átomo está concentrada no núcleo, tendo Cavendish mostrado que o núcleo seria

actualidade tem sido impossível isolar o *quark,* devido à propriedade de confinamento ou à sensibilidade à interacção. Nas palavras de Morin (2003:20) a complexidade, que "coloca o paradoxo do uno e do múltiplo (…) voltou, nas ciências, pela mesma via que a tinha banido.

O próprio desenvolvimento da ciência física, que se dedicava a revelar a Ordem impecável do mundo, o seu determinismo absoluto e perpétuo, a sua obediência a uma Lei única e a sua constituição de uma maneira primeira simples (o átomo) desembocou finalmente na complexidade do real". Acrescenta ainda ter-se descoberto "no universo físico um princípio hemorrágico de degradação e de desordem (…); depois, no suposto lugar da simplicidade física e lógica, descobriu-se uma extrema complexidade microfísica; a partícula é, não uma pedra primeira, mas uma fronteira sobre uma complexidade talvez inconcebível; o cosmos é, não uma máquina perfeita, mas um processo em vias de desintegração e de organização simultâneas" (*idem*:21), donde "resulta que a vida é, não uma substância, mas um fenómeno de auto-eco-organização extraordinariamente complexo que produz autonomia" (*ibidem*).

Com a "Teoria Geral dos Sistemas" (TGS), como ficou comummente conhecida, mas proclamada igualmente como "Teoria do Sistema Geral" (Durand, 1992:11), coloca-se a ênfase no estudo da relação de cada objecto com outros objectos, abre-se a discussão a todo um campo conceptual extraordinariamente rico e a ideia de sistema ganha espaço na ciência. Até então, desde Galileu, este "conceito-apoio" não havia sido estudado ou reflectido, o que Morin (1997:98) estranha dado que "os sistemas estão em toda a parte, e o sistema não está em parte nenhuma das ciências".

A Sistémica, assim instituída, sustenta-se num quadro marcado pela interlocução de disciplinas e áreas que aparentemente não se tocavam. Num período de vinte anos, "entre 1940 e 1960, assistimos a uma verdadeira explosão de conceitos e novas noções em inúmeros domínios das ciências e das técnicas" (Durand, 1992:12), a teoria de Von Bertalanffy "espalhou-se por toda a parte, com êxitos diversos (…) [e comporta] aspectos radicalmente inovadores" (Morin, 1997:98).

O tríptico basilar do primeiro quadro sistémico

Nesta interlocução científica, destaca-se um "tripé" unanimemente associado ao surgimento da Sistémica, constituindo a base das suas influências mais directamente identificáveis ou os movimentos tidos como seus percursores, que é formado pela cibernética, o estruturalismo e as teorias da informação e comunicação (especificamente a teoria ecossistémica da comunicação).

Em 1948 Norbert Wiener (1894-1964) publica a obra *Cybernetics or Control and Communication in the Animal and the Machine* e lança as bases para uma disciplina

---

composto por protões e neutrões. Estes foram divididos entre a década de 50 e 60 do séc. XX, descobrindo-se, assim, os quarks, partículas que têm massa, carga eléctrica, e novas propriedades. Destaca-se a propriedade do confinamento, não se conseguiu ainda isolar um quark, pois eles ficam sempre próximos uns dos outros, sendo sensíveis à interacção forte (ao contrário dos leptões, como se denomina a outra família de partículas elementares). Estes estão sempre confinados dentro dos hadrões, partículas subatómicas que incluem os protões, neutrões e os mesões. A teoria que estuda a dinâmica de quarks tem o nome de "Cromodinâmica Quântica" [Informação contida no Site do Departamento de Física do instituto Superior Técnico. Online *In* http://porthos.ist.utl.pt/ciberfisica/ciberfisica. php?ACT=6&ID=79&AREA=&REF=, consultado em 2007/05/20].

científica que fica conhecida como "ciência da máquina" e "ciência da organização" (Durand, 1992) e que conhece desenvolvimentos e aplicações diversas: a Cibernética. O sucesso partilhado dos conceitos de sistema e cibernética faz com que ciberneticistas e sistemicistas não consigam discernir entre o contributo de cada uma das abordagens. A cibernética é entendida como ciência-encruzilhada (*idem*:41) por apoiar-se em contributos de áreas até então com fronteiras muito demarcadas e fundadas na distinção entre os domínios físico e social, e pretender-se aplicável às máquinas artificiais e aos seres vivos.

Nos anos 60, os cientistas do *Massachusetts Institute of Technology* (MIT), como o matemático Wiener, o neurofisiologista Warren McCulloch e o engenheiro informático Jay Forrester, estendem as ideias da cibernética e da sistémica à sociedade e à ecologia (Rosnay, 1977). As ideias fervilhantes e inovadoras de Wiener e Julian Bigelow e dos grupos pluridisciplinares de Rosenblueth, sobre estudos produzidos em torno de aparelhos mecânicos de pontaria ou servomecanismos que generalizam aos seres vivos, rapidamente se divulgam, não apenas no âmbito das suas áreas disciplinares, mas noutras áreas inesperadas, tanto pela organização de eventos científicos que se abriam a áreas como a Antropologia e Economia, como pela popularidade obtida na *Society for General Systems Research* cujas publicações abrangiam disciplinas como a Sociologia, Ciências Políticas e Psiquiatria (*idem*).

A Sistémica incorporou a forma como a cibernética explica o funcionamento das estruturas internas da máquina, a sua relação com o meio e a capacidade de prever o seu comportamento e evolução. São de salientar as ideias de retroacção num processo circular de causalidade através de um anel de *feedbacks* positivos e negativos, assim como os conceitos de finalidade e de organização. Estes conceitos, determinantes para a Sistémica, colocam a tónica no objectivo a alcançar pelo sistema e não na causa, assim como remetem para a complexidade interaccional entre aspectos estruturais, funcionais e de comunicação nos sistemas.

O estruturalismo funda-se no conceito de estrutura de Ferdinand de Saussure (1857-1913), linguista suíço que encarava as línguas como sistemas de signos relacionados entre si que deveriam ser estudados através da semiologia. Este movimento desenvolve-se em diferentes ramos. Desde logo, o estruturalismo linguístico associado a Saussure, a antropologia estruturalista na área da etnologia incontornavelmente dominada pelos trabalhos de Claude Lévi-Strauss[18], o estruturalismo matemático que questionou o seu objecto pela via da filosofia, e o estruturalismo psicológico que tem como protagonista o suíço Jean Piaget (1896-1980), os contributos de Kurt Lewin (1890-1947) para a elaboração de uma Psicologia Social que utilizava os métodos estruturalistas (Birou, 1988), ou a teoria da forma ou *gestalt* que contribui também com as ideias de campo, da forma global e totalidade. Como é visível, o estruturalismo designa um conjunto muito heterogéneo de correntes de pensamento, cujo denominador comum é a ideia central de estrutura que permite explicar e organizar a realidade estudada enquanto sistema de relações entre uma totalidade estruturada, isto é, um "conjunto composto por elementos interdependentes, susceptíveis de transformação e auto-regulação" (Birou,

---

[18] São obras assinaláveis nesta área as seguintes: *Família e Vida Social entre os Nambikwara, As Estruturas Elementares do Parentesco*, que introduz rupturas com as perspectivas anteriores acerca do parentesco ou a colecção de ensaios *Antropologia Estrutural*.

1988:111). Este e outros conceitos influenciaram também fortemente a Sociologia, nomeadamente Talcott Parsons com o seu funcionalismo estrutural, que vem a exercer uma ampla influência no Serviço Social à época, como já foi referido.

As teorias da informação e da comunicação são, assim, o terceiro elemento deste tripé fundador. Estas centram-se ambas na acção de comunicar. A raiz etimológica da palavra, *communicare* alude a *tornar comum, estar em relação, participar,* mais tarde adquire também o significado de *partilhar,* mas progressivamente torna-se sinónimo de *transmitir.* É neste sentido que vai sendo cada vez mais utilizado, particularmente a partir dos séculos XVIII e XIX, com a generalização do comboio, telégrafo, telefone, a imprensa e, mais recentemente ainda, a rádio, o cinema, a televisão, ou a *internet,* que são designados como *meios de comunicação.* O sentido de *partilhar* é relegado para segundo plano, enquanto que a noção de *transmissão* se generaliza, apesar da *Internet* ter reintroduzido o sentido original mais recentemente.

Esta é uma ideia central na teoria quantitativa da informação, que tem como um dos contribuidores Claude Shannon[19] (1916-2001), um engenheiro de uma companhia americana de telefones, que vai interessar-se particularmente pelos sistemas de transmissão na eficácia de transmissão e forma da mensagem, ou seja, pela melhor forma de codificar a mensagem, focalizando a redundância e o ruído que a poderiam perturbar. É com base nesta teoria que pode construir-se o esquema clássico do sistema de comunicação em que se identifica uma fonte da informação (onde é concebida a mensagem), a mensagem (conteúdo a transmitir) e a sua codificação, o emissor (que dá forma ao sinal), o canal de transmissão (suporte que permite a transmissão do sinal) e o receptor (que descodifica a mensagem, tornando-a utilizável para o destinatário), sabendo que entre o sinal emitido e o recebido pode existir uma fonte de ruído. É a comunicação entendida, metaforicamente, como um telégrafo.

A teoria ecossistémica da comunicação, por seu lado, nasce no seio das propostas de um grupo de investigadores constituído em 1949 que veio a constituir a escola de Palo Alto (Califórnia, Estados Unidos da América), tendo por mentor Gregory Bateson (1904-1980), no âmbito do que viria a designar-se a partir de 1959 como *The Mental Research Institute* (MRI[20]). Bateson, que tinha uma formação multifacetada (sendo biólogo, antropólogo e etnólogo), em ruptura metodológica com o defendido inicialmente pela TGS, vai construir "o seu edifício epistemológico, onde a comunicação se converte no elemento fundamental de compreensão/explicação do comportamento" (Relvas, 2000:18), partindo da sua obra (partilhada com J. Ruesch) *Communication, The Social Matrix of Psychiatry,* publicada em 1951. Este influencia de forma determinante as ideias desenvolvidas pelo grupo do MRI de Palo Alto, dirigido por Don D. Jackson, sobre a comunicação que viriam a ser sistematizadas na obra *Pragmatics of Human Communication* em 1967[21], onde estabelecem uma axiomática da comunicação humana e seus efeitos pragmáticos ou comportamentais (Watzlawick *et al.,*

---

[19] Entre outras obras, o autor publica em 1948 um artigo intitulado *A Mathematical Theory of Communication,* aplicando as teorias de Norbert Wiener; em 1949 publica *Communication Theory of Secrecy Systems* que é considerada como uma contribuição determinante para o desenvolvimento da criptografia na matemática.

[20] Encontra informação adicional sobre este Instituto em http://www.mri.org/.

[21] Watzlawick, P., Beavin, J.H. & Jackson, D.D. (1967). *Pragmatics of Human Communication, a study of interactonal patterns, pathologies and paradoxes.* New York: W.W. Norton [Watzlawick, P., Beavin, J.H.

1993), aplicando os princípios cibernéticos e sistémicos ao seu estudo. Para além deste grupo constituído por Don D. Jackson, Jay Haley, Paul Watzlawick, Virginia Satir, John Weakland, Richard Fisch, Jules Riskin, as ideias que vieram a ganhar força sobre comunicação foram influenciadas também por dois outros grupos, o de Filadélfia que contava com Ray Birdwhistell, Albert Scheflen e Stuart Sigman, e o de Nova Iorque que integrava Edward T. Hall e Erving Goffman, constituindo o Colégio Invisível da Comunicação (Bateson *et al.*, 1981, *cit. in* Alarcão, 2000).

Há conceitos-chave (Relvas, 2000; Samain, 2001; Watzlawick *et al.*, 1993) que marcam uma nova concepção de comunicação: contexto, padrão ou estrutura que liga (relação), co-evolução, causalidade circular, paradoxo, pontuação, redundância, retro-alimentação, distinção entre comunicação digital (que tem como canal privilegiado o verbal) e analógica (que usa os canais para-verbal e não-verbal), meta-comunicação, entre outros. Enquanto que o modelo da informação se apresenta como monocanal (assentando no verbal), não interactivo, e entende o processo de codificação e desco-dificação das mensagens de forma simples e linear, possível desde que haja partilha do mesmo código entre os participantes na comunicação, o modelo que pode equacionar-se a partir das ideias do colégio, propõe a transformação do modelo telegráfico num modelo de comunicação orquestral. Neste, e remetendo para o contexto da relação interpessoal, não poderemos conceber o sujeito no fim ou início da comunicação, mas enquanto participante que cria a comunicação com os outros e com o contexto. O modelo do "telégrafo" das teorias da informação não considerava duas ideias es-senciais para a comunicação humana: o contexto, que é fundamental para situarmos e entendermos a comunicação; e o conceito de relação, pois para tornar inteligível a comunicação, temos de perceber as relações entre os elementos em interacção.

No contexto interpessoal e focalizando o nível pragmático da comunicação, vamos concebê-la como um sistema de múltiplos canais, na qual o indivíduo participa cons-tantemente, de forma consciente ou não, através dos seus gestos, olhares, silêncios e até ausências, pois "todo o comportamento, não só a fala, é comunicação, e toda a comunicação (…) afecta o comportamento" (Watzlawick *et al.*, 1993:19). Usando a analogia da orquestra, podemos equiparar o sujeito que é membro de determinada cultura, que faz parte da comunicação, com o músico que faz parte da orquestra, porém, nesta orquestra cultural, não há maestro (ou melhor, cada um de nós será também o maestro) nem partitura tangível, mas sim uma espécie de partitura invisível que seria o conjunto das regras que cada um utiliza nas suas diversas trocas ou "propriedades simples da comunicação" (*idem*: 44), isto é, os axiomas, que deveriam ser respeitados para que a orquestra pudesse ser afinada.

Este modelo permite vislumbrar na comunicação o fenómeno social que o sen-tido etimológico do termo traduzia: *tornar comum, participar, comungar*, pois como Watzlawick *et al.*, 1993:13) afirmam, "a comunicação é condição *sine qua non* da vida humana e da ordem social".

Com este "tripé" monta-se o que tem sido denominado no jargão sistémico como Primeiro Quadro Sistémico, Primeira Sistémica, Primeira Cibernética ou ainda Ci-bernética de Primeira Ordem.

& Jackson, D.D. (1993). *Pragmática da Comunicação Humana, um estudo dos padrões, patologias e paradoxos da interacção* (9ª edição). São Paulo: Cultrix.]

Freud (*cit. in* Durand, 1992) havia referido três momentos de revisão das nossas certezas: a revolução coperniciana retirou o planeta terra do centro do mundo; a revolução darwiniana situou o homem no conjunto do reino animal; e a revolução psicanalítica mostrou que o homem, animal racional, era frequentemente incapaz de controlar o seu inconsciente. Durand (1992:9) afirma que a Sistémica teria proporcionado o quarto momento: um novo método para continuar a penosa revisão das certezas humanas.

O segundo quadro sistémico

O caminho trilhado até aqui está ainda muito aquém do quadro que conhecemos hoje e que colocamos sob o chapéu da Sistémica. Muitos autores consideram que a denominada "segunda cibernética", "cibernética da cibernética", "cibernética de segunda ordem" ou "cibernética do(s) sistema(s) observante(s)", assim apelidada pelo físico e ciberneticista austríaco Heinz von Foerster[22] no início dos anos 70 (Vasconcellos, 2006; Alarcão, 2000), não vem contrariar os pressupostos da "primeira cibernética" ou "cibernética do sistema observado" (Boscolo, *in* Elkaïm, 2000:92), mas antes resolve algumas das suas limitações e incoerências. Outros defendem a segunda cibernética como paradigma do verdadeiro pensamento sistémico, referindo-se à primeira como um mero momento de quebra aparente com os modelos tradicionais (Alarcão, 2000). Boscolo (*in* Elkaïm, 2000:92) afirma que quando se refere à cibernética de primeira ou segunda ordem não pretende fazer um "julgamento de valor sobre qual é a melhor", considerando serem importantes ambos os pontos de vista. Independentemente desta discussão é geralmente reconhecido que, "apesar do sistemismo redutor de que hoje acusamos (e com razão) a cibernética de primeira ordem, é importante acentuar que ela criou uma verdadeira ruptura com a epistemologia vigente" (Alarcão, 2000:21). A primeira distinção a traçar é marcada pela forma como é apelidada a cibernética de segunda ordem por Heinz von Foerster, esta passa a incluir o observador nos sistemas estudados. Se a cibernética de primeira ordem pretendeu "descrever os sistemas, a cibernética de segunda ordem procura, para além desse objectivo, descrever aquele que os descreve. Na base da mudança operada está a ideia de que não há observado sem um observador e de que o resultado da observação é sempre uma construção resultante da intercação recursiva entre o que observa e o que é observado" (Foerster, 1996, *cit. in* Alarcão, 2000:23).

Esta é, aliás, uma discussão crucial nas ciências sociais contemporâneas que recuperamos adiante a propósito do construtivismo social: a relação entre o sujeito e o objecto, entre objectividade, subjectividade e intersujectividade. Tal discussão não se confina apenas às ciências sociais e humanas. O debate em torno da objectividade remonta à Filosofia do Século XVIII, a Kant e a Berkeley que respondiam com o solipsismo (ficando cada indivíduo com a sua própria referência) ou com a ideia da existência ser igualada à percepção, ainda que não tenha ganho força este idealismo.

---

[22] Macelo Pakman (psiquiatra, terapauta familiar e epistemólogo) organizou uma obra em 1991 intitulada *As sementes da cibernética – obras escolhidas de Heinz von Foerster*, que dá a conhecer uma compilação de alguns dos textos deste autor, enquadrando-os para que se tornassem inteligíveis para alguém que não domine a linguagem da matemática e da cibertnética.

Wittgenstein concentrou-se na primeira fase da sua obra na filosofia da linguagem enunciando a distinção entre as proposições verdadeiras (as que descrevem objectivamente o mundo natural) das falsas (as éticas e estéticas que não poderiam ser consideradas científicas), mas mais tarde vem a mudar as suas concepções admitindo que a linguagem constituiria a realidade e que não encontra pontos objectivos aqui. A propósito desta discussão na Sociologia, Morin (1984, *cit. in* Vasconcellos, 2006) afirma que não apenas o sociólogo está na sociedade, como a sociedade está nele. O dia mais negro na história da física clássica, segundo Rifkin (*in op cit.*), fica marcado pelo dia em que o físico alemão Heinsenberg demonstrou a impossibilidade de observar objectivamente as partículas atómicas, já que o acto de observação interferia e alterava o objecto, levando-a a enunciar o famoso "princípio da incerteza", que encerra a impossibilidade de ter um conhecimento objectivo do mundo físico.

Entre esta e outras discussões, tentaremos sistematizar de seguida os principais conceitos que a Sistémica propõe no âmbito destes dois quadros e na sua transição, de forma sintética.

Desde logo, o conceito que está presente na designação da teoria que lhe dá origem, face à profusão conceptual potenciada, terá sido remetido para segundo plano, pelo que Morin (1997:98) afirma que "a teoria geral dos sistemas nunca tentou a teoria geral do sistema; omitiu aprofundar o seu próprio fundamento a reflectir sobre o conceito de sistema", deixando em aberto a tarefa a que o autor se propôs, entre outras, na sua obra "Método – I. A natureza da natureza" (1997), ou seja, interrogar a ideia de sistema.

O conceito de sistema encontra-se enunciado sob diferentes formas, mas com quase todos os elementos essenciais comuns às definições mais conhecidas. Destacam-se as seguintes:

- "conjunto de unidades em inter-relações mútuas, que incluem, simultaneamente, função e estrutura" (Von Bertalanffy, 1968, 1977, *cit. in* Gameiro, 1992:20);
- "totalidade organizada, feita de elementos solidários que só podem definir-se uns em relação aos outros em função do lugar que ocupam nesta totalidade" (Saussure, 1931, *cit. in* Morin, 1997:99);
- "unidade resultante das partes em interacção mútua" (Ackoff, 1960, *in op cit.*);
- "conjunto de elementos ligados por um conjunto de relações" (J. Lesourne);
- "conjunto de elementos em interacção dinâmica, organizados em função de um objectivo" (Rosnay, 1977:85);
- "conjunto de objectos e relações entre os objectos e entre os atributos" (Hall & Fagen, *cit. in* Watzlawick *et al.*, 1993:109), em que os objectos são componentes ou partes do sistema e os atributos são as suas propriedades;
- "uma inter-relação de elementos que constituem uma entidade ou unidade global" (Morin, 1997:99) ou "unidade global organizada de inter-relações entre elementos, acções ou indivíduos" (*idem*:100), em que os elementos são eles próprios sistemas e subsistemas;
- "objecto complexo, formado por componentes distintos, ligados entre si por um certo número de relações" (J. Ladrière, 1973:686, *cit. in* Morin, 1997:103);
- "un système c'est: quelque chose (n'importe quoi, présumé identifiable) qui *dans* quelque chose (environnement) *pour* quelque chose (finalité ou project) *fait*

quelque chose (activité = fonctionnement) *par* quelque chose (structure = forme stable) qui *se transforme* dans le temps (évolution)"[23] (Le Moigne, 1994:61-62).

Todas as definições encerram um conjunto de conceitos que se tornaram fundamentais para a compreensão dos sistemas, são eles os conceitos de: inter-relação; organização; globalidade e totalidade; complexidade. A tais conceitos foi dedicada ampla literatura, não havendo aqui espaço para tratá-los com o aprofundamento que merecem, no entanto, deixamos alguns apontamentos sobre a unidade complexa que a sua interacção produz.

"A vida de um sistema (...) é a história da relação entre os seus constituintes" (Gameiro, 1992:20), sendo que estes podem ser quaisquer elementos que se encontram em relação de forma transitória ou contínua. A inter-relacção evolui no tempo e está em permanente transformação, mas, paradoxalmente, apresenta um padrão constante que nos permite identificar um sistema (*idem*). As inter-relações remetem para o tipo e as formas como se ligam os elementos, acontecimentos ou indivíduos diversos, tornando-os em componentes de um todo, assim como para os tipos e formas como os ditos componentes se ligam ao todo (Morin, 1997), podendo ser por associação ou combinação. Estas têm tanto de constante mudança como de constância, sendo que esta nos permite identificar a sua organização, garantindo a solidez e durabilidade das relações num sistema (Alarcão, 2000).

A organização de um sistema reconhece-se pela "disposição das relações entre componentes ou indivíduos, que produz uma unidade complexa ou sistema, dotado de qualidades desconhecidas ao nível dos componentes ou indivíduos" (Morin, 1997:101), ela "transforma, produz, liga, mantém" (*ibidem*). Gameiro (1992:20) sintetiza os conceitos de relação e organização partindo da ideia de "dois elementos que apresentam uma relação adquirem uma organização, uma totalidade que sendo de condição diversa de cada elemento nos vai dar uma regra do sistema". A organização pode também ser perspectivada como uma espécie de arranjo de relações entre componentes ou indivíduos que produz uma nova unidade com qualidades inexistentes nos seus elementos.

"A complexidade de um sistema é a característica original desse sistema que varia em função do número de elementos e das relações entre eles" (Gameiro, 1992:21). Esta característica "limita-nos porque nunca podemos analisar todos os [seus] vectores (...), mas enriquece-nos porque contamos com o incerto e o aleatório" (*ibidem*). É da complexidade de cada sistema que emerge a tal nova unidade global singular. A emergência refere-se à "qualidade ou propriedade dum sistema que apresenta um carácter de novidade em relação às qualidades ou propriedades dos componentes considerados isoladamente ou dispostos de maneira diferente num outro tipo de sistema" (Morin, 1997:104). Jogando com as palavras de um título de uma das suas conferências, von Foerster (*in* Elkaïm, 2000:172) indica que o termo "merge" (incluído em emergência) "compreende um estado de névoa indefinida, impessoal, em que todos

---

[23] Optou-se por não traduzir esta definição no texto porque perderia ritmo, mas, como nota, arriscamos uma tradução livre do conceito proposto pelo autor: "um sistema é: qualquer coisa (não importa o quê, presumivelmente identificável) que em qualquer coisa (meio ambiente) para qualquer coisa (finalidade ou projecto) faz qualquer coisa (actividade = funcionamento) através de qualquer coisa (estrutura = forma estável) que se transforma no tempo (evolução)".

nós estamos submersos e do qual devemos emergir para tornarmo-nos naquilo que decidirmos ser", colocando o conceito numa tríade conceptual, sendo mutuamente dependente de observar ou de auto-referência. Assim, a emergência está associada ao sistema que a produz, pelo que pode equacionar-se nas ideias de produto, de qualidade ou propriedade e globalidade, da qual é indissociável, e encerra novidade, através da qual reparamos no sistema. Ela "retroage sobre si própria, criando continuamente novas realidades" (Gameiro, 1992:21).

Numa tentativa de responder à ideia de que conceber os sistemas como complexos é limitador, Rosnay (1977:10) ensaia "um instrumento simbólico feito de um conjunto de métodos e de técnicas extraídos de disciplinas muito diversas (…) para ver com outros olhos a natureza, a sociedade, o homem." A este instrumento chamou "macroscópio" que nos possibilitaria observar o que "é simultaneamente demasiado grande e por demais complexo para os nossos olhos" e não para ver maior ou mais longe (ibidem). Se temos o microscópio para o infinitamente pequeno e o telescópio para o infinitamente grande, passamos a conceber o macroscópio para o infinitamente complexo (idem), no qual a abordagem e o método sistémicos jogam um papel fundamental.

Mas neste "baralhar para voltar a dar", há outros conceitos sem os quais não podemos avançar sem antes nos retermos um pouco.

É o caso dos conceitos de globalidade e totalidade tão caros à Sistémica. Dizer-se que "o sistema é um todo irredutível às suas partes" (Von Bertalanffy), ou noutras palavras, que "um sistema não pode ser considerado a soma das suas partes" (Watzlawick et al., 1993:113), é dar à definição de sistema uma directriz negativa. O princípio da "não-somatividade" (ibidem), que se apresenta como corolário da ideia de globalidade, remete-nos para a ideia de Pascal (cit. in Morin, 2003:109) quando afirmava "não posso conceber o todo sem conceber as partes e não posso conceber as partes sem conceber o todo" e para o popular axioma sistémico "o todo é mais do que a soma das partes" (ou "primeiro axioma sistémico" como a ele se refere Alarcão, 2000), ou ainda, nas palavras de Morin (1997:108), "o todo é superior à soma das partes". Também neologismos como holon (Koestler, 1968), org (Gérard, 1958), integron (Jacob, 1971, Monod, s.d.) (cit. in Morin, 1997; Durand, 1992) veiculam a ideia de todo ou unidade organizacional, tendo sido amplamente debatidos e rebatidos. Mas, voltando ao axioma, desde logo temos a ideia de todo e a de partes, ou de um sistema enquanto "unitas multiplex" (Angyal, 1941, cit. in Morin, 1997).

Ao consideramos o sistema sob o ângulo do todo, temos um sistema uno e homogéneo, se for sob o ângulo dos constituintes, temos um sistema diverso e heterogéneo (Morin, 1997), resultando numa asserção paradoxal que tenta resolver este paradoxo pela sua articulação. Se atendermos à definição de sistema de Ladrière, notamos o sublinhado que este faz do objecto complexo, pois será esta "ideia de unidade complexa [que] vai ganhar densidade se pressentirmos que não podemos reduzir nem o todo às partes nem as partes ao todo, nem o uno ao múltiplo nem o múltiplo ao uno, mas que temos de tentar conceber em conjunto, de modo simultaneamente complementar e antagónico, as noções de todo e de partes, de uno e de diverso" (idem:103).

Morin (1997:108) alerta-nos que "logo que concebemos o sistema, a ideia de unidade global impõe-se a ponto de ofuscar, e assim ao ofuscamento reducionista (que só vê os elementos constitutivos) sucede-se um ofuscamento «holista» (que só vê o todo)", levando ambos a reducionismos e "cegueiras" que não permitirão o movimento circular de vai e vem entre a parte e o todo que é fundamental quando queremos perspectivar sistemicamente as realidades. Minuchin (1979, *cit. in* Relvas, 1996) propõe a ideia de *holão* para designar a unidade sistémica. Esta expressão deriva de *holos* (do grego *todo*) e, quando associado ao sufixo *ão* (que sugere *partícula* ou *parte*), remete-nos para uma ideia de sistema que encerra simultaneamente todo e parte, o que vem de encontro à resolução do paradoxo. Mas, Morin (1997, 2003) propõe a complexificação da ideia apresentando uma ampla argumentação e as variações possíveis em torno desta ideia. Assim, propõe uma proposição contrária à original, ou seja, "o todo é inferior à soma das partes" (Morin, 1997:109), tendo em conta que "as qualidades ou propriedades ligadas às partes consideradas isoladamente desaparecem no seio do sistema" (*ibidem*). Todos os sistemas implicam imposições sobre as partes, diferentes níveis de subordinação, se quisermos, o que impõe sujeição e restrição, inibindo nestas partes as suas qualidades e propriedades próprias. Neste sentido, Morin (*ibidem*) afirma a inferioridade do todo face à soma das partes, levando-o a concluir que "um sistema não é só enriquecimento, é também empobrecimento" (*op cit.*:111). Podemos então afirmar que o todo é mais e menos que a soma das partes ou utilizar a síntese que o autor propõe através do princípio hologramático que nos diz que "não apenas a parte está no todo, mas o todo está na parte" (Morin, 2003:108). Num holograma o ponto mais ínfimo da imagem contém a quase-totalidade da informação do objecto que pretende representar-se. Todo este conjunto de ideias é aparentemente paradoxal, mas "o que se adquire como conhecimento das partes regressa sobre o todo [e] o que se aprende sobre as qualidades emergentes do todo que não existe sem organização, regressa sobre as partes" (*idem*:109).

Mas este princípio hologramático é indissociável de outros dois princípios que ajudam a pensar a complexidade: o princípio dialógico e o da recursão organizacional ou recursividade. O primeiro permite "manter a dualidade no seio da unidade (...) associando dois termos ao mesmo tempo complementares e antagónicos" (*idem*:107). O segundo permite romper com a ideia de linearidade causa-efeito e introduzir a ideia de ciclo auto-constitutivo, auto-organizador e autoprodutor, pois está subjacente à ideia de processo recursivo que os produtos e efeitos sejam ao mesmo tempo causas e produtos daquilo que os produz, o que podemos compreender melhor se pensarmos que a "sociedade, [que] é produzida pelas interacções entre indivíduos, (...) uma vez produzida, retroage sobre os indivíduos e produ-los" ou seja "os indivíduos produzem a sociedade que produz os indivíduos" (Morin, 2003:108), tornando-nos ao mesmo tempo produtores e produzidos. Tais princípios constituem também um alerta para o risco de "cegueira holística" (centrada no todo), por oposição à cegueira reducionista, da qual a própria Sistémica acusava o modelo analítico do racionalismo clássico por apenas ver os componentes isoladamente.

Assim, associando a ideia de totalidade a estes princípios, pode "enriquecer-se o conhecimento das partes pelo todo e do todo pelas partes, num movimento produtor de conhecimento" (Morin, 2003:109). Todo este conjunto de ideias complexas permite afirmar, entre outras extrapolações, que um assistente social não tenha que ter todo o sistema onde intervém presente em todos os momentos da sua intervenção, mas antes que pode intervir apenas com um sujeito sem perder de vista o(s) sistema(s) onde este se insere. Ou seja, "podemos trabalhar sistemicamente apenas com uma pessoa" (Alarcão, 2000:49; Alarcão & Relvas, 2002), ao contrário do que pensavam inicialmente os interventores no campo da terapia familiar. Estes entendiam que teriam que trabalhar com todo o sistema familiar em presença, sob pena de não estarem a ser sistémicos. Ora, "hoje em dia consideramos possível trabalhar sistemicamente com uma só pessoa, pertencente a uma família... ou com duas, ou com três... ou com um amigo" (Alarcão & Relvas, 2002:59), com uma rede social, com uma comunidade ou com uma instituição, dependendo da modalidade e da focalização interventiva.

Ainda em torno do conceito de organização do sistema há outros conceitos de referência obrigatória para que compreendamos o quadro das transformações no seio da Sistémica.

A passagem de uma concepção de sistemas abertos auto-regulados para a ideia de sistemas auto-organizados traduz um ponto de viragem crucial entre a primeira e segunda cibernética e traz enormes implicações para a intervenção sistémica.

Em síntese, os sistemas abertos são concebidos, num primeiro quadro, como estando permanentemente numa relação de trocas com o seu ambiente ou ecossistema, modificando-se mutuamente, sendo capazes de manter a sua organização através da diminuição da sua entropia ou desordem (Rosnay, 1977). Nesta concepção de Rosnay, os sistemas são descritos através do seu aspecto estrutural associado à organização espacial (organização, limites e fronteiras do sistema, componentes e rede de comunicação que assegura as trocas) e do seu aspecto funcional associado à organização temporal (que se refere aos fluxos de energia, às "comportas" que regulam os fluxos, aos tempos ou velocidade de circulação dos fluxos e aos anéis de informação). Prestando particular atenção aos anéis de informação enquanto característica funcional do sistema, que também aparecem designados por "ciclos de retroacção ou de retroalimentação (*feedback*)", em que estes podem ser positivos ou negativos (*idem:92*), teremos os elementos básicos da ideia de sistema auto-regulado. No caso de retroacção negativa obtém-se estabilização e manutenção do equilíbrio, no caso de retroacção positiva, acelera-se a transformação e crescimento do sistema, correspondendo aos dois modos de existência e funcionamento dos sistemas: conservação e mudança (*idem*).

A estes conceitos correspondem os de homeostasia[24] e morfogénese. Rosnay (1977:109) refere-se aos sistemas ecológicos, biológicos ou sociais como "particularmente homeostáticos" no sentido em que se oporiam e reagiriam aos reptos de mudança provenientes do meio e às perturbações aleatórias, mas "uma organização pode manter-se à maneira de um cristal ou de uma célula viva", sendo que o cristal mantém a sua estrutura baseado num equilíbrio de forças e a célula se encontra em equilíbrio dinâmico com o seu meio, contemplando a variedade e mobilidade dos seus elementos (*idem*). A "organização-cristal", o sistema homeostático ou "ultra--estável", que podemos equacionar metaforicamente como um termostáto que reage ao aumento ou diminuição da temperatura auto-regulando-se para mantê-la, é uma organização que evolui dificilmente e quando perturbado por mudanças radicais; já a "organização-célula" não receia a desorganização e a necessidade de readaptação, pois "admitir esse risco transitório, é aceitar e querer a mudança – pois não há mudança sem risco" (*idem*:116). Apesar de se apresentar como uma leitura que encerra

---

[24] Este é um conceito introduzido pelo fisiologista americano Walter E.Cannon, em 1932 (Rosnay, 1977).

circularidade, não deixa de traduzir uma leitura simultaneamente mecanicista do funcionamento dos sistemas.

Aplicando estas ideias às intervenções sistémicas com microssistemas como a família, teríamos esta como uma realidade objectivável tida pela primeira cibernética como "um sistema que, sujeito a perturbação, modificava as suas condições o mais possível para torná-las semelhantes à sua condição inicial" (Boscolo & Bertrando, 1996, *cit. in* Alarcão, 2000:18), através da retroacção negativa. Ora, neste contexto, onde o equilíbrio era o objectivo a atingir com a intervenção e a mudança entendida como um mal necessário para obter-se uma nova estabilidade, o interventor seria "uma entidade neutra, capaz de, com perícia e atenção, descortinar as razões do seu disfuncionamento e provocar a mudança necessária" (Alarcão, 2000:18) para que retomasse o seu desenvolvimento. Estas mudanças ditas necessárias eram mudanças correctivas de ajustamento, pequenas mudanças "no interior dos limites do repertório do sistema" (Watzlawick *in* Elkaïm, 2000:157) a introduzir no quotidiano que mantêm estável a estrutura do sistema, consideradas "mudanças de tipo 1" ou "mudanças de primeira ordem", concebidas por oposição às mudanças ditas de "tipo 2" ou de "segunda ordem"[25], que instituem no sistema mudanças qualitativas, descontinuas e que, ampliadas, originam a emergência de uma estrutura diferente, um novo padrão organizativo, tais como as mudanças associadas à transição das etapas do ciclo vital.

Ilya Prigogine (1917-2003), prémio Nobel da Química em 1977, acrescenta a ideia de que os sistemas abertos que produzem entropia e se auto-organizam (que ele estudou como estruturas dissipativas) apresentam um equilíbrio dinâmico, sendo sistemas afastados do equilíbrio, sujeitos a permanentes flutuações (Alarcão, 2000). Quando estas flutuações atingem um ponto crítico, surge uma crise[26], sendo imprevisível a mudança que origina. Ideias como a paradoxalidade da mudança que comporta simultaneamente "ocasião e risco" (Minuchin, 1974, *cit. in* Relvas, 2000), e como a imprevisibilidade e irreversibilidade da mudança enquanto ruptura processual são fundamentais, já que introduzem a dimensão diacrónica, do tempo e história no sistema.

A crise é um período caótico em que o sistema se desorganiza, mas há que ter presente que caos não é sinónimo de desordem ou entropia, mas oferece a possibilidade de criar-se uma nova ordem, reorganização ou neguentropia (Alarcão, 2000). Se assim não conseguíssemos conceber esta relação complexa entre ordem e desordem, estaríamos ao nível do que Morin (2003:86) apresenta como "paradigma da simplicidade". Este coloca ordem no universo e expulsa a desordem, ordem essa que se reduziria a leis e princípios. Se este paradigma concebe o uno e o múltiplo, já é incapaz de ver "que o uno pode ser ao mesmo tempo múltiplo" (*ibidem*).

Mas regressemos ao complexo contexto da intervenção social. Tendo em conta que qualquer processo de intervenção social visa a mudança e transformação da situação--problema, apesar das solicitações para a intervenção serem sempre ambíguas a esse nível, já que todos desejaríamos mudar o que nos incomoda e identificamos como

---

[25] Esta forma de equacionar a mudança baseia-se na chamada "teoria dos grupos" e na "teoria dos tipos lógicos" proposta por Whitehead e Russel em 1910 (cf. Alarcão, 2000:81-90; Watzlawick *in* Elkaïm, 2000:155-157).

[26] Sobre o conceito de crise numa perspectiva sistémica, cf. Le Moigne, J.-L. (2000). Crises. *In* M. Elkaïm. *Terapia Familiar em Transformação* (pp. 135-142). São Paulo: Summus Editorial.

estando "mal" sem necessidade de mudar verdadeiramente as nossa vidas e formas de estar na situação. No jargão sistémico diz-se mesmo que há um pedido de mudança para a não mudança (Alarcão, 2000:15) e que o problema cria o sistema (Anderson-Goolishian *cit. in* Boscolo *in* Elkaím, 2000:94) e não contrário. Por sistema entendemos as ideias, narrativas e interacções associadas ao problema que se identifica e também o sistema que eventualmente é procurado pelos que sentem a necessidade de ultrapassar os problemas. Se o sistema não conseguir "gerar em si mesmo as modificações necessárias para o seu próprio funcionamento" (Watzlawick *in* Elkaïm, 2000:155), o encontro (voluntário ou não) com outro sistema com o qual possa construir essa mudança leva à construção de um novo sistema através da acoplagem (Alarcão, 2000; Relvas, 2000). Chamamos a esse sistema, co-construído baseado nas singularidades dos sistemas e nos seus pontos de acoplagem, o "sistema interventivo" por analogia ao "sistema terapêutico" (Relvas, 2000:29), sem hierarquia baseada no poder ou na sabedoria. No processo de mudança não há um único guião nem um único guionista, nem "existe uma única trajectória possível para a evolução [do sistema] (...), há diversas opções, os caminhos bifurcam-se e o acaso intervém inevitavelmente no desenvolvimento dessas bifurcações" (Alarcão, 2000:28).

Mas todas estas últimas concepções só fazem sentido se concebermos os sistemas enquanto auto-organizados e não auto-regulados. A ideia de auto-organização está associada à de autopoiése (Maturana & Varela, 1972, *cit. in* Vasconcellos, 2006) que remete para a capacidade dos sistemas se fecharem operacionalmente, embora sejam informacionalmente abertos (Alarcão, 2000). Estas ideias revelam a capacidade de pensar mudança e estabilidade como duas faces da mesma moeda (Relvas, 2000) ou como solidárias (Alarcão, 2000), possibilitando que vejamos o sistema como capaz de mudar, "mantendo a sua organização e transformando a sua estrutura" (*idem*:25), garantindo-lhe a "solidez e durabilidade às inter-relações dentro do sistema" (*ibidem*).

Na sua evolução, os sistemas humanos regulam as trocas com o exterior, em movimentos ora centrípetos ou de fecho, ora centrífugos ou de abertura, criando as suas próprias determinações e finalidades, integrando ou não as informações que recebe. Esta capacidade de filtrar a informação ou os fluxos, na linguagem anterior, confere-lhe autonomia, que Morin (2003) entende como indissociável da dependência. Diz o autor que a autonomia se alimenta da dependência porquanto somos dependentes da educação, da cultura, da sociedade, do cérebro ou mesmo dos genes ("possuímos genes que nos possuem") (*idem*). Morin (*idem*:96) afirma em torno destas ideias de auto-organização e autonomia, que ser "ser sujeito é ser autónomo, sendo ao mesmo tempo dependente". Esta ideia de ser sujeito implica a tal capacidade de criar as suas próprias determinações e finalidades, implica que se coloque no centro do seu próprio mundo, ocupando o lugar do "eu", pois se todos e cada um de nós podemos dizer "eu", cada um só pode fazê-lo por si próprio e nunca pelo outro (*idem*).

As implicações destas concepções de sistemas auto-organizados, de acoplagem entre sistemas, de autonomia e de sujeito, têm enormes repercussões no campo da intervenção sistémica. Provavelmente concordamos, quase sem questionar, com as ideias veiculadas no Serviço Social nos últimos anos, tais como a capacitação, a emancipação, o *empowerment*, a ênfase nas competências, etc... Ora, numa perspectiva sistémica, equacionamos o interventor como alguém que empresta as suas próprias características e singularidades à acção, alguém que não é neutro porque é sujeito, alguém que aborda a intervenção sem paternalismos, apostando na capacidade de tomada de decisão e acção autónoma dos sistemas e sujeitos que encontra, alguém que é tão especialista nas situações como as pessoas que vivem essas mesmas situações, alguém com um percurso e saber diferente, alguém que introduz uma forma de olhar e fazer distinto sobre as estórias que as pessoas lhe trazem, perturbando-as, desconstruindo-as e favorecendo a co-construção de novos quadros e da mudança nas situações. A função do interventor não será "descobrir-sintetizar-prescrever (...) mas antes investigar-sugerir-reorganizar--sugerir de novo... até que uma nova história apareça" (Alarcão, 2000:31).

Revisões e desenvolvimentos: os contributos do construtivismo e construcionismo social

Estas formulações incorporadas pela segunda cibernética, encontram-se vinculadas às abordagens trazidas pelo construtivismo e construcionismo social[27], que vieram a introduzir elementos fracturantes relativamente às abordagens tradicionais, principalmente através dos contributos de Heinz von Foerster, Humberto Maturana, Francisco Varela, von Glaserfeld, Paul Watzlawick ou Ilya Prigogine, entre outros, para o construtivismo, e de Kenneth J. Gergen, Sheila McNamee, Harlene Anderson, Lynn Hoffman, Harold Goolishian, entre outros, para o construcionismo social. Onis (1991) afirma que passamos da epistemologia da representação à epistemologia da construção.

Vasconcellos (2006) considera os pressupostos construtivistas e narrativistas como uma das dimensões do pensamento sistémico novo-paradigmático. Esta autora propõe a adopção da expressão "Sistémico-Si-Cibernética" para caracterizar o segundo momento da Cibernética para articular a resgatada Cibernética de Primeira Ordem com os pressupostos da ciência contemporânea (*idem*:246). Assim a Si-Cibernética integraria as ideias de *complexidade* (enquadrando aqui conceitos como os sistemas, ecossistemas, causalidade circular, recursividade, contradições e pensamento complexo), *instabilidade* (que reporta a conceitos como desordem, evolução, imprevisibilidade, saltos qualitativos, auto-organização e incontrolabilidade) e *intersubjectividade* (que reporta à inclusão do observador, auto-referência, significação da experiência na conversação e co-construção) (*ibidem*).

O construtivismo vem preconizar toda uma nova concepção em torno da realidade. Uma das grandes transformações introduzidas é a ideia segundo a qual os sistemas de crenças e as realidades "aparentes", que residem em cada um de nós, resultam de construções pessoais e sociais, de natureza discursiva. Assim, observamos a construção de múltiplas realidades sobre uma mesma temática ou fenómeno, em diferentes pessoas, culturas, tempos e circunstâncias. O construtivismo assenta fundamentalmente em três princípios, que se revelam na natureza pró-activa dos processos cognitivos, sendo o Homem o criador das suas experiências, na concepção de uma estrutura morfogénica que organiza a experiência humana e na ideia de auto-organização dos indivíduos (Canavarro, 1998).

---

[27] Payne (2002:55) entende a construção social no trabalho social como fazendo "parte do complexo de ideias pós-modernistas", tendo sido a sua influência exercida na última década do século XX, no entanto, estas correntes exerciam já a sua influência anteriormente.

Nesta perspectiva, existem possibilidades quase ilimitadas para a construção de diversas realidades. Watzlawick (1991) no seu livro *A realidade é real?* diz-nos que "a ilusão mais perigosa de todas é a de que existe apenas uma realidade. Aquilo que existe são várias perspectivas diferentes da realidade, algumas das quais contraditórias, mas todas resultantes da comunicação e não reflexos de verdades eternas e objectivas". Esta ideia da natureza ilusória da concepção de uma realidade única e verdadeira é sublinhada por Gergen (2001). Assim, não poderemos ter a realidade como única, dada objectivamente, independente do observador, não podendo ser tida como "o que está ali fora". Sendo plural, preferimos substituir a ideia no singular pelo seu plural, passando a falar de realidades. Aproveitamos as palavras de Glaserfeld (*cit. in* Hoffman, 1990) para outro sublinhando: "a realidade é algo que não se descobre mas que é construída e inventada pelo indivíduo em resposta ao seu mundo". Esta construção faz-se de acordo com as nossas construções pessoais, interpretações e acções, numa tentativa de adequar essa interpretação ao meio no qual nos inserimos.

Estas ideias deixam um rasto que obriga a uma nova postura perante a intervenção. Se atendermos ao postulado de que o organismo não é capaz de reconhecer, descrever ou copiar a "realidade", podendo apenas construir modelos ou mapas de leitura que se ajustam ao contexto em que está inserido, teremos por consequência de que a nossa leitura enquanto técnicos não será a realidade, mas uma aproximação entre as possíveis. Assim, abandonaremos o mito da neutralidade e da separação sujeito/objecto ou observador/observado, deixaremos de ter a pretensão de aceder à "realidade", assim como compreenderemos que haverá tantas leituras quantas for possível equacionar sobre uma mesma realidade, dando sentido à cibernética dos sistemas observantes.

Maturana (*in* Elkaïm, 2000:179) afirma que "o observador emerge no processo de observar o acto de observar e que, ao falarmos do observador, nos referimos à observação do acto de observar", sendo este reflexivo. Assim, o observador não é concebido como preexistindo a esta condição. "O que vemos não é o que o olho capta directamente do mundo exterior (...) não se trata da descoberta de um mundo independente preexistente, mas da aparição de um mundo que descobrimos ao vivenciá-lo tal como é descrito e explicado" com base nas nossas experiências (*ibidem*). Maturana (*in op. cit.*) assume estas ideias como uma reivindicação constitutiva ontológica e não como uma asserção filosófica ou um facto científico. Este autor assume que tudo o que vivemos é intrinsecamente determinado pela nossa estrutura e momento da experiência que vivemos, pelo que "nós intervimos em um mundo constituído pela produção de nossa própria operação de observação do acto de observar" (*idem*:181).

Esta visão construtivista levanta alguns dilemas na relação de intervenção e atrai como principal crítica o solipsismo no qual se pode cair (Fruggeri, 1998). Mesmo que entendamos o conhecimento e as realidades como construídas socialmente, nada acontece no vácuo, pois não vivenciamos um mundo abstracto (*idem*), apesar de quotidianamente lidarmos com realidades construídas por nós, pelos outros e na relação entre nós e os outros.

Ao aplicarmos estas ideias à intervenção numa dada situação concreta teremos em conta as leituras da realidade dos vários técnicos implicados anteriormente ou actualmente, assim como as dos sujeitos do sistema utente. São todas válidas, reflectindo a sua perspectiva e leitura da realidade. Nenhuma é mais válida, real ou verdadeira que a outra. Será inútil perder tempo com uma possível batalha para impor uma leitura única da realidade, já que esta nunca será unívoca, podendo ser mesmo equívoca na relação que se pretende construir para que a intervenção seja capaz de produzir mudança.

Nesta ordem de ideias, o construtivismo considera que a construção narrativa é um processo pessoal de interpretação e atribuição de significados às experiências vividas. O construccionismo social vai sobretudo enfatizar estes aspectos de ordem cultural, social e linguística ou comunicacional, centrado-se nas narrativas, nas construções históricas, na interacção social das configurações relacionais e nas perspectivas dialogantes e múltiplas que a polivocalidade encerra. Ou seja, coloca a tónica na compreensão dos mecanismos envolvidos nos processos de descrição, explicação e compreensão do mundo em que vivemos. O plano do discurso reitera uma concepção de sujeito como entidade narrativa que só o entende num dado contexto social que lhe atribui um dado significado.

Entre as implicações atrás referidas poderemos sinteticamente apontar a falência da directividade (que era já colocada em causa por outros modelos) e a assumpção de "novas funções" por parte do interventor. Este passa a ser tido fundamentalmente por co-construtor da realidade e da mudança. Para que tal aconteça, assume o papel de perturbador, ou seja, daquele que é capaz de, através das suas competências e da sua diferença, introduzir no sistema elementos de maior complexidade, novas possibilidades e visões múltiplas. Gostamos particularmente de recorrer a uma ideia que retivémos em tempos, mas da qual perdemos o rasto, que defende que o interventor no sistema interventivo deve ser alternadamente um "factor 1+" e um "factor +1", ou seja, ele é só mais um no sistema, mas a sua capacidade de ver um pouco mais torna-o diferente. Sobretudo deverá ser o factor que seja capaz de introduzir a *diferença que faz a diferença*[28].

1.4. Articulações e Implicações da Sistémica nos Valores Profissionais

Para voltar à questão que motivou o enquadramento do roteiro conceptual do ponto anterior, isto é, perceber se a Sistémica se pode constituir como uma epistemologia para o Serviço Social, temos obrigatoriamente de discutir as (in)compatibilidades com os princípios e valores da profissão. Apesar de no nosso país não termos ainda assistido a um debate aprofundado sobre os valores da profissão ou do que alguns denominam por projecto ético-político, há todo um quadro de valores que hoje são aceites como sendo os valores da profissão. Não nos alargaremos neste âmbito demasiado, pois tal âmbito está entregue (e bem entregue) a outros académicos e profissionais da área e porque constitui uma discussão sem fim. Mas, se encontramos linguagens e quadros referenciais diametralmente distintos, uns mais vincadamente conotados ideologicamente e outros mais "híbridos", encontramos também muito discurso comum. O que não faremos, de todo, é procurar o denominador comum ou o que diverge no discurso, pois seria redutor. Antes, preferimos clarificar que apresentaremos aqui o que nos foi

---

[28] Esta é uma ideia de Gregory Bateson que tem sido amplificada por diversos autores, nomeadamente por Guy Ausloos.

fazendo sentido destacar, assumindo que não há valores assépticos ou desprovidos de uma sustentação político-ideológica ou ainda descontextualizados socio-historicamente.

A abordagem que aqui propomos assenta num diálogo que podemos estabelecer entre os enunciados da Sistémica e do Serviço Social, centrada na intervenção social. Quanto a esta vertente, Campanini (2001) estabelece o guião que será seguido, destacando quase esquematicamente os diferentes conceitos que lhes estão subjacentes. A necessidade recorrente de enquadrar e discutir conceitos ao longo do texto não se esgota neste ponto, encontrando alguns aspectos já anteriormente apresentados e expostos também mais adiante quando é discutido o diagnóstico da rede social.

Desde logo, dois dos valores que, em pleno século XXI, a maioria defende mas apenas uma minoria faz questão de os observar e de por eles lutar, são o respeito pela dignidade e liberdade da pessoa humana, e de todos os valores civilizacionais que subjazem à Declaração Universal dos Direitos Humanos e que atravessam os valores desta profissão que é o Serviço Social. Tais valores traduzem-se pela aceitação do outro tal como se apresenta, sem juízos de valor, assim como através de atitudes que promovam a autodeterminação. Veremos que todos estes valores estão presentes nas bases epistemológicas que guiam a intervenção sistémica.

Se atendermos, desde logo, ao conceito de sistema apresentado no ponto anterior, as suas implicações obrigam a não generalizar, não estereotipar, mas antes atender à singularidade e especificidade de cada situação. Há que particularizar sem descontextualizar. Pode concordar-se que "cada caso é um caso" mas acrescentando que "o caso não é apenas o caso", já que reflecte problemas sociais que estão muito para além da situação onde emerge ou do caso que os apresenta. Quando se defende que não deveremos descontextualizar, não está aqui presente unicamente o contexto mais imediato de inscrição social dos sujeitos que vivem uma dada situação-social-problema, mas toda uma contextualização ecológica que perpassa todos os níveis e sistemas da vida em sociedade, seja aqueles onde percebemos uma influência directa sejam os que sentimos como mais distantes, como sejam os sistemas económico, político, cultural, etc...

As intervenções sistémicas de segunda ordem apresentam sumariamente as seguintes características (adaptado das referências à terapia familiar de segunda ordem por Golann, 1988, cit. in Relvas, 2000:57; Relvas & Alarcão, 2001:270): uma posição observante que inclui o próprio interventor e o seu contexto; uma estrutura colaborativa; coloca a tónica nos objectivos centrados na mudança de contextos e significados; limita a instrumentalidade técnica do interventor; enfatiza um ponto de vista sobre os problemas isento de juízos de valor (teóricos ou culturais). Assim, incita a situar, a conversar, a reflectir, a potenciar (Baños et al. s/d, cit. in Relvas & Alarcão, 2001). Ao intervir reenquadramos as situações, respeitando as formulações, mas ajudando simultaneamente a perspectivar a paisagem traçada numa nova moldura.

Na linha da ideia deixada anteriormente de que o assistente social deve introduzir a diferença que faz a diferença, Campanini e Luppi (1996:101) afirmam que este "actua como estímulo, como ferramenta que introduz informações novas e organiza as informações que lhe dão o sistema segundo uma hipótese, nunca substituindo a pessoa nem oferecendo modelos rígidos aos quais adequar-se, mas facilitando a mudança e a reorganização desse sistema, respeitando os seus tempos, características e finalidades". A este propósito, não resistimos a transcrever uma sistematização de ideias de Ausloos (1996) sobre a relação terapeuta/família que aqui me atrevo a substituir por interventor/"sistema-utente". Afirma o autor que "nós vamos ter muito bom tempo para:

– permitir-lhes compreender em vez de lhes transmitirmos a nossa compreensão;
– deixar-lhes a responsabilidade da mudança em vez de sermos o seu agente;
– abrirmo-nos à imprevisibilidade em vez de querer controlar tudo" (*idem*:35).

Por seu lado, "eles vão ter muito bom tempo para:

– encontrar as suas auto-soluções em vez de seguir os nossos conselhos;
– poder experimentar antes de decidir;
– empenharem-se no futuro em vez de se debruçarem sobre o passado" (*ibidem*).

A co-construção da mudança

O assistente social constitui-se como um actor social co-construtor da mudança. Mas tal exige que se dispa da condição que muito frequentemente dele esperam: a de perito, ou de "técnico", como, aliás, os assistentes sociais tantas vezes se auto-denominam. Esta co-construção implica um processo menos organizado que segue um modelo menos rígido, assente na não-directividade, no qual a relação interventor/utente se entende como mais horizontal. O utente não é um objecto de estudo ou de intervenção mas sim actor co-envolto no processo de conhecimento (Fruggeri, 1987, *cit. in* Campanini, 2001). "Os utentes não devem ser apenas consultados recorrendo ao uso de planos de intervenção individualizado, mas fornecem também o contexto interpretativo que se exige para determinar a natureza do problema apresentado, para uma intervenção adequada ou para a obtenção de um resultado positivo da intervenção. Esta é uma intervenção verdadeiramente centrada no utente", afirmam Pardeck, Murphy e Choi (1999:11), referindo-se à proposta das abordagens pós-modernistas.

Este processo torna-se mais horizontal em complementaridade oscilante, sendo os utentes a dar os conteúdos da intervenção e o interventor a forma, constituindo uma espécie de consultadoria de sistemas, sistemas estes que se caracterizam pela diferença, que se encontram, se acoplam e se perturbam mutuamente (Alarcão & Relvas, 2002). O interventor pontua a informação pertinente e procura novas informações (Ausloos, 1996) utilizando a sua rede teórica e técnica de forma flexível.

O utente será o melhor posicionado para decidir sobre a sua situação, pois ele é um sistema auto-organizado e, consequentemente, autónomo nas suas acções e no traçado do seu caminho. É neste traçado que se intervém, permitindo que sejam criadas linhas alternativas que possam fazer sentido para que se produza mudança na situação, tanto nos seus significados como nas acções. A diferença, a circulação da informação em interacção ortogonal, o questionamento sistemá-tico dos significados, a introdução de polivocalidade e visões múltiplas sobre as situações, permitem a co-construção desses caminhos em conversação. Já não se procura *a boa* solução mas *uma* solução que faça sentido para *aquela* situação *daquelas* pessoas. Procurar-se em conjunto *uma* solução entre *várias* possíveis. Assim, não se substitui o utente nas suas decisões nem se oferece uma resposta estandardizada e burocratizada, pois a co-construção implica verdadeiramente um processo conjunto. Não se trata de usar qualquer varinha de condão ou de afectar recursos, mas sim de proporcionar um encontro entre diferentes recursos associados a actores com competências próprias, e potenciar competências para que os utentes assumam as rédeas da mudança.

Há a reter que é nossa convicção de que quando as propostas não fazem sentido a quem são dirigidas, não resultam, e de que as soluções só são boas quando funcionam. De contrário, como costuma dizer-se "entra por um ouvido e sai pelo outro", mas não porque os utentes sejam particularmente resistentes ou teimosos (Sousa *et al.*, 2007), mas porque fazem as suas escolhas que têm de ser respeitadas, sendo sujeitos aos quais reconhecemos autonomia. Claro que também se identifica, desde logo, o espartilho institucional e burocratizado dalgumas intervenções instituídas que não dão lugar ao princípio da discricionariedade, no entanto, diríamos que aí já são os assistentes sociais e os demais envolvidos que têm responsabilidade de mudança.

Anderson e Goolishian (1998:36-39) sistematizam num texto que intitularam como "o cliente é o especialista" as oito premissas em que apoiam a sua posição narrativa, assinalando o sistema terapêutico (sendo que o mesmo se aplica ao sistema interventivo) como um sistema de organização e dissolução de problemas, formado dialogicamente, e a ideia de mudança como a criação dialógica de uma nova narrativa e a abertura de oportunidades para novos meios de acção. Sublinham que "o poder transformador da narrativa reside em sua capacidade de relatar os eventos de nossa vida no contexto de novos e diferentes sentidos [já que] nós vivemos nas e através das identidades narrativas que desenvolvemos em conversações uns com os outros" (*ibidem*). Ana Paula Relvas (*in* Alarcão & Relvas, 2002:63), em diálogo com a sua colega Madalena Alarcão afirma, neste sentido, que "permitimo-nos, hoje em dia, pensarmo-nos como pessoas que, no cruzamento entre as histórias dos clientes e as nossa próprias, procuramos *novos textos* que permitam a transformação dos *velhos e saturados contos*"[29]. Sousa *et al.* (2007:41) afirmam que decorrente da ideia de autonomia a que já aludimos, "o interventor tem como competência ser um catalisador de mudança (identifica e amplia); e o cliente é especializado na sua vivência e tem competências para evoluir".

A promoção da mudança e da justiça social são valores centrais que guiam a intervenção social e que definem mesmo a profissão. Maturana (*in* Elkaïm, 2000:146) assume a mudança social como "uma mudança na configuração de acções coordenadas que define a identidade particular de certo sistema social", dependendo, assim das acções dos sujeitos que o compõem, ou, por outras palavras, da mudança das propriedades dos seus componentes. O sistema pode também transformar-se se um dos sujeitos que integram o sistema social "mudar de tal forma que a configuração das acções coordenadas com os outros componentes também mude" (*ibidem*). Faz acreditar, assim, que um interventor, enquanto componente do sistema, pode, de facto, ter uma acção transformadora, desde que a interacção que este estabeleça com o sistema desencadeie potencial de mudança. Poderão, por analogia, mudanças a nível microsocial promover a mudança a nível macrossocial. Uma vez mais, esta ideia leva a associar a acoplagem entre estes sistemas (constituindo um novo sistema, a que chamamos sistema interventivo) à ideia de perturbação mútua.

---

[29] O sublinhado é nosso em substituição das aspas do original.

Reconhecer e sublinhar competências e a autonomia

Subjacente e decorrente de muitas destas ideias está a ênfase que se coloca no reconhecimento e na promoção das competências dos sujeitos ao invés da centração nos problemas. Ou na ideia de que pessoas que vivem um problema e o problema não são um só. Não há pessoas-problema, há pessoas com problemas. Descobrir o que antes funcionou e permitiu controlar esse problema[30], mesmo que excepcionalmente, permite acreditar que é possível fazê-lo, repeti-lo e retirar a dimensão de opressão que muitos problemas têm nas pessoas. Todos os sistemas têm competências e incompetências (Sousa et al., 2007), mesmo que estas tracem uma nebulosa densa que dificulta a identificação e activação das primeiras.

De que serviria defender a autonomia e o seu carácter emancipador se não se acreditar nas competências e nas capacidades de mudança que os sistemas têm?

Em torno de múltiplas compatibilidades

Em síntese e em formato-chavão diríamos que as compatibilidades são múltiplas e tantas como as problematizações possíveis. Defende-se que contextualizar, não-generalizar, não-esteriotipar, não substituir-se ao utente, não julgar, atender à singularidade, equifinalidade, multifinalidade, potenciar, autonomizar, emancipar, entre outros, são conceitos, atitudes e valores que encontram pontos de toque e se reforçam mutuamente.

Se não se pode nem se pretende afirmar a Sistémica enquanto *a* epistemologia para o Serviço Social, no entanto é possível equacioná-la como *uma* epistemologia entre várias possíveis. Esta não esgota as diferentes dimensões da profissão e as compatibilidades alargam-se a outros modelos e teorias do Serviço Social na contemporaneidade. No entanto, para equacionar as relações intersistémicas que se estabelecem na intervenção e para equacionar as redes de suporte social ou as intervenções em rede no contexto da intervenção do Serviço Social, constitui-se como pano de fundo impossível de descartar.

---

[30] Estas ideias decorrem dos enunciados de White e Epston (1993) sobre a externalização e de Shazer (1996) sobre a procura dos episódios singulares.

42

2. Rede Social, Um Conceito Polissémico

Em torno do conceito de rede

O conceito de "rede" tem surgido recentemente nos mais diversos domínios e com inúmeras designações associadas, pelo que pode falar-se de redes em áreas e aplicações tão diversas, pois é usado para "designar uma grande variedade de objectos e de fenómenos" (Mercklé, 2004:6). É vulgar falar de redes de transportes, de telecomunicações, de abastecimento de água, de esgotos, de caminho de ferro, de distribuição de serviços (correio, electricidade, gás, etc.), assim como encontrar o conceito associado ao domínio da matemática, da informática e à *Internet* (*World Web Wide*), sendo esta até designada como "a rede". Mas, apesar da estranheza que possa causar, todos estes conceitos têm algo em comum entre eles, pois o conceito de rede remete para pontos ligados entre si (neste casos, com uma dimensão física). Muito embora permitam contactos do plano social, não é essa a sua natureza primeira (Lemieux, 1999). Noutro plano intermédio concebem-se ainda as redes de comunicação, de produção, de empresas, de política publicas, de clientelismo (*idem*), institucionais, ou até mesmo redes de terrorismo, entre outras. Num plano social, que é o nosso ponto de interesse, podemos distinguir, por exemplo, as redes de parentesco, de afinidade, de suporte, de mobilização (*idem*), de vizinhança, etc...

A etimologia da palavra rede, originária do Latim *retiolus*, diminutivo de *retis*, designa um conjunto de linhas entrelaçadas ou teia, pelo que é necessário um enquadramento que permita deslaçar um pouco o entrançado conceptual de um conceito que definitivamente "está na moda", como afirma Mercklé (2004). Em Portugal, o conceito teve uma enorme divulgação e uma rápida propagação em áreas distintas nas ciências sociais e humanas e na política, sobretudo na década de 90 do séc. XX.

No Serviço Social português tem-se observado que a sua apropriação foi feita nem sempre com a maior correcção, aplicando-se indiscriminadamente e sem as especificações e contextualizações devidas. Uma das pioneiras no estudo das redes sociais, Elisabeth Bott (1990:364), quando analisa a variedade de noções e linguagem utilizada[1] nos estudos que compilou, considerava estar perante "um desastre terminológico e conceptual",

---

[1] Bott (1990:364,366,367) refere conceitos como "rede total; rede pessoal; rede egocêntrica; conjunto; conjunto de acção; retícula; quasi-grupo; campo; estrela; zona; comunidade pessoal; ambiente; círculo social; facção; partido; pandilha; agrupamento; grupo e grupo *corporado*"; "núcleo".

difícil de superar, temendo que fosse tarde para introduzir conceitos novos para dar resposta a esta necessidade de maior precisão na sua aplicação, afirmando mesmo duvidar que na situação verificada no início da década de 70 do séc. XX "se possa adoptar um conjunto universal de definições, por mais claro e preciso que seja (...) [o conceito] está sendo utilizado para tantos propósitos, que passará bastante tempo antes que cheguemos a saber para o que é realmente mais útil" (*idem*:368). As áreas científicas que se apropriaram e desenvolveram o conceito são as mais diversas. Se o poderíamos inicialmente associar à Antropologia e Sociologia, mais tarde aparece também nas áreas do Serviço Social, Psiquiatria, Psicologia, Matemática, Informática, Física, Biologia, Medicina, perspectivado nas suas mais diversas vertentes a apresentando-se como um campo multi e interdisciplinar por excelência.

Hoje, a sua popularidade e o reconhecimento das suas capacidades descritivas e explicativas ultrapassa em muito os limites das ciências sociais (Portugal, 2007) e a sua inscrição no discurso contemporâneo faz reconhecer a existência de uma "racionalidade reticular" (Parrochia, 2001 *cit. in* Portugal, 2007) na forma como organizamos e equacionamos o mundo, e leva mesmo Leinhardt (1977, *in op cit.*) a considerar as redes sociais como um paradigma em desenvolvimento. Se esta classificação parece desprovida de fundamento, atendendo aos conceitos conhecidos de paradigma, e nesse sentido concordamos com Portugal (2007:8) quando diz "não me parece que se possa falar da existência de um novo paradigma nas ciências sociais quando falamos da teoria das redes", há que reconhecer o seu poder através desta e de outras discussões profícuas e ainda muito em aberto. Apesar de todo o impacte que o conceito teve e tem, sublinha-se a afirmação de uma das autoras pioneiras do estudo das redes sociais, Elisabeth Bott (1990:369,376), de que este "não é um novo enfoque" e de que "não há nada revolucionário nesta ideia de rede social".

Versatilidade do conceito de rede

Façamos um pequeno roteiro conceptual, no sentido de compreender a versatilidade do conceito.

Na Sociologia, Georg Simmel (1908, *cit. in* Nowak, 2001) utilizou o conceito de *rede* para explicar a pertença de indivíduos a diferentes círculos sociais que se cruzavam e interagiam na sociedade moderna, mas é a J. A. Barnes (1954, *cit. in* Guédon, 1984; Bott, 1990; Lemieux, 1999; Molina, 2001), professor inglês de antropologia, que é atribuído o primeiro estudo que coloca em relevo a importância das redes nos fenómenos sociais, sendo o autor mais unanimemente apontado como tendo usado pela primeira vez a expressão *rede social* para descrever a estrutura social de uma comunidade (Guédon, 1984; Bott, 1990; Speck & Attneave, 1990; Lacroix, 1990; Molina, 2001; Mercklé, 2004; Portugal, 2007). O estudo da estrutura das organizações, associações e redes da ilha de Bremmes foi um ponto de partida para a implementação de todo um novo campo de estudo e trabalho. Este estudo permitiu-lhe identificar três "campos sociais" diferenciados: baseados no território, no sistema ocupacional e nas relações sociais, sendo a partir daqui que Barnes desenvolve o conceito. O autor considerava que "cada pessoa está (...) em contacto com um certo número de outras pessoas, algumas das quais estão em contacto directo entre si e outras não (...) Penso ser conveniente chamar rede a um campo social deste tipo" (Barnes, 1954:43, *cit. in* Bott, 1990:98, Attneave & Speck, 1990:19-20, Molina, 2001). A ideia transmitida pelo autor "é a de um conjunto de pontos, alguns dos quais estão unidos por linhas. Tais pontos são as pessoas ou, às vezes, os grupos, e as linhas indicam as interacções entre essas pessoas" (Barnes, 1954:43, *cit. in* Speck, 1967, Bott, 1990:98), indicando "a vida social no seu conjunto como geradora de uma rede deste tipo" (Barnes, *cit. in* Molina, 2001:27). Este campo de estudo fica indissociavelmente ligado à antropologia britânica não apenas através de Barnes, mas por toda uma escola da qual foi percursor e que ficou conhecida como Escola de Manchester (Bott, 1990; Molina, 2001), no Reino Unido, com uma enorme influência de Max Gluckman, permitindo ir para além do clássico estrutural-funcionalismo.

A canadiana Elisabeth Bott, formada em Psicologia e Antropologia, vem a introduzir uma nova forma de analisar a estrutura social, com o artigo *Urban families: conjugal roles and social networks* de 1955 publicado na *Human Relactions* e o seu livro *Família e Rede Social* publicado pela primeira vez em 1957 (Bott, 1990), espelhando-se algum do impacte na comunidade científica da altura na segunda edição em 1971 (*idem*), que inclui uma revisão da literatura sobre o tema. A autora, reconhecendo que o conceito de rede social se encontrava difundido na literatura, ainda que sob outras designações, vem considerá-lo como o conceito mais adequado para descrever as relações sociais, em detrimento do conceito de grupo organizado [de pertença], pois "na configuração das redes, nem todos os indivíduos que a compõem mantém relações sociais entre si" (Bott, 1990:97)[2], introduzindo o conceito de *conectividade*[3], que definiu como o "grau em que as pessoas conhecidas por uma família se conhecem (...) independentemente dessa família" (*idem*:98). Os seus resultados evidenciaram uma relação entre o grau de separação dos papéis conjugais e a conectividade da rede (*idem*).

Este trabalho teve um enorme eco nos trabalhos de campo de muitos antropólogos[4] não apenas da Escola de Manchester, mas também nas universidades norte-americanas de Harvard e Chicago. O conceito de rede não estava aqui na moda até aos anos 70, apesar disto, inúmeros estudos debruçavam-se sobre temáticas afins, como canais de comunicação ou difusão em pequenos grupos, estudos sobre parentesco, amizade, relações de vizinhança ou sobre a teoria dos grafos (Bott, 1990), no entanto poucos autores produziram estudos em que utilizavam explicitamente o conceito de rede social. Podem referir-se Katz (1958; 1966), Cohen e Marriott (1958), Hammer (1963, 1964), Jay (1964) e Adams (1967) (*cit. in* Bott, 1990:359).

---

[2] Na sua conceptualização percebemos que o aspecto distintivo reside no facto de grupo organizado implicar "um todo social mais amplo com objectivos comuns, papéis independentes e uma subcultura que os distingue" (Bott, 1990:96).

[3] Este conceito poderá também traduzir-se livremente por "conexão", ou por "conexidade" como Portugal (2007) traduz, estando associado de forma íntima à ideia de "densidade". Aliás, Bott (1990:345), na segunda edição do livro, fala em "densidade reticular" ou "densidade da rede", definindo vários graus. A autora distingue redes de "malha estreita" (*close-knit*) e redes de "malha frouxa" (*loose-knit*), sendo as primeiras relativas às redes onde existem muitas relações entre os membros e as segundas para designar as que apresentam relacionamentos escassos (Portugal, 2007).

[4] Para aprofundar, cf. Bott (1990:358-376) e Molina (2001:22-36).

Edward Jay (1964[5], *cit. in* Speck, 1967, Lacroix, 1990) define o conceito remetendo para a imagem de uma totalidade de todas as unidades ligadas por um certo tipo de relação, e dedicou-se à destrinça entre campo social e rede pelos limites que apresenta e pela referência ao seu egocentrismo, reservando esta característica para o conceito de campo social (Speck, 1967). Elton Mayo e W. Loyd Warner (psicólogo social e antropólogo discípulo de Radcliffe-Brown, respectivamente) foram outros dois desses autores. Estes produziram os estudos Hawthorne, decisivos na criação da Escola das Relações Humanas, tendo-se dedicando a estudar a influência de pequenos grupos no sistema de relações em contextos de trabalho. Warner (*cit. in* Molina, 2001) vem a dedicar-se mais tarde ao estudo de comunidades, introduzindo as matrizes de afiliação como inovação metodológica para aferir a complexa rede de relações.

O conceito de círculo social desenvolvido pelo sociólogo norte-americano Charles Kadushin (1966, 1969 *cit. in* Bott, 1990:360) aparece relacionado com o conceito de rede social. Este debruça-se sobre um tipo de redes que se definem num movimento cumulativo de interacções "que se baseiam e contribuem para o surgimento de interesses comuns relacionados com objectivos culturais, de poder e influência", e não a partir de um ego. O conceito de redes sociais veio a ser igualmente apadrinhado por Clyde Mitchel[6] (1969 *cit. in* Nowak, 2000:163), no seu livro *Social Networks in Urban Situations*, onde foi referido como um conjunto específico de ligações entre um conjunto definido de pessoas, tendo a obra o mérito de ter sistematizado os avanços associados a esta abordagem e proposto critérios para a definição de uma rede, assim como por ter relacionado os estudos empíricos sobre as redes com a teoria dos grafos (Bott, 1990; Molina, 2001). De entre esses nove critérios temos a referência a algumas das características que discutiremos à frente, sendo por essa altura resgatado o seu contributo, e a importância da delimitação da rede por parte do ego (critério da ancoragem), remetendo para um caminho distinto.

Como foi anteriormente referido, este conceito veio a difundir-se nas ciências sociais a nível geral, tendo surgido nas décadas de 60 e 70 do séc. XX diversas pesquisas e publicações que se prendem directa ou indirectamente com o estudo das redes sociais e que vieram a constitui-se enquanto marcos de referência nesta área. Mas a complexidade da abordagem é trazida também por ter sido explorada em diferentes domínios e ter tido múltiplas ramificações. Se todo este interesse e profusão trouxeram o inconveniente da difícil delimitação conceptual e da diversidade metodológica, criaram igualmente um campo de enorme riqueza para a ciência.

Tentando sintetizar as diversas direcções que a utilização e emprego do conceito tiveram, Bott (1990:369) indica três: como método de estudo dos vínculos

---

[5] Num texto do qual Speck parte para a sua conceptualização: Jay, E.J., (1964). The Concepts of 'Field' and 'Network' in Anthropological Research, *Man*, 64, 137-139.

[6] Este autor aparece referido nalguma bibliografia como pai do conceito de redes sociais (Nowak, 2001), no entanto Barnes é mais consensualmente referido como tal (Guédon, 1984; Bott, 1990; Speck & Attneave, 1990; Lacroix, 1990; Molina, 2001; Mercklé, 2004). Mas há ainda dois autores que aparecem frequentemente referenciados a propósito da origem do conceito pelo contributo que tiveram para o desenvolvimento deste campo de estudo e trabalho e cujas teorias são anteriores às de Barnes. São eles Jacob L. Moreno que criou o psicodrama e trouxe para a psicologia, em 1951, a psicometria que utiliza o sociograma para avaliar as relações interpessoais, e Kurt Lewin, que desenvolve a "teoria do campo" em 1952, teoria essa que focaliza igualmente as relações sociais informais.

sociais; no estudo das relações entre sistema e o meio circundante; e nos estudos dos processos sociais e de criação de formas sociais face às existentes. Fundamentalmente estas direcções identificadas são a nível da Antropologia, mas trata-se de um tipo de conceito que pode utilizar-se associado a qualquer marco conceptual de referência (*idem*:376). De forma mais geral, podem identificar-se duas grandes correntes na construção de um sentido analítico do conceito: a corrente da Antropologia britânica "que se preocupa fundamentalmente com uma análise situacional de pessoas e grupos"; e a corrente americana "que se prende com o desenvolvimento da análise quantitativa, no quadro de uma abordagem estrutural" (Portugal, 2007:3-4).

Consolidam-se vertentes específicas e distintas nas suas focalizações e metodologias. Fundamentalmente, a vertente académica reúne olhares divergentes, explorações conceptuais e metodológicas que se autonomizam, nomeadamente a vertente que estuda as redes como fontes de suporte social e a outra vertente que ficou conhecida como Análise de Redes Sociais (ARS). Esta última é uma corrente que "estuda relações específicas entre uma série definida de elementos" (Molina, 2001:14), ou, por outras palavras, "visa compreender as ligações entre (...) entidades sociais elementares [como] os actores ou unidades compósitas constituídas por subgrupos de actores, e as implicações dessas ligações para a estrutura e dinâmica do sistema (...), [sendo os actores] quaisquer elementos de um sistema social finito interconectados entre si por um qualquer padrão relacional em que haja fluxos informativos (...) verificáveis" (Soczka, 2005:83). Estes elementos ou actores podem ser pessoas, grupos, instituições, organizações, subconjuntos de uma mesma organização, entidades administrativas, países, acontecimentos (Molina, 2001; Soczka, 2005).

Pode conceber-se a ARS enquanto uma metodologia que define critérios formais para descrever pautas de disposição e interacção dos elementos, em última análise, a estrutura social, se a orientação teórica for baseada numa concepção nomotética das ciências na linha de Radcliffe-Brown na Antropologia (Molina, 2001). Wellman (1998, *cit. in* Molina, 2001), fundador da *International Network for Social Network Analysis* (INSNA) defende-a mesmo como um paradigma, argumentando que o mundo é formado por redes, na mesma linha do defendido por Samuel Leinhardt (1977, *cit. in* Portugal, 2007). Mas apesar de abarcar estudos macro, para além dos processos micro, tendo capacidade para descrever estruturas sociais em unidades de estudo relativamente amplas, parece não ser razoável ter-se o objectivo de abranger a estrutura social através de um enfoque formal que, apesar das potencialidades e os desenvolvimentos que obteve mediante a aplicação de sistemas informáticos complexos, apresenta limitações metodológicas inerentes a qualquer processo de investigação (Molina, 2001). A descrição de estruturas sociais é possível mas apenas quando restrita a estruturas limitadas. O seu carácter formal restringe também a sua aplicação nos domínios de investigação, pois "a ARS não é uma análise fenomenológica ou qualitativa da estrutura ou dinâmica de um grupo. Pertence à família das modelações matemáticas em ciências sociais e socorre-se exclusivamente de técnicas matemáticas" (Soczka, 2005:84), contemplando três tradições: a análise baseada na teoria dos grafos; a sociometria estatística e a modelação algébrica (*idem*). Luis Soczka (*ibidem*) considera estas três tradições como três formas compatíveis "de ler os mesmos fenómenos a partir de linguagens matemáticas distintas".

Estas tradições baseiam-se nas três linhas básicas de influência que permearam o desenvolvimento da abordagem que obedece a uma complexa e entrecruzada linhagem[7]. São elas a Sociometria, que produziu avanços técnicos pela utilização da sociomatriz[8] e da teoria e método dos grafos[9], as investigações já referidas de Harvard e Chicago (algumas remontando à década de trinta do século XX), que exploraram o padrões das relações interpessoais e a formação dos cliques[10], e dos antropólogos da Escola de Manchester, que investigaram a estrutura das relações comunitárias em sociedades tribais e aldeias (Scott, 1991; Molina, 2001), entre os quais os avanços produzidos por Mitchell (1969 *cit. in* Molina, 2001), que referimos anteriormente, e por Nadel (1966, *in op cit.*). Este, no seu livro Teoria da Estrutura Social, contribuiu para a elaboração teórica da análise das redes sociais, nomeadamente pela descrição das estruturas sociais, através de procedimentos formais, como entidades plurais e que se manifestam nas relação de segundo nível[11] e não nas relações directas entre pessoas (*ibidem*).

As suas ligações à Sistémica podem também estabelecer-se se atendermos à utilização do conceito de rede usado por Jean-Loius Le Moigne na sua obra de 1977 *La Théorie du Systéme General, Théorie de le Modelisation* (2004:102-124), para conceber a modelização de um sistema geral a partir de uma rede de interconexão de processadores elementares e representação gráfica das conexões em matrizes. A metodologia tem sido aplicada em inúmeros campos, desde a matemática, à economia ou mesmo à arquitectura. No entanto, centra os seus interesses e desenvolve mais as potencialidades analíticas no que são consideradas redes totais, descurando o investimento nas redes sociais pessoais.

A partir dos estudos dos anos 60 de Milgram que ficaram conhecidos como "*small world studies*", Watts, sociólogo doutorado em matemática aplicada, e os físicos Buchanan e Barabási, que têm defendido que vivemos num mundo "em que tudo está ligado", cruzam conhecimentos das mais diversas áreas para equacionar a sociedade enquanto rede complexa e afirmar a pequenez do nosso mundo (Barabási, 2003 *cit. in* Portugal, 2007).

Actualmente, as novas formas de interacção social, nomeadamente pela introdução de novas tecnologias de informação e comunicação, levaram Barry Wellman (*cit. in* Molina, 2001) a estudar o impacto da introdução de tecnologias de informação

---

[7] Cf. Scott (1991).

[8] "Uma sociomatriz é um conjunto de relações entre actores sociais pertencentes a um mesmo conjunto ou grupo, em que cada elemento de cada vector-linha ou vector-coluna expressa uma quantidade indicativa da qualidade ou quantidade dessa relação" (Soczka, 2005:85).

[9] "Um grafo é um conjunto de nós interligados total ou parcialmente por linhas" (*ibidem*), sendo fundamental avaliar o grau de nós de um gafo que "representa o número de ligações directas de um actor a outro actor do sistema" (*ibidem*) e a sua densidade expressa por "uma medida da média das proporção de linhas incidentes com os nós que compõem o grafo" (*ibidem*).

[10] Clique é o conceito que corresponde a um subgrafo maximamente conexo (*Idem*:89), sendo a tríade a sua referência, como base mínima que constitui um subgrupo.

[11] Este conceito será desenvolvido noutro ponto adiante (2.1.1.).

e comunicação numa comunidade[12]. Os resultados apontam para que os meios de comunicação intensificam as relações sociais, a *Internet*, por exemplo, ao invés de isolar os utilizadores, permite que estes estendam a sua comunidade no mundo real (Wellman, 2004).

O conceito na vertente interventora

Outra vertente que ganha força paralelamente à área da investigação científica e que prende o interesse aos assistentes sociais, é a que apelidamos de vertente interventora. Esta teve inicialmente particular relevância na área da saúde mental, tendo vindo a alargar paulatinamente a sua abrangência a outros campos e populações-alvo nas áreas da acção social e a ser incorporada nas estratégias metodológicas dos interventores sociais.

A *intervenção em rede* aparece no contexto da abordagem sistémica, sendo a expressão preferida por Ross V. Speck (*in* Elkaïm, 1995:24) que a considera como a mais precisa para designar as inicialmente consideradas por alguns autores como *terapia de rede*, por analogia à *terapia familiar*, que era à época considerada a intervenção *princeps* da sistémica (Alarcão & Relvas, 2002). Houve também quem designasse por *intervenção sistémica* as intervenções que eram alargadas a outros contextos que ultrapassavam o sistema familiar (*idem*). Hoje em dia defende-se no seio da abordagem sistémica a utilização de *intervenção sistémica* para qualquer tipo de intervenção em sistemas (indivíduos, famílias, grupos, redes, comunidades, etc.) com orientação sistémica. Às intervenções em rede, como são amplamente designadas, ou às intervenções sistémicas em rede, dedicaremos especial atenção no ponto 6.

Se não parece concebível unificar todas estas vertentes possíveis, o chapéu da *teoria das redes* tem conseguido agrupar, de certa forma, o que diverge até no seu "cartão de visita", entenda-se na designação que tem sido atribuída pelos autores ao vasto campo (*cf.* Portugal, 2007:9). Mercklé (2004:97) vê a teoria das redes como constituindo uma espécie de "*terceira via* teórica que nos habituámos a classificar como *meso-sociológica*" que permite "ver simultaneamente a floresta e as árvores". Esta teoria não pretende colocar a dimensão reticular como mais importante que o indivíduo ou a estrutura social, mas permite passar de um nível a outro (Granovetter, 2000 *cit. in* Mercklé, 2004), ou seja, proporciona um movimento circular entre as estruturas macro e microssociais.

Acima de tudo, "a abordagem a partir da teoria das redes confere a possibilidade de analisar o espaço relacional, os seus movimentos e o conteúdo desses movimentos – a

---

[12] Foram inúmeros os estudos levados a cabo por Wellman e seus colaboradores a partir do final da década de noventa do séc. XX. Encontra os resumos destes estudos, assim como alguns em texto integral disponíveis *online* no seguinte endereço: http://www.chass.utoronto.ca/ ~wellman/publications/ (consultado em 2007/08/23). Alguns desses exemplos ficam aqui referenciados: Wellman, B., Hogan, B., Berg, K., Boase, J., Carrasco, J-A., Côté, R., Kayahara, J., Kennedy, T.L.M. & Tran, P. (2006). Connected Lives: The Project. In P. Purcell (ed.) Networked Neighbourhoods (Chapter 8), London: Springer; Wellman, B. (2001). Computer Networks As Social Networks, *Science* 293, 2031-34.; Boase, B. & Wellman, B. (2006). Personal Relationships: On and Off the Internet In A. Vangelisti & Perlman, D. (eds.), *Cambridge Handbook of Personal Relationships* (pp.709-723). Cambridge: Cambridge University Press.

forma e o conteúdo da relação, simultaneamente" (Portugal, 2007:30), recuperando a interacção social para o centro do debate teórico-metodológico.

2.1. Os Conceitos de Rede Social

Concebidas de forma geral, as redes sociais podem ser consideradas como "os sistemas particulares de relações que unem actores sociais" (Fischer *et al.*, 1977 *cit. in* Guédon, 1984:17), pelo que estas assumirão diferentes formas consoante o tipo de laços e o tipo de actores sociais implicados. Wellman (1981, *cit. in* Coimbra, 1990), no mesmo sentido, considerou-as como um conjunto de nós e laços de ligação entre os nós, em que os nós podem ser pessoas, grupos, empresas ou outras instituições. Também Lemieux (1999:3) define as redes de actores sociais como unindo actores sociais tidos individual ou colectivamente, ou ainda como "um conjunto de relações específicas (...) entre um conjunto finito de actores" (Lazega, 1998:5). Estas designações de carácter genérico estão alinhadas com um dos diversos e diversificados significados que se atribuem à palavra *rede* na língua portuguesa: "conjunto de pontos que se comunicam entre si", segundo o dicionário Houaiss (2003).

É de notar que estas definições gerais coincidem com as primeiras definições de sistema, tal como podemos constatar no ponto 1.3., há uma aproximação do conceito de sistema ao conceito de rede tida na sua acepção mais genérica. Certamente que não é por acaso que este conceito de rede social cedo emigrou entre áreas disciplinares e foi integrado pela Sistémica, quando se apelava à necessidade de alargamento dos sistemas implicados nas intervenções.

O termo *rede* foi desde a sua origem aplicado de forma global, defendendo Barnes (1969 *cit. in* Bott, 1990:364-365) que deveria aplicar-se a "algum tipo de campo social", tratando-se de "um primeiro nível de abstracção da realidade", correspondendo a esta descrição o que chamou de "rede total". Bott (1990) utilizou igualmente o conceito de forma geral, adequando-se a esta conceptualização, mas também o usa numa outra acepção, a de rede social pessoal, entrando aqui variadíssimos outros conceitos. No mesmo sentido, Lazega (1998) distingue entre a "rede dita completa" e a "dita pessoal" ou de um actor, remetendo para o conceito inglês de *ego-network*.

Pelo que tem vindo a evidenciar-se, a palavra *rede* tem aplicações diversas mesmo dentro do mesmo quadro teórico, sendo aconselhável a sua utilização sempre com adjectivação ou um referencial suficientemente claros para que possamos evitar equívocos.

Também no domínio das tipologias vamos encontrar a diversidade terminológica que já vem caracterizando este campo teórico-metodológico. A tipologia que propomos parte da morfologia das redes e da perspectiva em que estas são consideradas, sendo uma tipologia pensada para interventores sociais, em que se tentou não trair o espírito das contribuições dos autores que foram incorporadas para a sua construção.

2.1.1. Rede Social Pessoal

Numa perspectiva centrada no indivíduo e partindo de uma visão ptolomeica (Portugal, 1995), poderemos designar a rede definida a partir de um sujeito como "rede egocêntrica", "rede pessoal" (Mitchell, 1969 *cit. in* Bott, 1990), "rede egocentrada" (Milardo, 1988 *cit. in* Portugal, 1995) ou "rede social pessoal", sendo esta a expressão eleita por Sluzki (1996:13,42). O autor define a rede social pessoal como o "conjunto de seres com quem interactuamos de maneira regular, com quem conversamos, com quem intercambiamos sinais que nos corporizam, que nos fazem reais (...) é a soma de todas as relações que um indivíduo percebe como significativas ou define como diferenciadas da massa anónima da sociedade (...) [é o que] corresponde ao nicho interpessoal do indivíduo" (*idem*:42). Por outras palavras, a rede social pessoal é constituída por todos os actores sociais com quem o indivíduo estabelece uma relação interactuante dentro do seu "universo relacional" (*ibidem*).

Para Barnes (1969, *cit. in* Bott, 1990:365), este é um dos aspectos da rede total. Designa-o por "estrela", sendo esta formada pelas pessoas que conhecem o ego, e destaca ainda a "zona" do ego, que é relativa ao conjunto dessas pessoas mais as suas inter-relações. Estas estrelas e zonas podem ser consideradas de acordo com os seguintes níveis: primárias (constituídas por pessoas que o ego conhece directamente); secundárias (constituídas pelas pessoas que o ego conhece através de escalões intermédios); abrindo a possibilidade de estipularem-se outros níveis (*idem*).

Entendida hierarquicamente, considera-se a rede pessoal como um nível de rede num plano miscrossocial. Attneave (1969) identifica três níveis de rede, sendo o nível mais abstracto o que comporta "todas as relações possíveis de um dado grupo" (o que nos poderá fazer incluir todos os seres humanos). Num nível intermédio, a autora situa as redes pessoais, sendo estas compostas por indivíduos relacionados entre si através de uma identidade comum, podendo ser definidas como unidades sociais que partilham algumas características. A rede familiar aparece classificada no extremo oposto ao primeiro nível, sendo definida "em termos de relações entre o membro de uma família nuclear particular num momento também particular", diferindo o seu tamanho e composição de acordo com as características individuais dos seus membros e com aspectos culturais e contextuais (*idem*).

Esta concepção nivelar é partilhada por diversos autores. Barrón (1996) aponta a existência de um nível comunitário, onde o apoio social proporciona pertença e integração social, um nível que seria constituído pelas redes sociais onde se incluem os contactos sociais mantidos pelas pessoas e um nível onde localizamos as transacções ocorridas no contexto das relações mais íntimas. Diz a autora que "os três níveis não são independentes, estão interconectados, emergindo de cada nível superior as relações do nível inferior" (1996:12).

Noutra roupagem conceptual, Sluzki (1996:38) alerta para a distinção entre a "micro-rede social pessoal (...) e a rede macro que inclui a comunidade de que fazemos parte, a nossa sociedade, a nossa espécie, a nossa ecologia". A expressão "rede de redes" de Elina Dabas (1993), que dá título a uma das suas obras, expressa bem a complexa constelação a que poderemos aceder e abarcar, mas nunca esquecer quando for necessário simplificar. O próprio conceito de rede social da autora (*idem*:21) remete para "um processo de construção permanente tanto individual como colectivo", definindo-o como "um sistema aberto (...) [num] intercâmbio dinâmico entre os seus integrantes e integrantes de outros grupos sociais". Aliás, Rodríguez (1995:17) considera que a análise estrutural e de redes, no âmbito sociológico, é uma ferramenta intelectual que permite aceder ao estudo das estruturas sociais, tal como preconizaram os percursores do conceito e de tais métodos. E também este autor utiliza a mesma expressão de Dabas (*idem*) quando pensa em tratar o mundo como uma estrutura de redes.

Guay (1984:63) propõe a noção de "grupo de segundo nível" que é composto pelas redes sociais pessoais de cada um dos membros da nossa própria rede, pelo que pode atingir um tamanho bastante considerável, e significa uma reserva potencial de recursos quase infinita que apresenta a possibilidade de ser ou não explorada como tal. Facilmente se percebe que cada um dos membros da nossa rede tem ele próprio um grupo de segundo nível à disposição, multiplicando-se o cruzamento das redes e, proporcionalmente, os recursos potenciais. É nesta complexa constelação, atravessada por níveis micro e macrossociais, que o indivíduo se move no seu quotidiano, num "sistema de redes" (Sluzki, 1996:38,39). Este sistema de redes inclui a rede social pessoal e as intersecções com outras redes e níveis de rede, que podemos equacionar, nomeadamente com as redes sociais pessoais dos membros de uma das redes e com as redes das quais não somos membros mas que, pela sua relação indirecta com membros da nossa própria rede, podem vir a constituir-se como recurso ou a interferir de outra forma na nossa vida. A Figura 1 exprime esta complexidade de entrecruzamentos em níveis, ainda que represente uma sua simplificação.

Figura 1. Constelação de redes sociais pessoais

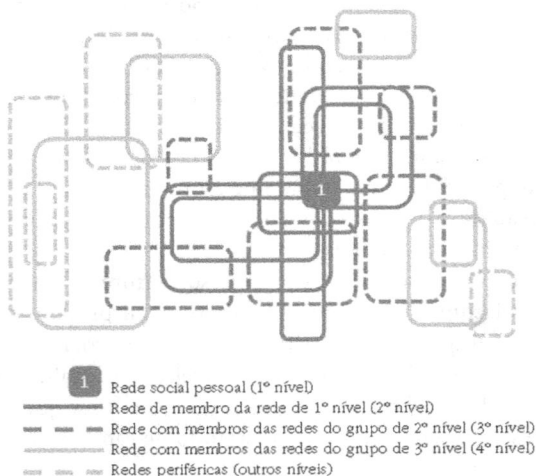

Rede social pessoal (1° nível)
Rede de membro da rede de 1° nível (2° nível)
Rede com membros das redes do grupo de 2° nível (3° nível)
Rede com membros das redes do grupo de 3° nível (4° nível)
Redes periféricas (outros níveis)

As classificações de Mueller (1980 *cit. in* Góngora, 1991) distinguem três níveis: uma rede de primeira ordem, uma rede de segunda ordem e uma rede extensa. A rede de primeira ordem corresponderia à rede primária. A rede de segunda ordem seria composta por indivíduos que não se conhecem entre si e que estão acessíveis através da rede primária. Sendo a rede extensa relativa às conexões às quais poderemos aceder através da rede secundária. Partindo de um nódulo primário, fica a ideia de um alargamento infinito da constelação relacional.

Esta perspectiva hierárquica está em linha com a Teoria dos Sistemas Ecológicos de Urie Bronfenbrenner ensaiada na sua obra *The Ecology of Human Development: expe-*

riments by nature and design de 1979 (1996), que procura explicar o comportamento, o conhecimento, as competências e as escolhas do sujeito a nível da orientação, do suporte e da estrutura oferecida pela sociedade (Berger, 2000, *cit. in* Ashford *et al.,* 2001). O modelo é sustentado num sistema de níveis que se movem do nível micro (*self*) situado no centro até ao macro.

Figura 2. Hierarquia sistémica no modelo ecológico

Segundo Bronfenbrenner (1996), cada indivíduo é influenciado de forma significativa pela interacção com um número vasto de subsistemas sobrepostos. Os microssistemas são aqueles que estão mais próximos do sujeito, "formatando" numa relação íntima e imediata o desenvolvimento do ser humano, sendo definido pelo contacto face a face entre os participantes do subsistema. Inclui-se aqui, para a criança, por exemplo, a família, o grupo de pares, a turma da escola, entre outros. A interacção no microssistema é levada a cabo noutro plano: no mesossistema. Este permite a ligação entre os múltiplos microssistemas. Em torno do microssistema existe um exossistema que afecta a vida dos indivíduos. Este inclui as estruturas comunitárias e os sistemas sociais organizados politicamente (saúde, educação, emprego, etc.). Por fim, o subsistema que hierarquicamente influencia todos os outros: o macrossistema. Este refere-se ao contexto cultural onde situamos todos os sistemas. O macrossistema, é constituído por acontecimentos históricos e memórias colectivas, valores culturais, filosofia, padrões económicos e de protecção social, condições sociais de vida, etc...

O autor deste modelo considera que, tidos em conjunto, estes subsistemas determinam o contexto social para o desenvolvimento do ser humano (*idem*), acrescentando novos conceitos mais tarde que remetem para os modelos da "pessoa-processo-contexto" e do "cronossistema" (Bronfenbrenner, 1988, *cit. in* Krebs, 1999) que unifica no modelo que apelidou de "pessoa-processo-contexto-tempo" no âmbito do que chamou "paradigma bioecológico" (Bronfenbrenner, 1995, *in op cit.*). Esta ideia integra as características individuais nas suas diversas dimensões (pessoa), as mudanças no ciclo vital (processo), as características físicas, económicas, políticas, culturais, entre outras, dos meios ambientes (contexto) e os acontecimentos biológicos e de ordem sócio-cultural que pontuaram o ciclo de vida do sujeito (tempo). Neste movimento de detalhar a parte do todo sem perder a ideia de todo, reconhecemos a discussão em torno dos conceitos de totalidade e globalidade propostos por Morin (1997, 2003).

As redes sociais pessoais estariam claramente situadas ao nível do microssistema, estabelecidas através do mesossistema, em íntima relação com o exosisstema e influenciadas pelo macrossistema.

Erickson (1975, *cit. in* Lacroix, 1990) define, por sua vez, uma rede pessoal mínima como compreendendo dois sectores: um de amizades (do qual fariam parte os amigos, conhecidos, vizinhos e colegas) e um de 'serviço' (composto por indivíduos que proporcionam ajuda, tais como, o assistente social, o médico, o padre, etc.). Esta divisão de sectores na rede social vai ao encontro de uma distinção que diversos autores apresentam, fundamentada essencialmente no tipo de relação e nível de estruturação da rede, que é a distinção entre rede primária e secundária, aprofundada no ponto seguinte.

São consideradas, ainda neste âmbito, as redes sociais que se formam em torno de um indivíduo unicamente quando surge um problema. Estas são apelidadas por Warren (1983, *cit. in* Guay, 1984) de *problem anchored helping networks*, ou redes de ajuda ancoradas em problemas, nas quais distingue cinco tipos: a deficitária, pela sua existência apenas para dar resposta a um problema; a vulnerável, pela sua sobrecarga embora apresente riqueza de recursos; a complexa, que comporta muitos pontos de vista e ajuda mas que não tem sucesso; a muito especializada, em que todos os membros oferecem o mesmo tipo de apoio; e a equilibrada, aquela em que a variedade de recursos é grande e a oferta dos recursos é específica.

2.2. Redes Primárias e Secundárias

Esta divisão de sectores na rede social vai ao encontro das distinções de níveis na rede que vimos atrás, nomeadamente fundamentadas no tipo de relação e nível de estruturação da rede.

As tipologias de rede mais populares baseiam-se na distinção entre rede primária e secundária. Os conceitos de rede primária e de rede secundária assentam basicamente no tipo de vínculos relacionais existentes entre os membros da rede social, embora muitos outros aspectos os distingam. Mas podem identificar-se outras nomenclaturas que seguem a mesma lógica, tais como as redes naturais e artificiais ou as redes de primeira e segunda ordem.

As redes primárias fazem referência a "um conjunto natural de indivíduos em interacção uns com os outros (...) [que] formam a trama de base da sociedade e o meio de inserção do indivíduo" (Guédon, 1984:20-21), ou, por outras palavras, "indivíduos que têm afinidades pessoais num quadro não institucional" (Lacroix, 1990:79). Esta última definição acrescenta dois aspectos determinantes para a sua conceptualização e distinção relativamente às redes secundárias: são eles o tipo de afinidades (pessoais) e o nível de estruturação da relação (colocando-as num nível informal).

Poderemos dizer que os vínculos numa rede primária são, assim, essencialmente de natureza afectiva, podendo estes assumir uma carga positiva ou negativa, não havendo qualquer sentido de obrigação ou formalidade na relação. Se é a este tipo de redes, mais concretamente ao seu "núcleo duro", que se atribui a maioria das funções de suporte social e onde identificamos as fontes de nutrição emocional, é igualmente nelas que situamos o maior nível de conflitualidade (Guadalupe, 2000).

Estas redes apresentam carácter dinâmico no seu eixo diacrónico, não comportando sempre a mesma composição ou configuração, flutuando e modificando-se com o tempo e com a mobilidade das relações (sendo tidos em consideração fenómenos como a idade, a doença, as mobilidades residencial, estudantil, laboral, migratória, etc.). As redes primárias têm, portanto, uma dimensão espacio-temporal, mudando a selecção que se faz do leque das relações que nos são oferecidas segundo os contextos e circunstâncias, isto é, segundo as escolhas e mesmo os constrangimentos sociais pessoais (Fischer *et al.*, 1977, *cit. in* Guédon, 1984). Existe, no entanto, um "núcleo duro" da rede primária que se apresenta mais perene. É este o lugar geralmente reservado à família. Nem que estejamos inseridos naquilo a que não chamaríamos a dita família tradicional, os nossos primeiros passos são dados numa família, na nossa família, independentemente do conceito de família que se trate[13]. Esta é uma referência fundamental na nossa rede social, pois os laços familiares têm a característica da estabilidade temporal e o carácter de permanência. Como diria Nunes (1995:10), a estabilidade das redes de solidariedade primária (como o autor denomina o que designamos por redes primárias) depende de núcleos institucionalizados que funcionam como "lugares de ancoragem no tempo e no espaço".

A composição da rede determina a sua tipificação. Assim, são tidas em conta as características principais dos seus membros, nomeadamente o laço mantido com o indivíduo central. Poderá, a partir daqui, considerar-se redes de parentesco (tendo por base a afinidade), de vizinhança, de amizade, de "companheirismo" (referindo-se a relações de trabalho e de lazer) etc., sendo a maioria das redes de composição mista, apresentando elementos das várias categorias apontadas (Guédon, 1984). As redes primárias podem ainda classificar-se quanto às particularidades sociológicas dos seus membros: por exemplo, em função da idade, sexo, raça, nível socio-económico, entre outras. Este tipo de classificação permite, perversamente, a distinção discriminatória das redes, identificando-se redes compostas por pessoas desfavorecidas socioeconomicamente, pessoas de determinada etnia, redes de adolescentes, idosos, delinquentes, e(i)migrantes, etc...

As redes secundárias constituem o segundo tipo de redes que já referimos. Estas correspondem ao "conjunto de pessoas reunidas por uma mesma função, num quadro institucionalizado" (Blanchet *et al.*, 1981, *cit. in* Lacroix, 1990:79), reportando-nos para as organizações e instituições, ou seja, aos membros da nossa rede com os quais estabelecemos relações num contexto formal e com objectivos funcionais. As instituições sociais poderão ser percepcionadas elas mesmas como redes sociais quando tratamos a

---

[13] Relativamente ao conceito de família, recomendamos a leitura de dois textos que fazem uma boa síntese dos conceitos e das propriedades da família, perspectivada enquanto sistema: *Cf.* Alarcão (2000:33-104) e Relvas (1998:83-92; 2000:22-25), complementado com a seguinte obra: Erera, P.I. (2001). *Family Diversity, continuity and change in the contemporary family*. London: Sage.

Quando o afirmamos desta forma, a nossa memória remete para um conceito muito abrangente de família que se afasta totalmente das abordagens genealógicas e demográficas tidas linearmente, nomeadamente o conceito de família proposto pela Organização Mundial de Saúde (OMS, WHO) no Ano Internacional de Família em 1994: "o conceito de família não pode ser limitado a laços de sangue, casamento, parceria sexual ou adopção. Qualquer grupo cujas ligações sejam baseadas na confiança, suporte mútuo e um destino comum, deve ser encarado como família" (OMS, 1994, *cit in* Relvas, 1998:88). Este conceito aceita assim a ideia de família enquanto uma construção individual e social, alargando-a, na prática, a grupos de entreajuda e organizações de diversos tipos baseadas na solidariedade (Relvas, 1998).

sociedade sob a forma de uma análise de rede, pois encontram-se fundadas em relações entre unidades sociais (indivíduos ou grupos) (Guédon, 1984). Este tipo de rede social terá como objectivo essencial a resposta a exigências de natureza funcional, como seja fornecer serviços ou instituir recursos.

Consoante o seu nível de estruturação, os objectivos a cumprir e as relações estabelecidas no seu seio, as redes secundárias são consideradas formais ou informais.

As redes secundárias formais referem-se a laços institucionais, num âmbito estruturado e de existência oficial, que se destinam ao cumprimento de funções ou ao fornecimento de serviços. Podem, assim, considerar-se nesta tipologia todas as instituições ou as relações estabelecidas no seu enquadramento. Estas relações são relativamente estáveis e estruturadas segundo normas precisas ditadas pelo papel e função atribuído ao indivíduo, não dependendo, para tal, do indivíduo em si (*idem*).

A inexistência do carácter oficial e estruturado e a inexistência de uma divisão rígida de papéis caracteriza as redes secundárias informais, embora assumam um papel essencialmente funcional com vista a responder a uma procura ou a fornecer um determinado serviço, tal como as anteriores. Poderão ser enquadrados sob esta tipologia as redes primárias organizadas para o cumprimento de uma necessidade específica e funcional que visam a partilha de recursos e a criação de uma rede de apoio colectiva. Temos o exemplo de uma associação de bairro destinada a reivindicar uma necessidade específica, ou uma associação de moradores. Outro aspecto de distinção relativamente às formais prende-se com o facto de terem uma menor durabilidade e de funcionarem com base numa clientela mais restrita, estando, por isso, talvez mais adaptadas às necessidades dos indivíduos (*idem*, 1984) pois têm uma maior proximidade dos mesmos. No entanto, tem também de sublinhar-se que, na área do chamado terceiro sector, muitas das redes secundárias formais hoje existentes nasceram com características de redes secundárias informais que foram sentindo necessidade de consolidar a sua estrutura pela necessidade criada na continuidade das suas funções.

Nowak (2001) apresenta uma tipologia em que operacionaliza o tipo de relações e de objectivos assumidos. O autor distingue entre redes sociais secundárias ou macrosociais, como também lhes chama, e redes sociais terciárias ou intermédias. As primeiras configuram os "contactos de uma pessoa dentro e com instituições" (*idem*:164) quer sejam de apoio à infância, de educação, de saúde, relacionadas com o trabalho, serviços, etc. Nas terciárias o autor integra 3 tipos: os grupos de auto-ajuda, os serviços profissionais mediadores (por exemplo, advogados, contabilistas ou consultores) e organizações não governamentais.

Algumas questões que atravessam estas concepções serão recuperadas adiante a propósito das intervenções em rede.

3. O Diagnóstico Social da Rede de Suporte Social

No contexto da intervenção do Serviço Social, a rede social primária e secundária é equacionada como fonte de suporte social. Mas é fundamental que se entenda que a existência de uma rede social não significa que exista efectivamente suporte social. Não podemos pressupor que todas as pessoas ou famílias relativamente às quais identificamos uma rede social pessoal ou familiar têm suporte social disponível e garantido por tal rede. Aliás, as redes sociais podem igualmente assumir-se enquanto redes inócuas ou mesmo destrutivas, dependendo da sua natureza e composição (Coimbra, 1990), não protegendo os seus membros ou mesmo favorecendo a sua exposição a riscos sociais.

Mas antes de avançar para as especificidades diagnósticas das redes sociais, centremo-nos nalgumas questões prévias em torno do diagnóstico social.

Qualquer diagnóstico encerra potencialidades e riscos. As potencialidades prendem-se com a avaliação da situação-problema e as possibilidades que oferece para planificar e avaliar a intervenção. Os riscos, por seu lado, estão associados ao seu potencial de rotulação e da ênfase na descrição da dimensão negativa da situação apresentada levar a condicionar o olhar do interventor sobre outras alternativas de leitura e acção na dinâmica diagnóstico-intervenção. Estes riscos potenciam-se mais quando o assistente social que fez o estudo social e a construção do seu diagnóstico articula a informação com outros assistentes sociais que vão acompanhar o utente, podendo condicionar outras construções alternativas.

Reafirmamos que os sistemas que observamos não são *a realidade*, assim como "o mapa não é o território" (Korzybski, s.d., *cit. in* Campanini & Luppi, 1991:127). Os problemas surgem quando fazemos confusão entre o que é a realidade e o modo como organizamos a realidade para conhecê-la (Castelucci *et al.*, 1984, *in op cit.*). Aliás, retomando as ideias de Watzlawick (1991:7) este afirma a presunção da existência de uma única realidade como perigosa, sustentando-se na convicção de que o que existe são várias perspectivas diferentes da realidade.

Como foi anteriormente exposto (cf. ponto 1.2.), os construtivistas desafiam o conceito de realidade, propondo-nos o conceito plural de *realidades* necessariamente múltiplas porque construídas por cada um de nós através das nossas "lentes", referenciais, experiências e também através da nossa formação académica e profissional. Tudo o que caracteriza cada um de nós constrói permanentemente realidades singulares. Claro que haverá certamente construções comuns e coincidentes, mas os vértices que pontuamos e destacamos na leitura dessas realidades diferem necessariamente. Também entendemos assim o diagnóstico social, pois independentemente do crivo técnico pelo qual passa, não deixa de ser a construção de um dado assistente social sobre uma dada realidade de uma dada situação num dado momento.

Concepções em torno do diagnóstico social

Muitos foram os autores que se debruçaram em torno da problematização do diagnóstico social. Desde Mary Richmond, Gordon Hamilton, Ernest Greenwood, Florence Hollis, Helen Perlman, Gisela Konopka, que Varandas (1995) assume como "autores pioneiros", passando pelos "autores da reconceptualização" Suelly Gomes da Costa, Lucena Dantas, Tecla Soeiro e Natálio Kisnerman, até aos "autores contemporâneos" como Teresa Scaran de Quintero, Nélida Guidobono, Mário Espinoza Vergara e Maria José Aguilar Idáñez e Ezequiel Ander-Egg. Se numa primeira fase de construção teórica os autores apresentam as suas ideias de forma arrumada e articulada, os movimentos críticos desarrumam, para depois, incorporando as críticas e olhando de novo para os clássicos, assistirmos a novas formas de arrumação.

O diagnóstico social é uma forma de investigação e avaliação da realidade muito característica do Serviço Social que permite o planeamento da sua intervenção, daí justificar-se este breve parêntesis introdutório. Mas outras expressões são igualmente usadas no Serviço Social, como seja a de "avaliação diagnóstica", remetendo para a íntima associação entre diagnóstico e avaliação (Hamilton, 1958:266).

Mary Richmond é incontornável como referência sobre tal temática, pois na sua obra *Social Diagnosis*[1], publicada em 1917, define diagnóstico social como uma "tentativa para conseguir definir o mais exactamente a situação social e a personalidade dum certo necessitado" (Richmond, 1950:37) estabelecendo a situação e personalidade relativamente às relações com outros de quem depende ou que dependam dele e em relação também às instituições sociais da sua comunidade. Ou seja, propõe o estudo do indivíduo em contexto e em relação, com uma visão da totalidade muito próxima da forma como hoje a equacionamos, muito embora se distinga a perspectiva. A autora identificou três diferentes fases no diagnóstico social: a primeira é relativa à colheita de dados de investigação das "realidades sociais", ou seja "todos os factos, da história pessoal ou familiar, que, tomados em conjunto, indicam a natureza das dificuldades sociais dum necessitado e dos meios de as remover" (Richmond, 1950:26). Entre estas, desmontava a "realidade objectiva", a "realidade testemunhal", a "realidade circunstancial", o "testemunho oral", a "realidade documental", a "realidade pericial", a "realidade de carácter" (Richmond, 1950:32-37); a segunda fase é a de exame crítico e a comparação das realidades apuradas ou "evidências"; a terceira fase seria a sua interpretação, "definindo as dificuldades sociais existentes" (*ibidem*), ou a fase em que efectivamente se estabelece o "diagnóstico".

Outra das autoras determinantes na conceptualização do diagnóstico social no âmbito do chamado "Serviço Social de Casos" foi Amy Gordon Hamilton (1958).

---

[1] É também assinalável o número de obras que têm por título a expressão diagnóstico social. São disso exemplo, para além da obra de Mary Richmond, as seguintes obras: Scaran de Quitero, M.T. & Genisans de Guidobono, N. (1986) *El Diagnóstico Social*. Buenos Aires: Ed. Humanitas. Escalada, M., Ferrnandez Soto, S. & Fuentes, M.P. (2001). *El Diagnóstico Social*. Buenos Airies: Espacio.

Esta, como foi referido atrás, associa diagnóstico, que considera "a compreensão do problema psicossocial", à avaliação, tida enquanto "compreensão da maneira como a pessoa age em relação ao seu problema, sua capacidade e a apreciação dos recursos externos e internos", e estas duas dimensões são consideradas "opiniões profissionais" e "percepções psicossociais" quanto à "natureza da necessidade ou do problema que o cliente apresenta" (*idem*:266,267), baseadas num corpo de conhecimentos metodológicos e técnicos associados às ciências sociais. Na mesma linha de Mary Richmond, Hamilton (1958:271) entende o diagnóstico como uma configuração total ou *gestalt* composta por "uma interacção do indivíduo como seu meio ambiente (pessoa no ambiente), ou de um todo composto de elementos interdependentes", ou seja "a pessoa numa situação abrangendo as relações interpessoais" (*idem*:267), transmitindo uma visão alinhada com os princípios sistémicos em ampla divulgação na época.

Apesar da literatura de referência da área do Serviço Social ter dedicado alguma atenção ao processo de diagnóstico social, a uruguaia Teresa Scarón de Quintero (1973, *cit. in* Idáñez & Ander-Egg, 1999) chamou a atenção para o vazio e confusão existentes no tratamento teórico-metodológico da temática do diagnóstico social. Concordando com a autora, Idáñez e Ander-Egg (1999:13) afirmam mesmo que "poucos aspectos dos métodos de acção e intervenção social apresentam tanta confusão e tão pouco afinamento metodológico, como o referente aos problemas práticos de elaboração de diagnósticos sociais", constatando uma ampla falta de clarificação conceptual por associação errónea ao estudo-investigação ou à interpretação de dados recolhidos, que leva, por associação a uma enorme confusão metodológica que se reflecte em dificuldades práticas (*idem*).

A ideia do "conhecer para actuar" de Augusto Comte perpassa o diagnóstico social, já que este se constitui como "uma das fases iniciais e fundamentais do processo de intervenção social" (Idáñez & Ander-Egg, 1999:27), constituindo o que os autores designam como "um dos momentos chave de toda a prática social, na medida em que procura um conhecimento real e concreto da situação sobre a qual se vai realizar uma intervenção social e os diferentes aspectos que é necessário ter em conta para resolver a situação-problema diagnosticada" (*ibidem*). Tecla Soeiro (1970, *cit. in* Varandas, 1995) considera-o também como uma etapa metodológica situada entre o estudo e o planeamento e execução, tal como Quintero e Guidobono (1985) com outra terminologia, designando-o enquanto etapa entre a investigação e o tratamento ou intervenção profissional planificada, estabelecendo um contínuo em que o diagnóstico se une à investigação para uma explicação dos fenómenos e à planificação para permitir estabelecer uma ponderação de capacidade de mudança da situação.

Se atendermos às raízes etimológicas da palavra *diagnóstico* a partir do grego (em que o *diá* significa *através de, por meio de* ou *entre*; *gnosis, conhecimento*; *diágnosis, discernimento; ou diagnostikós, capaz de discernir*), veremos que a palavra remete para *conhecer através de,* sugerindo a caracterização de uma dada situação, mas o enquadramento desta terá de ser estabelecido enquanto processo comparativo. Equacionando o diagnóstico social como um juízo de valor formulado sobre uma determinada realidade, Quintero e Guidobono (1985) afirmam que tal juízo se estabelece através da comparação da situação em análise com a situação tida por ideal, ou seja, com um modelo que cada um edificou (informado e construído ideológica e culturalmente) que nos serve de parâmetro. O modelo estabelece igualmente a meta a atingir pela intervenção, conduzindo o processo de intervenção no sentido da mudança. Lucena Dantas (1970, *cit. in* Varandas, 1995) define-o como um conjunto de raciocínios empírico-axiológicos que estruturariam as operações cognitivas de conceptualização-explicação e raciocínios objectivos e analíticos acerca de determinadas situações-problema concretas. Dantas entende ainda o diagnóstico enquanto juízo sintético e interpretativo dessas situações, partindo de modelos normativos (*idem*).

Estas ideias de modelo comparativo e modelo normativo são distintas e fundadas em discussões muito díspares, embora pressuponham ambas um acto comparativo. A segunda remete para a discussão do normal *versus* patológico e para as ideias de norma e desvio alinhadas com as concepções funcionalistas. Por exemplo, Suely Costa (1970, *cit. in* Varandas, 1995) coloca várias questões em torno dos conceitos de padrão de normalidade, apontando, criticamente, ambiguidades na elaboração e utilidade do diagnóstico. A primeira leva-nos a equacionar um ideal a perseguir pela intervenção social ou um modelo de mudança, discutido e estabelecido no seio profissional em determinado contexto espacio-temporal e socio-político.

Se afirmamos que uma situação é precária, ela é precária em relação a quê ou a que outras situações não precárias? Ou é mais ou menos precária que outras situações igualmente precárias? O que faz de uma situação-problema uma situação a diagnosticar como precária ou não precária? Será essa dada situação globalmente precária ou em determinadas vertentes e contextos específicos? Existirão situações precárias em si mesmas? Se à última questão a resposta será um não peremptório, às outras tentaremos ir equacionando fragmentos de resposta ao longo do texto.

Idáñez e Ander-Egg (1999) consideram o diagnóstico social como uma das fases que compõem um plano, programa ou projecto. Os autores equacionam o diagnóstico em diversas vertentes: como uma fase, um dos momentos da intervenção; como uma forma de utilizar uma investigação aplicada no sentido da acção; como uma unidade de análise e síntese da situação-problema; inacabado – é um 'instrumento aberto'; que tem de ser contextualizado; e como uma forma de determinar a natureza e magnitude das necessidades e problemas que afectam a realidade social estudada. Operativamente, definem diagnóstico como "um processo de elaboração e sistematização de informação que implica conhecer e compreender os problemas e necessidades dentro de um contexto de terminado" (Idáñez & Ander-Egg, 1999:41) especificando as dimensões nele incluídas, numa abordagem a que os autores chamam de sistémica-ecológica-dialética (*idem*). Os autores consideram que "a realidade é sistémica, os problemas são sistémicos; consequentemente, o modo de abordagem deve ser sistémico. Cada facto, fenómeno ou processo que se analisa e cada acção ou intervenção que se propõe, deve ser considerada como um aspecto de uma totalidade social de que faz parte" (*idem*:34). A esta abordagem acrescentam a ecológica, a qual abordámos atrás (cf. ponto 2.1.1.), para defenderem que os problemas sociais não podem ser tidos isoladamente, apelando à interdependência e retroacção na realidade social. Equacionam ainda o modelo numa perspectiva dialética, porquanto este procura captar o movimento e as contradições da realidade (*idem*). Idáñez e Ander-Egg (1999:37) consolidam a abordagem identificando os seguintes pressupostos: um enfoque holístico onde cada elemento se equacione numa articulação dinâmica com outros elementos do sistema global; a superação da dicotomia teoria-práctica tendo em conta a reciprocidade de funções entre ambas as dimensões; um pensamento crítico que equacione não apenas o "dado" mas também o "possível" (que há que propor e realizar) para a construção de um futuro diferente;

uma função desmistificadora das realidades que questione o "dado"; uma perspectiva utópica enquanto factor dinamizador de um futuro diferente e de mudança social, reforçando o defendido por Quintero e Guidobono (1985).

Construindo um quadro de referência para o diagnóstico social

Partindo do quadro de referência de Idáñez e Ander-Egg (1999) e dos contributos trazidos por Campanini e Luppi (1991) sobre a relação do Serviço Social com a Sistémica, apresentaremos algumas pistas para que consigamos traçar um quadro de referência para o diagnóstico social em contextos de intervenção do Serviço Social.

Na avaliação da situação, um fenómeno pode ser compreensível ampliando o contexto de referência. Daí ser necessário recolher informações, não só sobre o utente e a sua situação, mas também sobre o seu contexto significativo (Campanini, 2001).

O estudo social (como denominamos a fase de recolha de informação para o diagnóstico) implica, de acordo com Campanini e Luppi (1991), três níveis: o nível do meio social; o nível da instituição; e o nível do utente. Os dois primeiros níveis têm de estar sempre presentes na intervenção do assistente social, pois referem-se ao seu contexto de trabalho, mas devem ter-se igualmente em atenção para não perderem actualização.

O meio implica conhecimento a diferentes níveis (*idem*):

- a nível geográfico (a dimensão territorial): zona urbana, suburbana ou rural; nível de isolamento, comunicações, acessibilidades (vias e transportes);
- a nível da administração política (relativas ao sistema político nos seus diferentes níveis de poder e nas suas expressões organizativas): os tipos de administração; orientações político-ideológicas; poderes e níveis de poder; opções de política social, opções na operacionalização das políticas, recursos disponíveis e necessidades de recursos;
- a nível ocupacional (sectores de actividade): dinâmicas de ocupação, emprego, educação, fluxos migratórios, etc.;
- a nível residencial: tipo de zona, tipo de habitação, conservação, ocupação do espaço (espaços verdes e lazer);
- a nível da população: dados socio-demográficos;
- a nível de recursos: organizações públicas e privadas, serviços, associações, equipamentos.

Em relação à instituição, o assistente social deve ter presente na sua intervenção (*idem*):

- o âmbito no qual o assistente social está inserido como profissional;
- que a sua intervenção se situa num contexto de um sistema organizado de serviços;
- que a instituição deve ser entendida como sistema aberto, produzindo uma leitura sobre a comunicação na intuição; o poder; a hierarquia sistémica e não apenas a formal; a política institucional; as alianças e coligações; as obrigações; o acesso a recursos; etc...

O trabalho nas instituições evidencia as tensões existentes e que colocam os assistentes sociais num campo onde se entrecruzam relações de poder político e burocrático, e as reivindicações dos utentes e a distribuição de recursos, pelo que a análise da relação dos sistemas mais gerais como a dos micropoderes (Faleiros, 1997b) deve estar presente para que percebamos criticamente que influências se cruzam na intervenção do Serviço Social. É na arena institucional que estas relações de forças se reflectem. Reforçando esta ideia, ao discutir a ambiguidade estrutural das políticas sociais, Sousa *et al.* (2007:91) tecem algumas considerações em torno da análise institucionalista, onde afirmam que "no caso dos assistentes sociais, a sua biografia torna-se mais complexa pois integra as ideologias profissionais adquiridas na escola ou na socialização profissional (autonomia relativa da profissão, ideal de serviço, neutralidade social, isto é, uma ética de não fazer juízos e de respeitar as pessoas) que se distinguem e chocam, por vezes, com as orientações burocráticas dos serviços a que pertencem". A consciência crítica desta relação e desta biografia deve estar permanentemente presente.

Relativamente ao utente que apresenta a situação-social-problema, Campanini e Luppi (1991) defendem que atendemos aos seguintes procedimentos:

– observar o indivíduo-em-contexto, tendo em conta as relações com o seu contexto significativo (a família e a rede social) e o contexto social mais alargado;
– estabelecer a anamnese da situação, pontuando factos que introduziram diferença e movimentos de reorganização no eixo diacrónico;
– avaliar as tentativa de resolução do problema que o utente levou a cabo (o que se fez e quem fez);
– avaliar outros problemas que o utente enfrentou no passado, focalizando a forma como os superou;
– focalizar as interacções que potenciam a manutenção da situação-problema no presente;
– identificar os sistemas significativos implicados no problema ou que possam constituir-se como recurso.

É nesta tentativa de identificar os sistemas de suporte social que podem ser um recurso benéfico, no presente ou futuro, para o utente na sua situação-problema, que situamos a importância determinante do diagnóstico da rede social primária. Para que possamos potenciar a situação através da rede social primária do utente, não podemos apenas ficar por assinalar a sua existência e identificar quem a compõe.

Não podemos deixar de sublinhar que o que antes se assinalou em torno da construção de realidades também é válido para a outra vertente aqui envolvida: o utente. A realidade manifesta-se sempre filtrada pelo sujeito, pelo que quando o utente é entrevistado no contexto do estudo social produz uma narrativa que nos dá o quadro da realidade que este construiu. Mas esta é apenas uma estória entre estórias possíveis e alternativas dessa mesma realidade, não o podemos nunca esquecer, e jamais poderemos atribuir-lhes um valor de "verdade" (Campanini & Luppi, 1991).

Sequenciando o processo de intervenção social

Apesar de ao sequenciar processos se correr o risco destes serem interpretados de forma linear, sempre entendemos que o processo de intervenção social seguia algumas fases e passos relativamente identificáveis (ainda que não estanques), pelo que sugerimos que sigam o raciocínio no Diagrama do Processo de Intervenção Social proposto na Figura 3.

Figura 3. Diagrama do Processo de Intervenção Social na Situação-Problema

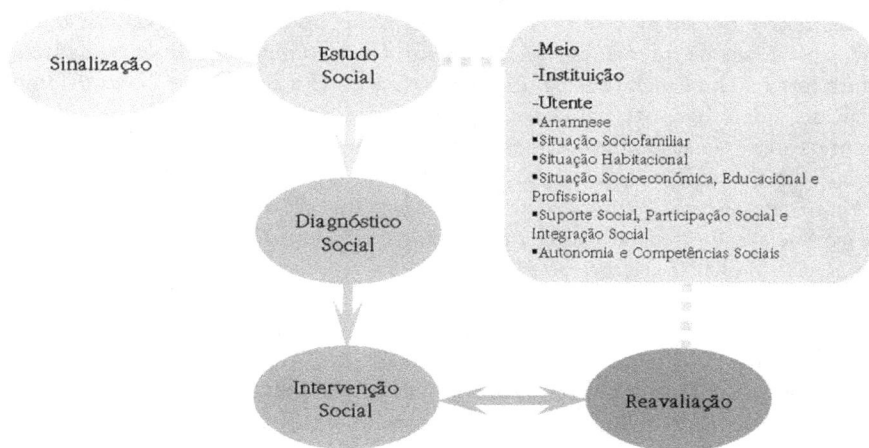

Se definitivamente não haverá uma ordem cronologicamente possível para algumas das fases da intervenção social, pois estas interagem recursivamente entre elas, as primeiras fases que podemos identificar são imprescindíveis e não poderão ser suprimidas.

Consideramos que a sinalização é a primeira fase do processo e condiciona poderosamente todo o seu decurso, pelo que deve merecer atenção e cuidado. Assim, perceber desde logo quem faz a sinalização, como faz, que informações tem e fornece, o que diz pretender, entre outras questões, são determinantes para enquadrar todo o processo interventivo. A sinalização pode ser feita pelo próprio, por alguém da sua rede social primária, por um membro de uma instituição social com a qual o utente mantém relações, quer seja uma escola, uma instituição de cuidados de saúde, ou outra qualquer instituição.

A explicitação da sinalização deve merecer atenção particular quando implica uma solicitação compulsiva de intervenção social, nomeadamente quando entra em jogo o sistema de justiça. Esta solicitação compulsiva ocorre igualmente no decurso de outros processos de intervenções social que assumem um carácter paralelo. Remetemos, por exemplo, para os processos de intervenção social que são articulados com um acordo de inserção que implica dimensões distintas e intervenções em diferentes frentes com vários técnicos envolvidos, como são os casos dos processos no âmbito da política social activa do Rendimento Social de Inserção em Portugal, mas a este assunto dedicaremos adiante mais atenção.

Pode ainda o utente chegar por encaminhamento de outros técnicos, o que pressupõe que algumas fases do processo tiveram já o seu percurso iniciado. Ora, neste caso apresentam-se duas opções: ou tentamos perceber muito bem o que entretanto foi já construído antes de avançar; ou propositadamente optamos por não recolher mais informações do que as estritamente necessárias para identificar a situação.

A posição de *not-knowing* (ou *não-saber*, na tradução brasileira para o português; ou de *ignorância*, como preferem Relvas e Alarcão, 2001) defendida por Anderson e Goolishian (1998) e de curiosidade (Cecchin, 1987, *cit. in* Relvas & Alarcão, 2001; Anderson & Goolishian, 1998) nos processos terapêuticos, pode servir-nos também para os processos de intervenção social. Os autores, assumindo a influência das teorias hermenêuticas e interpretativas da linguagem e narrativa associadas ao construcionismo social, defendem que este *não-saber* requer que o nosso entendimento, explicações e interpretações "não sejam limitadas por experiências anteriores nem por conhecimentos ou verdades formadas teoricamente" (Anderson & Goolishian, 1998:38).

Numa perspectiva sistémica, o processo de avaliação diagnóstica e de intervenção em Serviço Social são essencialmente conversacionais. Évéquoz (1984 *cit. in* Garrucho & Gomes, 1998) chama mesmo *comunicólogo* ao interventor sistémico. Podemos mesmo afirmar, em tom de brincadeira, que a intervenção quotidiana do Serviço Social está entre o "*blá blá blá*" e a burocracia. No entanto, temos de acrescentar que tal exige conhecimentos e competências muito consolidadas.

Mais do que factos, nesta fase, há que explorar também as leituras e significados que os indivíduos envolvidos na situação equacionam. É fundamental saber em que momento se manifestou o problema e o que determinou a procura de ajuda.

Esta também é a fase em que o sistema que apoia e o sistema que pretende apoio se encontram, iniciando-se a sua acoplagem na formação de um novo sistema interventivo, enquanto sistema de organização e dissolução de problemas (McNamee & Gergen, 1998). Como tivémos anteriormente oportunidade de afirmar, há mesmo uma máxima da Sistémica que diz que *o problema cria o sistema* (por oposição à visão tradicional de que seria o sistema que criaria o problema, identificando o sistema como seu factor causal) (Relvas, 2000:57; Relvas & Alarcão, 2001). Esta ideia de que há um novo sistema criado para centrar-se na resolução do problema ou na mudança da situação-problema, como preferimos, impõe também a substituição da ideia de que os assistentes sociais trabalham *para* pessoas, famílias ou outros sistemas, pela ideia de que trabalham *com* pessoas, famílias ou outros sistemas sociais.

Na sinalização são recolhidos os dados que identificam a situação sinalizada, nomeadamente relativas ao sistema-utente que solicita ou para a qual é solicitada a intervenção. Mas identificar o sistema utente implica mais do que simplesmente a identificação de dados pessoais, implica discernir qual o ponto nodal da intervenção (Évèquoz, 1984, *cit. in* Garrucho & Gomes, 1998), ou seja, qual o ponto para onde convergem as interacções que o problema apresenta e onde elegemos centrar a nossa intervenção após um diagnóstico topológico da situação. No entanto, "o acto de examinar e circunscrever como contexto significativo para a compreensão de um fenómeno um sistema em particular, quer se trate da família no caso do indivíduo, ou do sistema social, no caso de uma comunidade, não significa imputar-lhes a causa do sintoma ou do mal-estar, mas pelo contrário, reconhecê-los como sistemas que contribuíram para criar essa situação" (Campanini & Luppi, 1991:116).

Claro que no primeiro momento não será possível fazê-lo, é necessário avaliar nos seus diferentes vértices. Se na sinalização construímos logo leituras possíveis e hipóteses para a situação, no decurso da avaliação há necessariamente aspectos que nos permitem outras leituras alternativas que podem ser consideravelmente distintas das iniciais e que nos abrem caminhos para a intervenção, sob pena de auto-limitarmos este processo caso não o façamos.

O estudo social é a fase primordial de exploração e organização da informação relativa à situação-problema apresentada. Mas esta não é uma fase meramente descritiva da situação. Evidentemente que, quando recolhemos informação, estamos desde logo a intervir na situação. As nossas questões conduzem a construção de um quadro onde ganham maior ou menor realce determinados traços e sombras na paleta de cores com a qual o pintamos.

Este estudo pressupõe entrevista(s). Entre os vários tipos de entrevista, o Serviço Social tem utilizado fundamentalmente a entrevista não estruturada e semi-estruturada. Tendo em conta a nossa formação na área da intervenção sistémica temos de sublinhar uma técnica específica de entrevista que encerra enormes vantagens tanto na recolha de informação relevante como na procura de significados e das diversas visões existentes sobre a situação: o questionamento circular[2]. Chamaríamos também a atenção para as vantagens de utilização de algumas técnicas de entrevista/intervenção associadas às terapias breves de cariz construcionista desenvolvidas por Michael White, David Epston e Steve de Shazer[3] que ajudam a explorar de forma alternativa as narrativas em torno dos problemas e as excepções, assim como a organizar a informação esquematicamente.

Independentemente do tipo e técnicas de entrevista por que optemos, podem elencar-se algumas categorias de elementos básicos que recolhemos e que entrelaçamos para definir um diagnóstico social: desde os dados mais básicos que identificam a situação sinalizada; passando pelos dados sobre contextos relevantes de inserção do utente: família, grupo, instituição, comunidade; leitura sobre a manifestação do problema (momento em que ocorre, o que determina o pedido de intervenção, vertentes); compreender o que foi feito para resolver o problema; narrativa(s), conexões; entre outros. Mas sobretudo não estabelecer um diagnóstico fragmentado. Há que perceber as relações que os problemas apresentados têm entre si. Lembrar-nos que quando temos de definir prioridades, não significa necessariamente intervir nos problemas isoladamente. E apostar numa visão que vá para além da saturação de problemas. Ainda que não os possamos esquecer, há que centrarmo-nos nas soluções.

Prós e contras nas tipologias diagnósticas

Numa leitura crítica dos dados recolhidos no estudo social podemos estabelecer sumariamente o diagnóstico social da situação. Entendendo-o na sua vertente de "unidade de análise e síntese de uma situação-problema" (Idáñez & Ander-Egg, 1999:32), este deve proporcionar a descrição dos elementos e aspectos integrantes da situação, estabelecendo uma interconexão entre eles para obtermos uma leitura da situação como um todo (*idem*). O movimento análise-síntese adquire sentido no princípio hologramático de Edgar Morin, e obriga a focalizações da complexidade que são dificilmente traduzíveis em poucas palavras.

---

[2] Cf. Seywert, F. (1993). Le questionnement circulaire, *Thérapie familiale, 14*(1), 73-88; Tomm, K. (1987). Interventive Interview: Part I. Strategizing as a Fourth Guideline for the Therapist. *Family Process, 26*, 3-13 e Tomm, K. (1987). Interventive Interview: Part II. Reflexive Questioning as a Mean to Enable Self-Healing. *Family Process, 26*, 167-183.

[3] Cf. White, M. & Epston, D. (1993). *Medios Narrativos para fines terapéuticos*. Barcelona: Paidós; Shazer, S. (1987). *Pautas de terapia familiar breve, un enfoque ecosistémico*. Barcelona: Paidós.

Como foi anteriormente referido, não existem tipologias para o diagnóstico social. Há, no entanto conceitos comummente utilizados e aos quais não conseguimos fugir, indo ao encontro de tipologias não assumidas, e existe alguma adjectivação a que deveremos fugir. Referimo-nos, no primeiro caso, a conceitos carregados de negatividade como: precariedade, exclusão social, desqualificação social, disfuncionalidade, necessidade e incompetência. E tínhamos presente, no segundo caso, adjectivos como *boa* ou *má*, usada frequentemente na prática para qualificar relações, na nossa perspectiva de forma incorrecta, ou outros adjectivos que não ajudem a descrever a situação, mas antes as impregnam de valorações aleatórias.

Ausloos (1996) comenta: "as tipologias não são sistémicas, diz-se". O autor defende que não o serão as centradas no indivíduo, mas apresenta uma tipologia dos sistemas familiares centrada no funcionamento dos sistemas e baseada na interacção (*idem*:59). Elkaïm (1985, *cit. in* Relvas, 1999) é peremptório quanto a afirmar que "a epistemologia sistémica não nos autoriza a definir sistemas explicativos etiológicos para diferentes quadros psicopatológicos". Se podemos encontrar regularidades em determinados grupos de sistemas, jamais estas nos deverão permitir esquecer as suas singularidades (*idem*).

Os mais críticos apontam para o seu reduccionismo, linearidade, mecanicismo e para a possibilidade de escamotearem o dinamismo do sistema através de "rotulações". Rey e Prieur (1991, *cit. in* Relvas, 1999:61) defendem que "os sistemas são demasiado complexos para permitir pouco mais do que uma caracterização superficial (...) o sistema é, *ele próprio*, a sua melhor explicação, (...) este postulado tem a enorme vantagem de nos permitir evitar uma outra armadilha conceptual, a saber, a *construção* deplorável de 'realidades' clínicas através do uso de termos diagnósticos aparentemente científicos".

O diagnóstico social tem fugido à regra, relativamente a outras áreas disciplinares das ciências sociais e humanas, no que toca à etimologia dos problemas sociais, escapando assim à adopção de tipologias ou categorias e à definição de entidades nosológicas e taxonomias. Ernest Greenwood, professor da Universidade da Califórina (Estados Unidos da América), afirmava, no seu artigo *Social Science and Social Work: A Theory of Their Relatioship* de 1955, a urgência da construção destas tipologias diagnósticas no Serviço Social, defendendo que uma prática bem desenvolvida estaria associada a uma tipologia diagnóstica descritiva e prescritiva que abarcasse a escala completa de problemas sociais (*cit. in* Varandas, 1995). Greenwood (*in op cit.*) indica que a aplicação de um esquema tipológico requer um alto grau de especialização, mas chama a atenção para o carácter comparativo que pressupõe classificar um problema num tipo, sem, no entanto, dever deixar diluir o seu carácter único.

Não existir uma nosologia dos problemas, necessidades e recursos sociais, no âmbito do diagnóstico social, encerra uma faceta de *não generalização* que nos agrada particularmente, mas ao mesmo tempo uma lacuna que tem condicionado o desenvolvimento de uma linguagem própria, argumentação da profissão e a produção de conhecimento de forma sistemática e sustentada.

Curiosamente, já Hamilton (1958:266) afirmava que o diagnóstico "não é um modo de classificar o cliente", mas, no entanto, indicava que "seria útil ter algumas frases pelas quais os problemas pudessem ser exprimidos, mas tal classificação ainda não teve resultados práticos como afirmações de diagnóstico" e acrescenta que "foi moda (...) criticar a classificação diagnóstica, apesar de que é realmente indicativa de um certo cabedal de conhecimentos profissionais" (*idem*:277). Apesar da obra datada da autora, não seria um anacronismo completo aplicar estas mesmas afirmações no plano actual. Também no contexto do chamado Serviço Social de Casos, numa linha claramente marcada pela Psicanálise, Florence Hollis (1970 *cit. in* Varandas, 1995), construiu uma tipologia a partir de uma investigação baseada na análise do conteúdo de processos sociais. Esta professora da *New York School* apontava como risco da sua utilização a rotulação descuidada e o estereotipar pessoas numa categoria, ainda que reconhecesse que a sua utilização adequada constituiria uma boa ajuda na compreensão diagnóstica e intervenção (*idem*).

Quando os assistentes sociais fazem diagnósticos sociais e quando utilizam instrumentos para registo da informação social (que vulgarmente designamos por "ficha de informação social" e "processo social") e mais recentemente, bases de dados com programas adaptados ou construídos para este fim, a não existência de parâmetros devidamente discutidos e trabalhados no seio da profissão tem, a nosso ver, trazido constrangimentos e auto-limitações relevantes.

O Serviço Social acaba por não escapar ao princípio que Silvério e Silva (1995, *cit. in* Varandas, 1995:60) enunciam de que "os humanos são sistemas classificadores", mas não o tem feito de forma sustentada. Aos instrumentos falta-lhes validade e fidedignidade metodológica. São geralmente instrumentos pouco fundamentados teorico-metodologicamente e os sistemas de classificação usados proliferam de forma desconexa. Façamos o seguinte exercício de questionamento: porque definimos estes campos na ficha social ou no processo social?; porque elegemos estas variáveis?; porque designamos a variável ou indicador desta ou de outra forma?; porque consideramos estas categorias para cada variável e não outras?; porque optámos por designar desta forma estas categorias?; porque deixámos campos em aberto e houve necessidade de categorizar e fechar as respostas para outras variáveis?; porque considerámos este número de variáveis e não outro?; que fontes usámos para designar assim estes indicadores críticos?; quais as razões para tipificar desta forma as tipologias de diagnóstico, ou as estratégias de intervenção, ou as diligências efectuadas, ou os procedimentos levados a cabo, ou o recursos a afectar, ou as respostas dadas à situação?

Não defendemos aqui tais instrumentos como meio de diagnóstico no seu sentido estrito, porquanto seria um acto linear e reduccionista, mas como meio de registo de informação para o diagnóstico e para serem utilizados enquanto fontes de informação para planeamento e investigação.

Para além da necessidade de fundamentação e validação metodológica, há que aprofundar a discussão relativa aos pressupostos metateóricos: ideologia(s), paradigmas, modelos, princípios ontológicos, gnoseológicos e epistemológicos que perpassam os instrumentos utilizados no processo de intervenção social. Ou seja, também ao avanço neste plano técnico-operativo subjaz a construção dialogante de um projecto ético-político da profissão ou de um *ethos* profissional.

Apesar de começar já a existir outra preocupação e exigência por parte dos profissionais e dos futuros profissionais, há ainda um caminho a percorrer ou a consolidar no sentido de encontrar uma fórmula que não estrangule a autonomia e os aspectos idiossincráticos do contexto de trabalho de cada um, mas que permita proporcionar bases comuns de linguagem e, o aspecto prático que considero mais importante, estabelecer comparações efectivas entre ficheiros para que a profissão contribua com produção de conhecimento sustentada sobre as problemáticas sociais com as quais trabalha, tanto numa perspectiva micro como macrossocial. A reunião e discussão de informação que segue parâmetros tão díspares como a que verificamos existir na realidade socio-profissional e socio-institucional actual é impossível de ser efectivada. Uma área que o Serviço Social poderia explorar seria a da Epidemiologia Social, mas atendendo às condições actuais, apenas podemos fazer estudos muito limitados na dimensão das amostras.

Claro que seria pretensioso e irresponsável enunciar aqui umas quantas propostas de tipologias. É algo que exige muita investigação e debate e este não tem sido o nosso campo. Creio que todos nós já pensámos nisso, mesmo que não tenhamos tido a noção das suas implicações, mas também todos temos a noção do grau de dificuldade da tarefa. No nosso caso, nem sempre as respostas são aquilo que procuramos, mas sim a melhor forma de colocar questões. As questões colocam desafios e pensamos que este é um desafio para a profissão.

Alguns passos têm sido dados no sentido de uniformizar critérios para o diagnóstico social na intervenção do serviço social em áreas cruciais do desempenho profissional. O caso do Rendimento Mínimo Garantido, já referido, trouxe uma necessidade de uniformização do Processo Social no âmbito da Segurança e tem tido um amplo debate. Outra medida de política social activa a assinalar é o Programa Rede Social. Este exige, no contexto diagnóstico social comunitário, uma uniformização das dimensões e indicadores eleitos para estabelecê-lo.

Também a este nível pensamos que a profissão não capitalizou o investimento, já que tais indicadores não foram discutidos no seio da profissão em fóruns próprios. Outra lacuna que encontramos no diagnóstico social comunitário, apesar do reconhecido mérito que tem tido a sua efectivação, é a sua dimensão descritiva. Na nossa concepção, um diagnóstico comunitário para o ser efectivamente, não pode apenas descrever as características de uma determinada comunidade, mas obriga a comparar os dados desta com o plano nacional e europeu, pois para obter um diagnóstico temos de ter sempre referenciais comparativos. No entanto, a experiência que a consolidação destas e de outras políticas sociais designadas como "de nova geração" tem trazido ao plano profissional permite também consolidar exigências metodológicas que, por um lado, nos permitem alcançar patamares comuns de linguagem e critérios na avaliação social e, por outro, têm constrangido a criatividade e inovação na intervenção do serviço social pela hegemonia que reúnem.

Há ainda a assinalar o contributo, na área da saúde, de uma dissertação de mestrado não publicada de autoria de Maria Cristina Varandas (1995) que discute a estruturação e validade operacional da tipologia do diagnóstico social na área da saúde, analisando a operacionalização dos indicadores críticos e descritores para o diagnóstico social presentes num documento da Comissão Inter-hospitalar de Coimbra da Direcção-Geral dos Hospitais de 1991. Este é um exemplo do olhar crítico que responde ao desafio de que falávamos, embora muitos caminhos haja para trilhar nesta matéria.

Mas, apesar da necessidade para um esforço conjunto e coordenado na produção de classificações diagnósticas flexíveis capazes de adequar-se ao contexto da intervenção social dos assistentes sociais, o diagnóstico não pretende apenas e somente "saber o que se passa" (Idáñez & Ander-Egg, 1999:27), retratar e, eventualmente, rotular a situação. Por inerência é orientado para a acção, como referimos antes, seguindo fundamentalmente dois propósitos (idem): oferecer informação básica à programação de acções; proporcionar um quadro de situação que oriente a selecção das estratégias de intervenção mais adequadas. Neste sentido, foi desenvolvido um trabalho por assistentes sociais bascos que propõem um manual de indicadores para o diagnóstico social partindo de uma sistematização em torno das necessidades básicas na relação entre a pessoa e a sociedade (Muñoz, 1996), tidas em complementaridade e não hierarquicamente. Consideram três níveis de classificação da situação (adequada, deficitária e muito deficitária) que nos permitem categorizar cinco tipologias diagnósticas (situação deficitária conjuntural, situação deficitária de longa duração, desvantagem social, exclusão social, marginalidade), partindo de uma matriz de correlações destes indicadores com necessidades sociais (*idem*), resultando daqui a proposta de um conjunto de instrumentos de avaliação que consolidam operativamente a tipologia e permitem equacionar estratégias de intervenção correspondentes.

Da planificação à intervenção social co-construída

O diagnóstico não permite apenas conhecer a situação-problema nem é um fim em si mesmo. Permite essencialmente estabelecer prioridades e planificar a intervenção social. Como foi anteriormente referido, o diagnóstico social é indissociável da intervenção social. Mary Richmond (1950) considerava que "um diagnóstico social perfeito é aquele que abrange todos os factores principais que importem à reconstrução social com inclusão de todos os dados sobre os quais se possa firmar o tratamento social a empreender". Ainda que prefiramos a ideia de "intervenção social" à de "tratamento social", por associar a segunda expressão ao modelo biomédico da Medicina ocidental e a algum paternalismo e a primeira a uma situação que potencia a autonomização e as competências do sujeito, sublinhamos a importância de serem determinados os factores principais presentes na situação.

Desta forma, o diagnóstico estabelece linhas e traça parâmetros à intervenção, mas não cristaliza ou torna impossível que seja reformulado, antes clarifica entre as partes o que se pretende fazer e como fazer, definindo compromissos simultaneamente. Qualquer diagnóstico está necessariamente sempre em aberto. Há novas informações e significados que obrigatoriamente modificam os seus contornos e há transformações que vão sendo produzidas no seio do próprio processo que implicam a sua permanente redefinição. A temporalidade na validade do diagnóstico social era já assinalada por Richmond (1950) quando referia que "nenhum diagnóstico é definitivo", sendo também sublinhada por Idáñez e Ander-Egg (1999) quando consideram que "um diagnóstico nunca é algo terminado", mas sim em permanente reelaboração, devendo estar aberto à integração de novos dados e novas relações e interdependências entre os dados ou geradas no processo de intervenção que se quer participativo (*idem*).

O planeamento deve ajudar a organizar e não limitar. A mudança que pretendemos com a intervenção social é imprevisível, pelo que a maleabilidade e flexibilidade a devem acompanhar.

Ao longo de todo este processo acontece a formulação de hipóteses que vão guiando a recolha de informação, que já é simultaneamente intervenção.

Numa perspectiva sistémica, as hipóteses a explorar não são (unicamente) as que os assistentes sociais equacionam recorrendo ao seu manancial teórico-metodológico e à experiência profissional, se apenas forem tidas estas em conta serão sempre as hipóteses geradas por uma das partes do sistema interventivo e não aquelas que emergem no seu seio. Obviamente que as teorias, os modelos e as metodologias que aprendemos e interiorizámos são essenciais nesta construção. Não é a ideia de "apagarmos" o que aprendemos que está presente na postura de ignorância ou *not-knowing* que vimos atrás.

Neste mesmo sentido, Ausloos (1996:33) apresenta como uma das proposições para activação dos processos de mudança na intervenção o "tentar não saber" ou melhor, tentar abster-se de compreender (*idem*). Se tivermos em conta o princípio da equifinalidade de Von Bertalanffy (1955, *cit. in* Watzlawick *et al.*, 1993:115), que nos diz que os mesmos resultados podem ter diferentes origens, ou que diferentes condições iniciais podem conduzir à mesma situação[4], associado ao princípio da multifinalidade de Wilden, que nos diz que condições iniciais idênticas podem levar a diferentes resultados[5], saberemos então que a hipótese de compreensão não é uma única, pois as realidades não são a preto e branco, nem predeterminada.

Entendendo que haverá sempre uma tal multiplicidade de hipóteses e respostas na vida relacional, Ausloos (1996) abandona a tentativa de encontrar *a* hipótese. No entanto não é esta a única razão para fazê-lo. Questiona-se o autor, relativamente à sua intervenção com famílias: "porque é que eu havia de privilegiar a minha própria hipótese, que construí em função dos meus mapas de referência do real para a impor à família, em vez de dar-lhes a oportunidade de desenvolverem as suas próprias hipóteses?" (*idem*: 33). As teorias são como fonte de formulação de hipóteses e da sua expansão e ser tidas como "lentes que proporcionam uma visão útil na situação" (Relvas, 2000:69), desde que jamais sejam encaradas rigidamente como verdades.

De acordo com Relvas (2000:63) "a hipotetização, associada ao questionamento circular, é a metodologia ideal para manter a postura de curiosidade". As hipóteses, que devem permitir-se ser desafiadas constantemente de modo dialógico, "constroem-se a partir da metáfora do contador de histórias, num movimento co-evolutivo" (*ibidem*) entre os elementos que constituem o sistema interventivo. A co-evolução permite ir abrindo e expandindo círculos relacionais e de informação relevante. Utentes e interventores "acoplados vão progressivamente encontrando novas descrições para o problema e suas ligações a contextos cada vez mais vastos, através de perturbações mútuas e sucessivas. É esta progressão que permite a co-construção da hipótese e a mudança co-evolutiva no sistema terapêutico, através da «descoberta» conjunta de novos significados que se projectarão em novas acções" (Relvas, 2000:69).

Respeitar a ecologia da situação-problema implica que as hipóteses do interventor sistémico não sejam demasiado distantes ou dissonantes das da família (Andesen, 1987, *cit. in* Relvas, 2000). Se assim fosse, não estaria contemplada a sua co-construção. Nunca existe *a* solução, mas sim *uma* solução e será sempre *uma* solução entre várias possíveis. Esta será sempre aquela que mais sentido faz e a que assume pragmaticamente maior utilidade no processo de intervenção.

Se atendermos aos conceitos de auto-organização dos sistemas de Von Foester[6] e Morin (2003) e de autopoiése nos sistemas dinâmicos de Maturana e Varela associado ao fecho operacional do sistema (Alarcão, 2000), que nos leva à ideia de autonomia

---

[4] Para o Serviço Social, este princípio tem também como implicação perceber que a ausência de determinado factor de risco numa dada situação concreta ou numa comunidade, não significa ausência de problema social futuro.

[5] Este princípio é também fundamental para o Serviço Social, pois implica que embora no diagnóstico social possamos identificar a presença de um ou mais factores de risco, tal não é sinónimo de problema social futuro, sendo que a presença de um mesmo determinado factor em diferentes indivíduos ou contextos pode resultar em condições diametralmente diferentes.

[6] O cibernéticista Heinz Von Foerster tem diversa bibliografia dedicada ao conceito: (1960). On Self-Organizing Systems and Their Environments. In: Self-Organizing Systems, M. C. Yovits und S. Cameron (Hg.), London: Pergamon Press.

e individualidade dos sistemas (Morin, 2003; Alarcão, 2000), percebemos que, em todo este processo de diagnóstico-intervenção, a co-evolução e a acoplagem fazem-se entre dois sistemas autónomos, ou seja, o sistema interventor e o sistema que solicita a intervenção. Ora, esta acoplagem desencadeia modificações mútuas, no entanto, qualquer sistema organizado apenas "aceita um conjunto finito de transformações estruturais" (Alarcão, 2000:26), não aceitando "todas as propostas de transformação, mesmo que elas pareçam adequadas à sua própria evolução" (*ibidem*).

A ideia de que os indivíduos, famílias e outros sistemas resistem à intervenção social e às perturbações introduzidas pela intervenção que conduziria o sistema à mudança passa necessariamente a equacionar-se de outra forma. A ideia de resistência é substituída pela ideia de autonomia, pelo que "nos sistemas autónomos as perturbações não são (…) definidas pelo meio, mas é a estrutura do sistema que define as perturbações permitidas" (*ibidem*). O que pretendemos sublinhar é que só o que faz sentido ao sistema ou que o desafia de uma forma que lhe faz sentido, perturbando-o, é que é integrado por ele, permitindo mudanças de segunda ordem. Neste sentido, teremos sempre que partir da definição dos problemas que quem os vivência tem.

Já Hamilton (1958) discutia a necessidade de incorporar no diagnóstico as ideias do próprio cliente, pois a partir do "momento em que o cliente faz um pedido de auxílio, está convidado e estimulado (…) para expressar seus sentimentos sobre a situação (…) o cliente escolhe em vista seu próprio diagnóstico" (*idem*:267), e concretiza: "por essa razão, o assistente social deve, pois, começar por onde o cliente se encontra, e examinar em ele o problema conforme ele o vê" (*ibidem*), "pois isso é parte do quadro total" (*idem*:268).

Tal como referimos antes, também será fundamental perceber que caminhos foram trilhados anteriormente noutras intervenções, ou seja, devem integrar-se no diagnóstico social as intervenções anteriormente levadas a cabo (Sousa *et al.*, 2007). Apesar de uma intervenção num sistema e num contexto e tempo distintos poder surtir resultados diferentes, corre-se o risco de desqualificação da intervenção se insistirmos em algo já tentado antes que não ajudou a operar as mudanças esperadas. Pode também perceber-se que há alguns aspectos que foram percebidos como importantes para aquele sistema e nos quais se pode insistir. Não só é importante perceber o percurso dos problemas como também das tentativas para resolver tais problemas.

Quando estabelecemos o(s) caminho(s) a seguir na intervenção social juntamente com o sistema-utente, procedemos a um contrato baseado na confiança mútua de quem acredita que aquele caminho pode produzir mudança na situação.

Este contrato no processo de intervenção constitui "uma ferramenta mediante a qual se podem definir (…) os compromissos recíprocos que o utente e o assistente social assumem para levar a cabo o projecto de intervenção" (Campanini & Luppi, 1996:110). Ele deve resultar de uma relação funcional dentro de uma tríade instituição-assistente social-utente (*idem*), evitando-se coligações e alianças que retirem o carácter de neutralidade à intervenção. Como já referimos anteriormente, a ideia de neutralidade aqui presente prende-se com a ausência de tomada de posição por uma das partes. Será muito útil ter ainda presente a ideia de mediação em Serviço Social [7].

---

[7] Cf. Almeida, H.N. (2001). *Conceptions et pratiques de la médiation social – Les Modèles de médiation dans le quotidien professionnel des assistants sociaux*. Coimbra: Fundação Bissaya-Barreto.

No contrato (que pode ser estabelecido por escrito e firmado efectivamente ou determinado oralmente, dependendo da necessidade, do enquadramento institucional da intervenção ou do estilo singular do interventor) definem-se os objectivos, as estratégias e a duração da intervenção. Embora todos os elementos sejam renegociáveis, estrutura a relação. Definir a duração da intervenção, ou seja, limitá-la no tempo, traz consigo uma mensagem de autonomização ao utente, ou seja, transmite-lhe que este necessita do assistente social apenas por um período de tempo e não em permanência. O contrato permite ainda a (re)avaliação do processo de forma consistente, numa fase posterior, e avaliar as expectativas que existem face ao à intervenção do Serviço Social, no momento da sua definição.

Devemos obrigarmo-nos também a pensar e repensar o óbvio, ou o aparentemente óbvio: o diagnóstico óbvio, a resposta óbvia, o plano de intervenção óbvio. O óbvio pode ser o mais imediato ou também o mais habitual, mas nem sempre será o mais adequado para uma dada situação, mesmo que numa primeira avaliação nos pareça assim. Mesmo as intervenções, os instrumentos e as metodologias ditas mais clássicas e simples devem ser pensadas, pois acreditamos que a reflexão permite ver e fazer melhor! Ainda assim, não compliquemos, pois haverá outras situações onde usar a "chapa cinco", da gíria, fará sentido, desde que a decisão de usar a via mais usual ou mesmo a via burocraticamente estandardizada seja consciente e crítica e não aplicada linearmente.

"O Serviço Social opera num campo complexo em contínua transformação, deve reportar-se a problemáticas que envolvam relações com fenómenos que se manifestam na sociedade" (Campanini, 2001:114) e tal exige uma posição atenta, informada e crítica, acima de tudo.

3.1. Características da Rede de Suporte Social

Em torno das redes sociais, encontramos duas perspectivas que surgem referidas mais consensualmente: a estrutural e a funcional. No entanto, e atendendo à arrumação que pretendemos dar a estas características, numa tentativa de integração dos contributos que para tal resgatamos, concordamos com Ana Barrón (1996), quando a autora distingue uma terceira perspectiva na investigação do apoio social, assim como a denominação que escolheu para as diferentes perspectivas. Mas a possibilidade que se nos oferece de reler a sua proposta em articulação com outras que nos foram fazendo sentido, leva a repensar, recriar, discutir e ampliar o elenco eleito pela sua estruturação, e, assim, à criação de uma proposta alternativa, embora não dissonante.

Chambo (1997:9) afirma que, apesar desta diversidade inegável, "os diferentes enfoques não fazem mais do que destacar distintos elementos de uma mesma estrutura: umas vezes enfatizam as variáveis individuais, outras as variáveis ambientais ou da rede social e outras as variáveis psicossociais do processo interactivo". O objecto de análise eleito dirige o olhar e modifica a paisagem conceptual.

Barrón (1996) agrupa, assim, três perspectivas de estudo para o apoio social: a perspectiva estrutural, a perspectiva funcional e a perspectiva contextual. A primeira destaca os aspectos estruturais das redes sociais, a segunda focaliza as funções que são cumpridas pelas relações sociais, enfatizando os aspectos qualitativos do apoio (Barrón, 1990 cit. in Barrón, 1996), e a última considera os contextos ambientais e sociais em que ocorre o apoio social.

Carlos E. Sluzki (1996), autor determinante na abordagem às redes sociais, apresenta uma classificação que tem muitos pontos comuns com a de Barrón (*idem*) embora se verifique a utilização de diferentes conceitos nas abordagens. Sluzki (1996:45) elenca igualmente três dimensões para avaliação das redes: "características estruturais (propriedades da rede no seu conjunto), (...) funções dos vínculos (tipo prevalecente de intercâmbio interpessoal característico de vínculos específicos e da soma ou combinação do conjunto de vínculos) e (...) atributos de cada vínculo (propriedades específicas de cada relação)". Muito embora apresentem conteúdos comuns, apresentam-se com denominações distintas (cf. Quadro 1).

Quadro 1. Dimensões de Suporte Social e das Redes Sociais de Barrón (1996) e Sluzki (1996)

	Ana Barrón (1996)		Carlos Sluzki (1996)
	Características/ variáveis/Parâmetros		Características/ variáveis/Parâmetros
Perspectiva Estrutural	– tamanho da rede – densidade – reciprocidade – homogeneidade	Características Estruturais da Rede Social	– tamanho – densidade – composição ou distribuição – dispersão – homogeneidade ou heterogeneidade – atributos de vínculos específicos – tipo de funções
Perspectiva Funcional	– apoio emocional – apoio material ou instrumental – apoio informativo	Funções da Rede Social	– companhia social – apoio emocional – guia cognitivo e conselhos – regulação social – ajuda material e de serviços – acesso a novos contactos
Perspectiva Contextual	– características dos participantes – momento em que se dá o apoio – duração – finalidade	Características ou Atributos do Vínculo Relacional	– funções prevalecentes – multidimensionalidade ou versatilidade – reciprocidade – intensidade (compromisso) – frequência de contactos – história da relação

Torna-se importante clarificar, antes de avançar, que Sluzki (1996) dedica o seu texto ao estudo das redes sociais, enquanto que as conceptualizações de Barrón (1996) são inteiramente vocacionadas para a abordagem ao conceito de apoio social, considerando três perspectivas de análise para o apoio social.

Integrando ambos os autores, rapidamente se percebe que algumas destas funções estão mais enquadradas em determinado tipo de redes. Para que a ideia seja melhor clarificada, é possível dizer que, embora às redes primárias possam caber todas as funções enunciadas, já não nos parece que seja de forma idêntica quando se tratam de redes secundárias. Se há redes secundárias e vínculos secundários (entre os quais os assistentes sociais e outros interventores) que se estruturam em torno da provisão de todas as dimensões funcionais referidas, a dimensão do apoio emocional de que fala Barrón (1996) não aparece na maioria das redes secundárias. Mesmo que assim seja, as redes secundárias nunca poderão substituir, na relação com o indivíduo, as redes primárias ou, melhor, a dimensão primária das redes sociais pessoais.

Para repensar a organização destas perspectivas e dimensões, recorre-se também à sistematização de Vicente Chambo (1997:8-22) que operacionaliza as características das redes e do suporte social em torno da perspectiva estrutural e funcional, enunciando no âmbito da primeira dois parâmetros estruturais (o tamanho, tido por fontes de apoio, e a densidade) e um conjunto de parâmetros interaccionais que descrevem as características entre os membros da rede (frequência de contactos, reciprocidade, multiplicidade, homogeneidade, dispersão geográfica e variáveis temporais). O autor subdivide em três funções o apoio social: emocional, informacional ou estratégico e material, tangível ou instrumental (*idem*), indo esta subdivisão ao encontro da preconizada por Barrón (1996).

3.2. Dimensões da Rede de Suporte Social

Ao estudar e reflectir sobre a "arrumação" das tipologias, dimensões e características das redes sociais, entende-se que, para o contexto do Serviço Social, se colocam questões específicas que interessam ter em conta no diagnóstico social do suporte social e das suas fontes. Propõe-se, assim, neste ponto, uma estruturação que decorre do diálogo entre diferentes perspectivas em torno das características da rede de suporte social, sistematizando-as no Quadro 2.

Quadro 2. As dimensões e características a avaliar nas Redes de Suporte Social

Dimensão	Características
Estrutural	a) composição da rede b) distribuição da rede por quadrantes c) tamanho da rede e dos quadrantes d) densidade da rede

Funcional	a) funções genéricas de suporte social percebido e recebido:
	  – suporte emocional
	  – suporte tangível (material ou instrumental)
	  – suporte informativo
	b) funções específicas de suporte social:
	  – companhia
	  – acesso a recursos e novos vínculos
	  – regulação social
	c) outras características funcionais na avaliação do suporte social:
	  – multidimensionalidade funcional
	  – reciprocidade funcional
	  – funções em torno de situação específica do sujeito central
	  – necessidades funcionais de suporte
	  – características idiossincráticas do momento do suporte

Relacional e Contextual	a) características sociodemográficas dos participantes b) homogeneidade/heterogeneidade da rede c) intensidade e compromisso relacional d) duração e história da relação (vínculo) e) fontes de *stress* e conflitualidade f) dispersão (geográfica) da rede g) frequência de contactos entre os elementos

A dimensão estrutural refere-se à organização da teia relacional ou ao "arranjo das relações", e a funcional às trocas e necessidades funcionais que ocorrem na rede. Apesar de estarmos sempre ao nível interaccional, a dimensão relacional e contextual inscreve as relações no seu contexto específico e na sua história. Conjugadas as três dimensões, que passaremos a caracterizar nos pontos seguintes, poderemos analisar as redes de suporte social nos eixos sincrónico e diacrónico.

Para que tenhamos um diagnóstico relativamente ao suporte proporcionado por uma rede social, não necessitamos, no entanto, de apreciar exaustivamente todas as características sistematizadas nestas três dimensões. Algumas características estruturais, funcionais e contextuais estão intrinsecamente associadas a outras e serão fundamentais na avaliação de determinadas situações, tornando-se supérfluas perante outras.

As idiossincrasias de cada situação e dos indivíduos em causa determinarão o interesse ou relevância que determinadas características assumem quando pretendemos diagnosticar a rede social como fonte de suporte social, podendo vir a assumir contornos distintos ao longo do processo de reavaliação da intervenção. Desde logo, a título exemplificativo, são distintas as situações de um sujeito dependente ou de um sujeito autónomo, colocando-nos questões necessariamente diferentes nesta avaliação, obrigando-nos a dirigir o enfoque para as características que queremos avaliar com relevâncias também distintas.

3.2.1. Dimensão Estrutural da Rede de Suporte Social

A análise da rede social fornece o contexto para estimar a estrutura e a qualidade das relações no meio social do indivíduo (Mitchell & Trickett, 1989; Marsella & Snyder, 1981, *cit. in* Coimbra, 1990). Na linguagem do estruturalismo, estrutura é tida enquanto uma representação simplificada de um sistema complexo (Lazega, 1998), estando o conceito associado ao método ou análise estrutural que entende as redes sociais enquanto sistemas de relações.

Mas, Lazega (1998) coloca de parte a possibilidade do método estrutural aplicar-se a redes sociais pessoais. Diz ele que este método "trabalha sobre sistemas de relações ou redes ditas completas" (*idem*:4-5) nas quais o investigador tem informação disponível sobre a presença ou ausência de vínculos entre os elementos da rede. Estas distinguem-se da "rede dita pessoal de um actor (*ego-network*), onde as relações entre as pessoas enumeradas por este actor não são conhecidas" (*ibidem*). Ainda assim, consideramos relevante pensar a estrutura e as variáveis estruturais nas redes sociais pessoais, a partir da informação relevante obtida a partir de um só informante, isto é, do sujeito central. Se esta opção apresenta limitações, nesta área de estudo, todas as vias metodológicas parecem apresentá-las, pelo que as limitações devem assumir-se claramente e à partida, podendo a leitura das realidades estudadas ser feita com os filtros necessários. Esta asserção levar-nos-ia a complexas discussões sobre o conceito de realidade e da relação da ciência com a dita realidade, que não encontram aqui terreno próprio, mas fica a ideia de que limitação não é tida por impossibilidade. Discordamos, assim, de Lazega (1998) com base nas possibilidades metodológicas e instrumentais que a ARS oferece também no campo das redes pessoais.

Assim, a concepção das variáveis integradas nas características estruturais das redes que passamos a apresentar, congrega aspectos que oscilam entre uma visão que aproveita os contributos do método estrutural e da ARS e os contributos teórico-metodológicos qualitativos.

As variáveis em análise, consideradas enquanto estruturais, são a composição da rede, a distribuição por quadrantes, o tamanho e a densidade[8].

---

[8] Como já referimos antes, são diversas as áreas que têm integrado a Análise de Redes Sociais. Se o Serviço Social se centra basicamente em torno das redes sociais de suporte, outras disciplinas têm tido outras focalizações. A Economia e a Sociologia das Organizações, por exemplo tem tido um amplo desenvolvimento com estudos sobre relações formais e informais, poder e comunicação intra ou inter-

A composição da rede é uma das variáveis referidas por muitos autores como aquela que define o tipo de rede social que temos em presença. Sluzki (1996) apresenta a composição como sinónimo de distribuição da rede[9] e baseia esta característica em quatro quadrantes principais: a família, as amizades, as relações laborais ou escolares (colegas) e as relações comunitárias, de serviços ou religiosas. A composição indica-nos o número de membros da rede em determinado quadrante (o que permite tipificar a rede como familiar, de amizade, de vizinhança, ou mista, por exemplo). A ARS preocupa-se com a identificação deste sub-grupos e com a sua densidade, considerando os agrupamentos ou *clusters* (como são designados em estatística) independentemente da afinidade que têm com o ego ou entre si. Mas é a distribuição da rede segundo estes quadrantes que dar-nos-á a indicação da proporção ocupada pelos membros que compõem a rede localizada em cada um deles. Poderemos ainda determinar a distribuição da rede, não pelos quadrantes, mas pelos círculos de proximidade relacional que estabelecemos na avaliação. A distribuição permite-nos diagnosticar o nível de concentração da rede, mostrando-nos se a mesma é muito localizada em determinado(s) quadrante(s) ou de distribuição ampla. Teoricamente defende-se que, quando a rede é demasiado localizada num ou noutro quadrante, centrando-se, por exemplo, na família, tende para uma menor flexibilidade e efectividade, gerando menos opções para os seus membros, fazendo com que as pessoas se sintam muito dependentes entre si e, quando em situação de necessidade, tendem a sobrecarregar sempre os mesmos elementos. No entanto, as redes demasiado amplas (quando homogéneas) demonstram maior inércia. Numa mesma situação de necessidade de suporte, corre-se o risco de haver quem pense que, com tantos elementos, outrem apoiará o sujeito que necessita, o que pode gerar uma situação de vazio de suporte.

Outra variável amplamente discutida é o tamanho da rede. Este é revelado pelo número de sujeitos da rede, isto é, os que mantêm contacto pessoal com o sujeito central (Barrón, 1996), no caso de rede sociais pessoais. Este pode considerar-se como mínimo, médio ou muito numeroso (Sluzki, 1996). As redes mínimas tendem a ser pouco eficazes em situações de sobrecarga ou tensão de longa duração, levando os membros a evitar os contactos para também evitarem sobrecarregar-se. Pelo contrário, as redes muito numerosas arriscam-se à inacção nestas situações, dado os membros serem levados a pensar que "alguém o deve estar a ajudar", o que faz crer que as redes de tamanho médio serão as mais efectivas (Sluzki, 1996).

-organizacional. Assim, concentram atenção noutras variáveis que decorrem da análise estrutural, como sejam: centralidade, prestígio, poder, eficiência da rede, etc. Usam para tal procedimentos específicos da ARS para responder a determinadas hipóteses relacionadas com estas e outras variáveis. É um mundo vasto, mas gostaríamos de indicar algumas referências bibliográficas que possam servir de exemplos aos interessados no aprofundamento destas questões: RAIDER, H. & KRACKHARDT, D. (2002). Intra-organizational networks, *In* J. BAUM (ed.), *Companion to organizations* (58-74), Oxford: Blackwell; SMITH-DOERR, L. & POWELL, W.W. (2005). Networks in Economic Life. *In* N. SMELSER & R. SWEDBERG, *The Handbook of Economic Sociology* (2ª ed.), Princeton N.J.: Russel Sage Foundation & Princeton University Press; EBERS, Mark (1997). *The Formation of Inter-organizational Networks*. Oxford, New York: Oxford University Press; BURT, R. (1992). *Structural Holes. The social Structure of Competition*. Cambridge: Harvard University Press.

[9] As características são indissociáveis, mas não as consideramos enquanto sinónimas, pois há aspectos importantes que podem estabelecer distinções.

Alguns autores apontam um número médio de membros para o tamanho das redes. Este é muito maior que o da maioria dos grupos, considerando-se que, de um ponto de vista funcional, oscila entre 15 a 100 membros (Speck & Attneave, 1990). Porém, empiricamente, há a indicação de "que a maior parte das pessoas têm algum contacto com outras 40 ou 50, pelo menos, dispostas a reunir-se num momento de crise" (*idem*:28). Quando estes autores se referem a estes números não sabemos, no entanto, de forma muito precisa, a que redes se estão a reportar (com que características). Pensamos, pela natureza dos textos, que estão certamente centrados nas redes que serão alvo de uma intervenção (agrupando tanto redes primárias como secundárias). No contexto urbano, Desmarais *et al.* (1995:47) afirmam que as redes primárias têm entre 25 a 40 membros com que o indivíduo estabelece contactos[10], que constituiriam a sua "rede estendida"[11], apontando-se para uma média de 19 elementos nas redes (Desmarais *et al.*, 1995). Foi exactamente a este valor médio que chegámos para uma amostra de 30 sujeitos da população geral, no entanto verificou uma amplitude entre os 4 e os 41 elementos significativos (Guadalupe, 2000). Num pequeno exercício prático nas aulas, partindo de um gerador de rede genérico, os nossos alunos têm apontado para tamanhos médios entre os 30 a 40 elementos (estando os limites extremos entre os 20 e os 60 elementos), no entanto, estes dados não têm sido sistematizados para investigação. Apesar da ausência de estudos epidemiológicos relevantes no nosso país que indiquem claramente a dimensão das redes sociais pessoais na população geral[12], existem estudos a nível internacional que podem dar-nos pistas para uma abordagem qualitativa a esta variável, sobretudo por via de estudos epidemiológicos longitudinais com amostras populacionais assinaláveis (cf. Sluzki, 2006:74-76), tendo estes vindo a associar redes pequenas a maior vulnerabilidade e menor sobrevida.

Verifica-se alguma disparidade nos números e na definição de rede que subjaz aos estudos sobre o seu tamanho. Estudos sobre redes totais encontram entre 250 a 5000 sujeitos (Killworth *et al.*, 1984; Pool & Kochen, 1978; Killworth *et al.*, 1990 *cit. in* Hill & Dunbar, 2003); no entanto, Dunbar aponta para um tamanho médio de 150 sujeitos (1993, *in op cit.*). Num estudo curioso sobre troca de cartões de Natal, baseado na ideia de que esta troca representa um esforço de contacto com os indivíduos da rede relativamente aos quais se valoriza a relação, Hill e Dunbar (2003) concluíram que em média seriam 125 os sujeitos abarcados pelo contacto efectuado através dos cartões.

Carecemos ainda de informação para avançar com afirmações mais sustentadas sobre tal característica, portanto. No entanto, para o espectro da intervenção social, é interpretável qualitativamente o que serão redes pequenas, médias ou amplas.

Atendendo ao seu tamanho, embora as redes sociais possam ser delimitadas (sendo as fronteiras definidas pelo indivíduo ou por outrem), importa não esquecer, contudo, que estas não constituem "blocos ou unidades homogéneas"

---

[10] Os autores estabelecem como definição de fronteiras nas pessoas relativamente às quais temos "alcance", isto é, "o conjunto de indivíduos que estão em contacto directo" (Desmarais *et al.*, 1995:47) com o sujeito central.

[11] De entre esta "rede estendida", os autores apontam que sejam mantidos contactos íntimos com 6 a 10 dessas pessoas. Este núcleo seria o que consideraram a "rede efectiva" (Desmarais *et al.*, 1995: 47).

[12] Não conhecemos nenhum estudo epidemiológico que nos refira o tamanho médio das redes sociais pessoais em Portugal, não dispondo nós também de quaisquer dados quer a nível geral quer segundo algumas características sociodemográficas.

(Redondo *et al.*, 1991:7), pois, simultaneamente, os indivíduos são membros de várias outras redes.

As redes que poderão delimitar-se são aquelas que dizem respeito aos contactos significativos ou frequentes, mas todo o indivíduo tem uma "reserva de contactos muito pouco frequentes ou não actualizados a que se chama o grupo de segundo nível" (Guay, 1984:63), como antes vimos. Ao consideramos os sistemas sociais mais amplos multiplicamos o tamanho assumido pela(s) rede(s). Assim, cada indivíduo que pertence a uma rede social de um dado sujeito possui ele próprio uma rede social pessoal, da qual alguns dos membros da primeira farão parte mas aos quais há, certamente, a acrescer novos rostos. Multiplicam-se assim num plano quase infinito os vínculos directos e indirectos que cada um de nós detém. A título de curiosidade, veja-se o caso dos espaços virtuais de "amigos", onde cada detentor de um espaço adiciona os seus contactos. Se num desses espaços explorar os contactos dos seus próprios contactos, facilmente identificará os contactos comuns e os outros contactos dos seus contactos directos. Construída a rede, resultará num entrelaçado de enorme complexidade.

A interconexão entre os membros da rede social, independentemente do sujeito central (Barrón, 1996), quando atendemos a redes ego-centradas, determina o nível de densidade da rede existente. A densidade é uma das variáveis-chave nos estudos com orientação metodológica estrutural ou levados a cabo com base na especificidade da ARS, metodologias estas que Lazega (1998) usa como sinónimas. No fundo, e para efeitos do seu cálculo, "a densidade duma rede é a proporção dos vínculos existentes relativamente aos vínculos possíveis" (Degenne & Forsé, 1994:59).

O nível, tido qualitativamente, pode ser baixo, médio ou alto. Sluzki (1996) refere ser o nível médio o que favorece a máxima efectividade do grupo, pois é aquele que permite a comparação entre as impressões e opiniões trocadas, enquanto que o nível alto favorece a conformidade dos membros, pela pressão exercida para a adaptação às regras do grupo, levando eventualmente o membro que se desvia das normas à exclusão. Em geral, os estudos parecem indicar, embora não claramente, que redes menos densas, quando comparadas com as mais densas, são aquelas que fomentam em maior medida o bem-estar dos indivíduos por apresentarem características que facilitam a adaptação e mudança[13].

Pode ser também deduzida, a partir da conexão entre os membros, a tipificação das redes em coesas, dispersas ou fragmentadas.

A imagem de uma rede coesa é a de uma família alargada típica do meio rural, composta por um grande grupo indiferenciado onde toda a gente se conhece (Guay, 1984) (Figura 4).

---

[13] Segundo as conclusões de um estudo de Wilcox (1981, *cit in* Barrón, 1996), acerca da adaptação psicossocial de mulheres separadas e divorciadas e a estrutura das suas redes, são apontadas três razões para que isto aconteça: as redes menos densas permitem o acesso a uma maior gama de papéis, o que favorece o nível de *coping*; o facto das relações diádicas serem mais "manejáveis" que as grupais; e a maior probabilidade de encontrar alguém congruente com os interesses da pessoa quando estes mudam.

Figura 4. Imagem de uma rede coesa

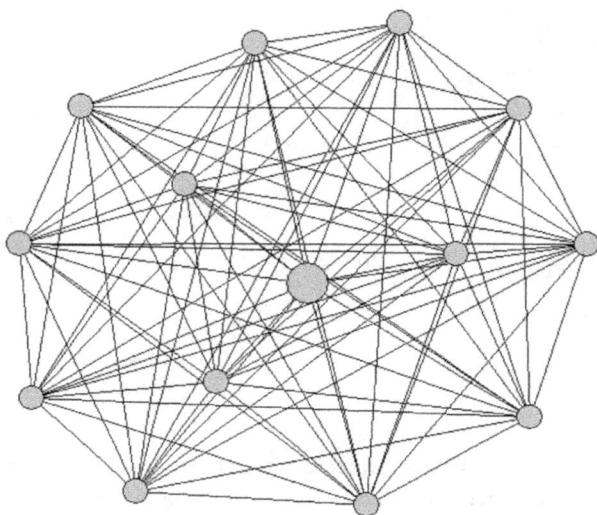

As vantagens deste tipo de rede encontram-se no potencial de apoio emocional quase ilimitado e na rápida mobilização de recursos e disponibilidade do outro em caso de necessidade. Os inconvenientes residem, devido ao alto nível de densidade da rede, na influência e controlo exercidos sobre os membros[14] e, também, no facto de ser fechada sobre si própria, na pouca abertura ao exterior, não permitindo renovações nas práticas ou normas do comportamento[15].

A rede fragmentada (Guay, 1984) é composta por pequenos subgrupos relativamente independentes entre si, muitas vezes situados num ou noutro quadrante da rede. Os contactos entre membros de diferentes subgrupos são pouco frequentes e a conexão entre os mesmos é rara, muitas vezes não se conhecendo entre si (Figura 5). Este tipo de redes parece adaptar-se melhor ao meio urbano, oferecendo maior flexibilidade e possibilidades acrescidas aliadas à diversidade de recursos que, em princípio, encerra. Uma rede com grande variedade de recursos estaria perto daquela que poderíamos arriscar como sendo a ideal, por permitir ao indivíduo auferir de diferentes tipos de apoio, isto é, formas de ajuda específica, partindo da ideia de que cada subgrupo seria constituído por pessoas de diferentes áreas relacionais. Surge aqui um problema, alia-do à possível existência de 'barreiras' nas redes que bloqueiam o acesso aos recursos. Quando estas barreiras se formam poderão levar à exclusão e ao afastamento de outros membros quando se utiliza a ajuda de determinada pessoa.

---

[14] No caso de membros desviantes, a rejeição pode ser de tal nível que o aconselhamento terapêutico vai, muitas vezes, no sentido da procura de integração numa nova rede social. É disto exemplo o hipotético caso de um homossexual, discriminado pela sua orientação sexual, que viva num meio pequeno e para quem pode ser mais vantajoso viver numa cidade, protegido por um maior anonimato (Guay, 1984).

[15] Esta questão é assinalada por Guay (1984) como um inconveniente, nomeadamente por permitir que algumas normas e comportamentos nocivos, como por exemplo hábitos de higiene inadequados, se perpetuem e sejam dificilmente modificados por estarem solidamente estabelecidos. No entanto, é desta forma que se mantêm as tradições culturais de algumas minorias étnicas existentes no planeta.

Figura 5. Imagem de uma rede fragmentada

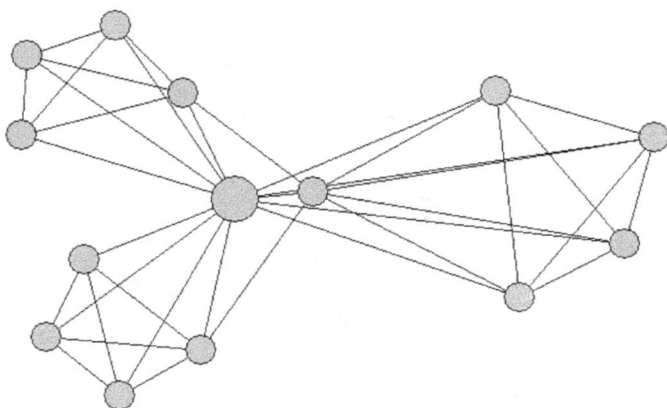

A rede dispersa (Guay, 1984) caracteriza-se pela ausência de conexão entre os seus membros[16], isto é, pelo facto de várias pessoas não se conhecerem entre si. Poderão, no entanto, existir alguns indivíduos interligados, nomeadamente no contexto familiar.

Figura 6. Imagem de uma rede dispersa

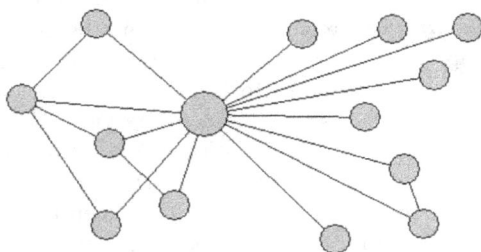

Como pode ver-se pela Figura 6, este é um tipo de rede pouco interligada e que se desorganiza quando falta a pessoa central. A manutenção da rede passa fundamental-mente pela manutenção de contactos frequentes com os diversos "fragmentos", havendo risco de ruptura quando estes não são activados. Será tal como "um nexo enchendo o vazio" nas palavras de Carlos Tê para a música *Sexto Andar* dos Clã (Cintura, 2007), o que nem sempre é fácil de ter ou de ser.

Outras variáveis consideradas estruturais e passíveis de ser avaliadas são a centralidade e prestígio (Lazega:42) equivalência estrutural (*idem*:55) sub-grupos ou fragmentação, coesão (*idem*:49), proximidade, intermediação, hiatos estruturais, entre outras. No entanto, estas características têm sido contempladas essencialmente no âmbito da ARS e em estudos sobre estruturas organizacionais, constituindo-se como aspectos interessantes mas secundários nos estudos sobre as redes de suporte.

---

[16] Esta situação é questionada por alguns autores como sendo uma rede, pois a conexão entre os indivíduos é um dos aspectos que define a própria rede social.

3.2.2. Dimensão Funcional da Rede de Suporte Social

As funções que as redes sociais pessoais primárias assumem são frequentemente tomadas enquanto funções do sistema de apoio social. Aliás, este sistema é mesmo denominado por Wellman (1985;1988) como sinónimo de "rede de apoio", cujas características coincidem com as da rede social pessoal, pois esta é, como já vimos atrás, um sistema que oferece potencialmente apoio social. Acrescentando aos conceitos a que aludi atrás, há várias expressões que podemos apontar como constituindo funções da rede: o apoio instrumental e emocional; o aconselhamento; a interacção positiva e *feedback*; a confiança; a orientação e a oportunidade de expressão dos sentimentos; a socialização e integração social; o sentimento de pertença; a estima; os laços de confiança; a ajuda material; a informação; a partilha de actividades, etc.

Sabendo que os membros da rede social cumprem, individual ou conjuntamente, diversas funções, considera-se como função da rede o tipo de intercâmbio interpessoal dominante entre os seus membros (Guadalupe, 2000).

Wellman (1982, *cit. in* Guay, 1984) afirma que as funções primordiais da rede social são o apoio emocional, a socialização e a troca de serviços, constituindo estes três tipos de apoio 80% de todas as trocas operadas entre os membros de uma rede social. É necessário ter, no entanto, em consideração que "as relações familiares e de amizade íntimas podem cobrir simultaneamente um importante número de funções, muitas das quais, pela sua riqueza, complexidade ou idiossincrasia, transcendem as especificações" (Sluzki, 1996:54) que possamos fazer.

Depois de uma revisão entre as sistematizações em torno da perspectiva funcional do suporte social, podem, assim, agrupar-se genericamente as funções de suporte da rede social pessoal em torno de três tipos de suporte principais: o emocional, o tangível e o informativo.

3.2.2.1. O suporte social

No contexto do Serviço Social, o diagnóstico da rede social é centrado mais especificamente na rede de suporte social, já que esta é a sua fonte e função primordial. Esperamos aqui contribuir para consolidar o diagnóstico do suporte social, ultrapassando a superficialidade das classificações que se resumem a apontar: tem/não tem apoio ou com/sem apoio. É fundamental que os assistentes sociais saibam aprofundar, concretizar e conceptualizar adequadamente este diagnóstico.

O suporte ou apoio social[17] envolve transacções interpessoais (House, 1981, *cit. in* Barrón, 1996) e engloba um ou diversos tipos específicos de apoio prestados por

---

[17] Estes conceitos não são de abordagem simples, porque se referem a um conjunto amplo de comportamentos e relações. No entanto, cabe-nos aqui apenas referir que *apoio* e *suporte*, na língua portuguesa, se têm assumido como sinónimos e se completam mutuamente no significado que atribuímos ao conceito neste contexto, podendo usar-se ambos. No sentido etimológico e nos sinónimos que encontramos para as palavras na língua portuguesa, verificamos que *apoio* deriva de *appogio* que se referia a "sustentáculo; base, suporte; apoio, amparo" ou "acto ou efeito de apoiar; tudo o que serve para amparar; escora; base; arrimo; protecção; auxílio; aprovação". Já *suporte* tem origem no Latim em *supportāre* (*sub-* + *portāre*), que significava "levar de baixo para cima, (...) suster, servir de apoio, ter em mão" é entendido na língua portuguesa de diversas formas, entre as quais: "qualquer coisa cuja finalidade é sustentar (algo); escora, arrimo, sustentáculo (...); aquilo que dá suporte, que auxilia ou reforça; reforço, apoio".

indivíduos, grupos ou instituições. Mas, como já foi referido, é fundamental sublinhar que a existência de uma rede social não é sinónimo da existência efectiva de apoio. As redes sociais podem igualmente assumir outros caracteres no sentido em que permitem proteger ou não os seus membros, podem nomeadamente mostrar-se como redes destrutivas ou inócuas (Coimbra, 1990), dependendo da sua natureza e composição, ou, noutras palavras, o apoio percebido por parte das rede pode ser neutral ou prejudicial (Shumaker & Brownell, 1984 *cit. in* Chambo, 1997). No entanto, a associação das redes sociais à função que mais a caracteriza, leva inevitavelmente a tornar indissociáveis estes conceitos, de tal forma que muitas definições consideram a rede social como "o conjunto de indivíduos que prestam apoio social" (Góngora, 1991:141).

Quando nos referimos ao conceito de apoio social reportamo-nos a uma vasta gama de comportamentos, funções e acções ou actividades, pelo que se foram constituindo distintas perspectivas de análise do conceito e um quadro conceptual de uma enorme complexidade (Guadalupe, 2003). As perspectivas que se têm destacado nos domínios da intervenção e investigação distinguem níveis de análise para equacionar o suporte social, numa lógica hierárquica de complexidade crescente. Nunes (2005) indica a existência de três níveis distintos: o das relações íntimas que incluem as transacções que ocorrem nas relações mais próximas e que implicam de forma normativa intercâmbios recíprocos e mútuos; o das redes sociais, reportando-se às propriedades das redes sociais de apoio; e o nível comunitário, que permite analisar o suporte social enquanto processo de integração social.

Como já referimos, os tipos de rede a que fomos aludindo atrás, podem ou não constituírem-se como redes de apoio social. As redes de suporte têm uma finalidade específica e distinguem-se das restantes tipologias por essa característica. Ou seja, definem-se pela função que assumem. Mas o interesse do Serviço Social no diagnóstico e intervenção em rede reside no potencial de suporte que oferecem ou podem vir a oferecer aos sujeitos, daí a focalização nas redes enquanto redes de suporte social, ainda que a avaliação desse suporte, num determinado momento, aponte para a inexistência de suporte.

O sistema de apoio social é um conceito introduzido por Caplan (1974, *cit. in* Guadalupe, 2000) que se considera abranger o núcleo familiar e de amigos, os serviços informais baseados na vizinhança e a ajuda prestada pelos serviços comunitários, sendo as suas principais actividades: "o apoio prestado ao indivíduo na mobilização dos seus recursos psicológicos de modo a permitir-lhe a gestão dos seus problemas emocionais, a partilha de actividades e a prestação de ajuda material" (Ornelas, 1994:333). Uma das definições que Barrón (1996) entende como das mais integradoras é a de Vaux (1988, *cit. in* Guadalupe, 2000). O autor entende o suporte social como um meta-construto que compreende três dimensões que se relacionam num processo dinâmico de transacções verificadas entre o sujeito e o contexto. Esses três elementos conceptuais são: os *recursos da rede de apoio*, constituídos pelos membros aos quais o sujeito recorre na procura de ajuda para lidar com as exigências com as quais se confronta ou para atingir determinadas metas; os *comportamentos de apoio* seriam as diferentes formas de prestar ajuda às pessoas, ou seja, as funções de apoio; e as *apreciações de apoio* seriam avaliações ou valorações subjectivas relativamente aos comportamentos de apoio disponíveis. À semelhança de Vaux, houve outros autores que se inscreveram numa concepção tridimensional no suporte social. Pierce, Sarason e Sarason propõem

(1996, *cit. in* Beauregard & Dumont, 1996) as *redes de apoio*, as *relações de apoio* e a *percepção do apoio social*, já Barrera (1986), Streeter e Franklin (1992, *in op cit.*) falam em *integração social*, o *apoio recebido* e a *percepção do apoio recebido*.

Mesmo se as redes de suporte supõem geralmente afinidades entre os participantes, o propósito destas redes não reside na atribuição de recursos relacionais ou estatutários (como é o caso das redes de parentesco) de um actor ao outro (Lemieux, 1999). Elas consistem em transmitir recursos materiais ou informativos através de recursos relacionais em benefício de pessoas que deles precisam (*idem*). Associando o suporte social à composição da rede, Litwak e Szelenyi (1969, *cit. in* Guédon, 1984) referem que a ajuda a longo prazo é oferecida pela rede de parentesco, enquanto que a de vizinhança constitui fundamentalmente um recurso que é utilizável em caso de urgência.

3.2.2.2. Funções genéricas de suporte social percebido e recebido

O apoio emocional é caracterizado geralmente por trocas que comportam atitudes emocionais positivas e um "clima de compreensão, simpatia, empatia, estímulo e apoio" (Sluzki, 1996:49). Poder contar com a disponibilidade do outro indica ao sujeito que tem pessoas que lhe podem transmitir carinho e sentimentos de segurança. Este tipo de apoio pressupõe a existência de relações de uma certa intimidade e proximidade, que se encontram geralmente nas relações de amizade e familiares, e concretiza-se pela demonstração e expressão de "amor, afecto, carinho, simpatia, empatia, estima e/ou pertença a grupos" (Barrón, 1996:16).

O suporte tangível (material ou instrumental) consubstancia-se pela ajuda nas tarefas domésticas e outros aspectos da vida quotidiana como cuidar dos filhos, emprestar dinheiro, fornecer refeições, vigilância da habitação na sua ausência, entre outras formas de apoio. O suporte tangível remete para um conjunto de acções ou materiais que, quando proporcionados por outrém, vão no sentido de facilitar a realização das tarefas do quotidiano, aliviando o indivíduo (Barrón, 1996). Taylor (2003) fala deste tipo de suporte para designar o fornecimento de "suporte material, tais como serviços, ajuda financeira, ou bens".

Esta é uma função de extrema importância, nomeadamente em determinadas fases do ciclo vital dos indivíduos e das famílias ou em contextos sociais específicos. Mas, para que este tipo de apoio favoreça o bem-estar, diminuindo a sobrecarga enfrentada pelo sujeito a quem se destina, o apoio tem de ser percebido como apropriado e tem de ser solicitado e aceite voluntariamente. Quando acontece o contrário, o apoio material pode contribuir para aumentar o mal-estar e o *stress* (Barrón, 1996). Todos conhecemos pessoas que estão permanentemente a insistir na oferta de coisas ou da sua disponibilidade para fazerem coisas por nós de forma voluntariosa. Quando tal acontece sistematicamente ou quando algum deste apoio é prestado à revelia da nossa vontade, pode haver manifesta incapacidade de ser-se recíproco no suporte oferecido e instala-se uma sensação de dívida, traindo-se os objectivos iniciais do suporte.

O apoio informativo (Barrón, 1996) revela-se frequentemente através da função a que Sluzki (1996) chama de aconselhamento e que inclui os conselhos e as orientações cognitivas que permitem o estabelecimento de interacções que têm por objectivo a partilha de informações pessoais ou sociais entre os membros, o mostrar de novas formas de pensar e agir perante a expectativa de acção futura. O aconselhamento (formal ou informal) e a tomada de decisões em conjunto reforçam a partilha e os laços mantidos, pressupõem uma relação de confiança e possibilitam a opção informada.

Quando estas três funções de suporte social são levadas a cabo no contexto das relações institucionais, ou seja, por membros da rede que estão ligados a serviços estruturados e formais ou oriundos de redes secundárias, assumem um carácter distinto. Aliás, Sluzki (1996) apresenta o *apoio técnico ou de serviços* como uma característica funcional da rede, definindo-a como um tipo de colaboração baseada no conhecimento técnico.

No contexto do Serviço Social estas funções do suporte social podem assumir-se em múltiplas vertentes metodológicas da intervenção, quer através do aconselhamento, de intervenções sócio-educativas, de intervenções psicossociais, da advocacia social, do encaminhamento para outro tipo de apoios específicos delineados a partir do diagnóstico social, proporcionando o acesso a apoios materiais eventuais ou a inserção em programas de acção social, entre outras vertentes da intervenção social.

3.2.2.3. Funções específicas de suporte social

A relação de partilha que se associa ao apoio emocional pode expressar-se igualmente naquilo a que Sluzki (1996) designa por companhia social. Esta função configura "a realização de actividades conjuntas ou simplesmente o estar juntos" (*idem*:49), podendo pautar-se apenas pela coexistência lado a lado. Embora seja uma relação que pareça, a priori, superficial, assume uma importância extrema quando pensamos, por exemplo, na população idosa, e é mesmo atribuída a elementos da rede social não humanos, como os animais domésticos[18]. Guadalupe (2000) refere esta variável como sendo destacada por mais de metade da amostra do seu estudo. Esta expressividade foi inesperada e surpreendente (*idem*) se pensarmos que ao descrever a função, assumimo-la como o simplesmente *estar com*, esta valoriza-se e destaca-se pouco face a outras funções menos passivas no acto de prestação de apoio. Parece, no entanto, talvez por motivos culturais, que assume uma enorme importância na vida, tendo sido eleita frequentemente para descrever uma relação próxima e quotidiana, principalmente com o cônjuge (*idem*). Provavelmente o nosso conceito português de "companheiro(a)" estará por detrás destes resultados, sendo conotado com "aquele que acompanha" ou o "parceiro" (que se entende frequentemente associado ao cônjuge), admitindo-se assim a associação a inúmeras dimensões de relevo da vida das pessoas, provavelmente ultrapassando a dimensão do apoio emocional, arriscando afirmar que a companhia social será funcionalmente transversal ao suporte social.

A função informativa ou de aconselhamento na rede permite igualmente o acesso a recursos e novos vínculos. Sluzki (1996:53) refere que esta função vem accionar a "abertura de portas à conexão com pessoas e redes que até então não faziam parte da rede do indivíduo" e chama-lhe *acesso a novos contactos*. Muitas vezes a mobilização dos indivíduos, numa relação de ajuda, passa pela tentativa de activação dos contactos que até aí não se apresentavam como muito frequentes e próximos, mas que apresentam a potencialidade de alargamento da rede social ou de pertença a redes sociais pessoais de outros indivíduos.

---

[18] O cão, enquanto animal doméstico, é mesmo designado comummente como "o melhor companheiro do Homem". Não rejeitando a contemplação dos animais domésticos na rede social, já encontramos limitações à avaliação das suas dimensões quando é considerado este tipo de membro.

Os recursos potenciais aí contidos podem representar uma oportunidade para reforçar ou mesmo criar novos quadrantes na rede social (Guay, 1984), nomeadamente se pensarmos na reserva de recursos quase infinita presente nas redes de segundo nível. A mobilização das redes primárias na procura de emprego tem sido um campo de estudo explorado recentemente na área da Sociologia do Trabalho, assim como o papel das redes no acesso a serviços, como é o caso do estudo de Sílvia Portugal (2005) do Centro de Estudos Sociais da Universidade de Coimbra sobre o acesso aos cuidados de saúde.

Outra função específica de suporte social é a regulação e o controlo social que se manifesta pela pressão exercida pelos diferentes membros, entre si, no sentido de lembrar e reafirmar responsabilidades, normas e papéis. Esta permite a neutralização de desvios de comportamentos que se afastam do que é ditado pelo colectivo. Assim, é uma função que favorece a socialização dos indivíduos, por um lado, mas que facilita a exclusão grupal aquando do desvio, por outro. Esta função assume cargas positivas ou negativas, sendo totalmente dependente do contexto em que se insere. Numa perspectiva macrossocial, esta função é entendida com carácter adaptativo e normalizador. Há um amplo debate filosófico e sociológico sobre o tema. Um dos autores a que recorremos sistematicamente para explicar as contradições encerradas nesta função é a Michel Foucault através da metáfora do *arquipélago carcerário* ou *panóptico*.

3.2.2.4. *Outras características funcionais na avaliação do suporte social*

O diagnóstico da disponibilidade de recursos funcionais numa rede social passa pela identificação das necessidades funcionais de suporte numa rede social, nomeadamente ao nível das três funções genéricas apresentadas atrás, ou seja, por uma avaliação do suporte social percebido e recebido a nível emocional, tangível e informativo. Depois há situações-problema relativamente às quais existem necessidades específicas de suporte. Por exemplo, quando lidamos com pessoas dependentes (com incapacidades ou em situação de desvantagem), o nível e tipo de dependência vai determinar o tipo e o nível de suporte do qual o sujeito vai necessitar. Assim, há que identificar no diagnóstico social as funções em torno da situação específica do sujeito central.

Neste sentido, poderemos atender às características idiossincráticas do momento em que se dá o apoio. Como sabemos, as necessidades de ajuda não são sempre as mesmas nem se mantêm sempre nos mesmos níveis, flutuam com as necessidades que os sujeitos apresentam. Existirão, então, necessidades de apoio diferentes para determinadas fases e momentos da vida e para lidar com dificuldades. Isto implica que um determinado apoio que é adequado numas situações poderá não sê-lo noutras (Cohen & Syme, 1985 *cit. in* Barrón, 1996). A capacidade para manter e adaptar o apoio ao longo do tempo é crucial, nomeadamente nas situações de necessidade e/ou dependência crónica (*idem*). A *duração do apoio* está intimamente relacionada com a frequência de contactos e também com a intensidade da relação entre os membros referidas adiante como características relacionais e contextuais.

Para além das funções inexistentes ou inactivas, há também que avaliar as diferentes dimensões funcionais e recursos existentes na rede social, ou seja, a sua multidimensionalidade funcional ou versatilidade. Esta é revelada pela variedade e quantidade de funções assumidas por cada vínculo, permitindo saber quais e quantas são as funções. Degenne e Forsé (1994:59) fala-nos em *multiplexidade*, pressupondo que exploramos diversos tipos de vínculos relacionais simultaneamente, sendo que alguns podem assumir-se como multiplexos e outros como especializados ou unidimensionais. Neste âmbito pode também remeter-se para a *finalidade do apoio*. Esta concretiza-se no chavão "para problemas diferentes, apoios diferentes". A adequação entre o apoio social oferecido e as necessidades suscitadas por determinado problema em concreto vai determinar a efectividade desse apoio (Cohen & McKay, 1984 *cit. in* Barrón, 1996).

Para além de multidimensionais, os vínculos na rede podem assumir um carácter recíproco ou unidireccional. A reciprocidade[19] diz respeito ao grau em que os recursos existentes numa rede social são intercambiados equitativamente entre as partes (Barrón, 1996). Assim, as relações podem ser simétricas ou assimétricas quanto às funções assumidas pelos indivíduos envolvidos na interacção, podendo os vínculos considerar-se recíprocos quando estes coincidem uns relativamente aos outros (Guadalupe, 2000). Uma vez mais a título de exemplo, uma situação de doença ou deficiência reduz a possibilidade de haver reciprocidade na rede social, pois o doente ou deficiente será menos capaz de ter comportamentos equivalentes relativamente aos outros, nomeadamente aos que dele cuidam (Sluzki, 1996). Também as situações-sociais-problema que configuram situações de extrema precariedade, exclusão social e opressão diminuem as possibilidades de trocas funcionais recíprocas.

3.2.3. Dimensão Relacional e Contextual da Rede de Suporte Social

Tal como referimos antes, as características funcionais da rede social, assim como a sua configuração estrutural, estão inscritas num eixo diacróncio e sincrónico. Isto é, são indissociáveis da sua inscrição no tempo ou no ciclo vital e no espaço ou contexto específico da vida quotidiana. Cohen e Syme (1985 *cit. in* Barrón, 1996) defendem a inclusão nos estudos sobre apoio social das características dos participantes, da contextualização do momento em que ocorre o apoio, assim como a sua duração e finalidade, cumprindo assim a ideia de que a vida de um sistema remete para a história dos elementos que o constituem (Gameiro, 1992). Podemos também situar esta perspectiva relacional e contextual no alinhamento das teorias ecossistémicas.

Assim, nesta dimensão, onde são consideradas propriedades específicas de cada relação e do contexto de interacção que as configura, podemos distinguir diferentes atributos para cada vínculo, como lhes chama Sluzki (1996), ou parâmetros interaccionais, nas palavras de Chambo (1997).

Desde logo, há que ter em conta as características sociodemográficas e culturais dos membros da rede social. A caracterização das fontes de apoio é determinante para avaliar a efectividade e adequação do apoio. Há que saber quem são aqueles que oferecem ou podem vir a constituir-se como um recurso potencial de apoio.

---

[19] Esta característica é considerada por Barrón (1996) como uma dimensão estrutural das redes sociais, e por Sluzki (1996) como um atributo do vínculo. Estando mais de acordo com a segunda opção (e, de acordo com a "arrumação" proposta apareceria na dimensão contextual), parece relevante analisar esta característica do ponto de vista funcional, já que as trocas que pressupõe são funcionais e as implicações que traz a existência de relações recíprocas ou as situações em que a sua possibilidade está comprometida são a nível funcional.

A homogeneidade e heterogeneidade da rede são as características ditadas pela seme-lhança ou diferença encontrada nos membros da rede em dimensões tais como: atitudes, experiências e valores (Barrón, 1996), características demográficas e socio-culturais. A homogeneidade ou, pelo contrário, a heterogeneidade da rede encerram vantagens e desvantagens, nomeadamente no que concerne à própria identidade do indivíduo, ao reconhecimento de sinais de *stress* pelos membros, assim como à activação e utilização da rede (Sluzki, 1996). Brim (1974 *cit. in* Barrón, 1996) refere serem as redes homo-géneas que oferecem interacções nas quais os seus membros mais se sentem reforçados.

A intensidade e compromisso relacional ou tropismo são atributos específicos que revelam a carga e durabilidade da relação, assim como a história em comum dos mem-bros, inscrevendo a rede social na sua dimensão diacrónica, e revelando a duração da relação e as experiências partilhadas. Esta característica permite-nos também definir o grau de intimidade existente na relação.

Procurando estabelecer níveis de proximidade relacional, Sluzki (1996) diferencia os tipos de relações existentes nos quadrantes duma rede social, distinguindo três áreas ou círculos (interior, exterior e externo – cf. mapa de rede na Figura 11) onde se ins-crevem os quatro quadrantes da rede. Seguindo o mesmo critério de Sluzki, isto é, a proximidade relacional, Mansell Pattinson (1977 *cit. in* Góngora, 1991) acrescenta a este critério a possibilidade de contacto ou de conhecimento e decompõe a rede social em cinco "sistemas psicossociais". Estes sistemas constituem-se em círculos a partir do sujeito, aos quais chama zonas (Figura 7), configurando-se assim uma composição-tipo de rede social em que se assiste, degrau a degrau, à diminuição da intensidade dos vínculos, tanto ao nível da intimidade como da proximidade.

Figura 7. Sistemas Psicossociais de Mansell Pattinson
(1977, adaptado a partir de Góngora, 1991)

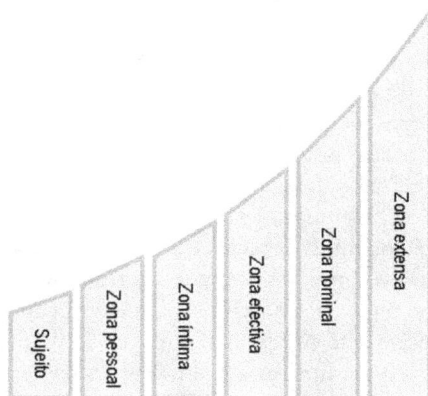

A primeira zona, a pessoal, é constituída pela família nuclear e pelos amigos muito íntimos. Na segunda zona estariam os amigos íntimos. Baixando mais um nível, a zona efectiva corresponde à dos conhecidos com os quais se mantêm um certo tipo de contactos, sendo substituídas as ligações com relativa facilidade quando estas desaparecem. Na quarta zona encontramos as pessoas conhecidas com as quais nos relacionamos pouco, mas que ocupam um lugar estratégico na sociedade. Por último, na zona extensa, encontramos todo o conjunto de associações e serviços sociais que constituem o tecido institucional da sociedade.

A este nível impõe-se avaliar também as fontes de *stress* e conflitualidade na rede de suporte social, que podem ser de diversa natureza. A conflituosidade nas relações interpessoais surge mais frequentemente associada às interacções quotidianas, sendo verificada nos vínculos familiares de maior proximidade (Guadalupe, 2000). Tal pode inibir um assistente social de activar estes membros da rede como elementos de suporte numa dada situação, respeitando a definição do conflito ou mesmo do corte relacional. No entanto, este também deverá proporcionar a possibilidade de estabelecer uma intervenção familiar para permitir que esta situação seja ultrapassada, caso haja um pedido neste sentido. Por outro lado, caso esta conflituosidade não seja identificada, pode estar a planificar-se uma intervenção que se funda numa falácia.

Para além desta, é fundamental identificar outras fontes de *stress* para um sujeito ou uma família em dificuldades. Estas podem ser endógenas ou exógenas e estar relacionadas com relações entre sistemas díspares, desde sistemas com os quais nos relacionamos de forma mais próxima até aos mais amplos (nos diferentes níveis intersistémicos hierarquizados no modelo ecológico), sendo os mais referidos no quotidiano as situações de emprego, as relações com o trabalho, com a escola, com o sistema de saúde, com o sistema financeiro (bancário), com o senhorio, com a vizinhança, etc...

Outras características a ter em conta na avaliação do contexto relacional são as que se referem à forma como poderemos aceder e estabelecer relações com os membros da rede. Estas são características do contexto que condicionam poderosamente o funcionamento da rede de suporte.

Uma destas características remete para a dispersão geográfica da rede. Esta refere-se à distância geográfica existente entre os seus membros (Sluzki, 1996). A dispersão dos membros afecta a sua acessibilidade, isto é, a facilidade de manutenção de contactos, o que, por sua vez, leva à perturbação da sensibilidade da rede às variações do indivíduo e da eficácia e velocidade de resposta numa situação de crise (Sluzki, 1996), ou leva à impossibilidade de resposta por parte da rede primária numa situação de dependência e de necessidade de cuidados ao indivíduo de forma continuada no quotidiano. Outros autores demonstraram, nas suas pesquisas, que a distância geográfica não contribui para afectar a força dos laços relacionais, sendo a frequência dos contactos mantidos graças ao telefone e ao automóvel (Wellman, 1970; Corin, 1983 *cit. in* Guay, 1984). No entanto, apesar da existência de diversos meios e formas de contacto entre os indivíduos, estes poderão não manter os contactos activados por inúmeras razões, nomeadamente pela dificuldade de acesso a tais meios, sendo a distância geográfica uma destas razões, embora não o único motivo que condicione a dispersão da rede social.

Por fim, a frequência dos contactos entre os membros de uma rede, independentemente da forma assumida, permite a sua manutenção e activação. A necessidade de manter os vínculos activos passa pela manutenção de contactos mais ou menos frequentes. É destes que depende a intensidade da relação, pelo que um distanciamento obriga a uma permanente estimulação para que possa ser mantida a intensidade, embora, muitas vezes, os vínculos intensos se possam reactivar, rapidamente e apenas com um contacto, mesmo aquando da existência de um hiato temporal considerável (Guadalupe, 2000).

4. INSTRUMENTOS DE DIAGNÓSTICO E PLANIFICAÇÃO DA INTERVENÇÃO SOCIAL

Os instrumentos que podemos usar para a avaliação diagnóstica das redes sociais têm configurações distintas, mas têm em comum pretenderem representar graficamente a situação-problema no seu contexto, tentando simplificar as relações intersistémicas complexas.

Sanicola (1994:238) categoriza instrumentos, que considera enquanto "pontos de apoio", indicando desde os registos num simples diário de campo a mapas de rede ou grelhas de análise da intervenção. Sendo mais relevante a perspectiva do interventor do que os instrumentos que utiliza, não deixa de ser fundamental a estruturação do registo, pois o acompanhamento das situações não podem ficar dependentes unicamente de memórias ou de registos dispersos. O registo sistematizado da informação social representa não apenas um apontamento de discurso técnico, mas permite a actualização da informação recolhida no estudo social, assim como uma reavaliação diagnóstica, tendo em conta que o diagnóstico social deve considerar--se sempre em aberto (Idáñes & Ander-Egg, 1999). Aliás, um aspecto fundamental a ter em conta é o carácter evolutivo das redes sociais, pelo que será de enorme utilidade fazer reavaliações e actualizações dos instrumentos ou mapas de rede, até para avaliar a própria intervenção levada a cabo pelo assistente social. Os mapas de rede representam-na no seu eixo sincrónico, sendo necessária a construção de novos mapas ao longo do tempo para inscrevê-la no eixo diacrónico. Sanicola (1994:241) diz mesmo que um mapa de rede "não constitui mais que uma representação de uma ou de várias pessoas nas suas relações recíprocas num momento dado da sua história", adiantando que estes instrumentos deveriam evitar coisificar ou reificar as redes, como realidades estáticas.

Esta sistematização da informação permite também a partilha da informação entre técnicos que detêm o mesmo conjunto de conhecimentos e construíram os mesmos referenciais e linguagem, para além de constituir uma fonte documental fundamental para investigação.

Assim, parece-nos fundamental que os assistentes sociais tenham acesso, usem e manipulem instrumentos que podem ser-lhes úteis no seu trabalho quotidiano. Existem inúmeros instrumentos, sendo alguns mais difundidos pela facilidade de leitura e registo que oferecem.

O Eco-Mapa

O Eco-Mapa, proposto por Ann Hartman em 1975 e detalhadamente descrito por Ann Hartman e Joan Laird (1983:157-170) é um deles, sendo, talvez o que ficou mais cedo associado ao Serviço Social. Este representa a rede social num formato que associa o mapeamento da rede familiar a outro instrumento amplamente difundido que é o Genograma (Carter & MacGoldrick, 1976 *cit. in* McGoldrick & Gerson, 1987), oferecendo a possibilidade de aplicabilidade à situação-problema apresentada pelo sujeito ou pelo sistema familiar.

O instrumento foi desenvolvido inicialmente por Ann Hartman para ajudar os assistentes sociais nos serviços públicos de protecção à infância para examinar as necessidades das famílias (Hartman & Laird, 1983). Este veio a difundir-se no seio da profissão e a sua simplicidade fez com que os assistentes sociais aplicassem o eco--mapa enquanto instrumento de avaliação, planeamento e intervenção em qualquer contexto ou situação (*idem*).

Este é um instrumento descrito como uma "simulação de papel e lápis que mapeia de forma dinâmica o sistema ecológico cujas fronteiras envolvem a pessoa ou família no seu espaço de vida" (*idem*:159). Dentro destes limites incluem-se os sistemas mais significativos que afectam e são afectados pelo sujeito. O eco-mapa retrata a família na sua situação específica de vida, representando as suas relações com o mundo e os fluxos de recursos e energia entre sistemas, permitindo identificar conflitos a mediar, "pontes" a construir e recursos a equacionar e mobilizar (*idem*).

O eco-mapa pode configurar-se livremente ou de forma mais sistematizada, com uma estrutura predefinida que permita ser utilizada para fins de avaliação ou investigação. Independentemente disso, há aspectos comuns que devem ser observados. Ainda assim, apesar da estrutura pela qual optemos, existe sempre a possibilidade de adaptação pois é um instrumento muito flexível, podendo acrescentar-se ou retirar-se sistemas, conforme as idiossincrasias da situação-problema. E só precisamos de ter à mão um papel, um lápis e uma visão criativa do mundo (*idem*).

Figura 8. Eco-mapa (adaptado a partir de A. Hartman & J. Laird, 1983:160)

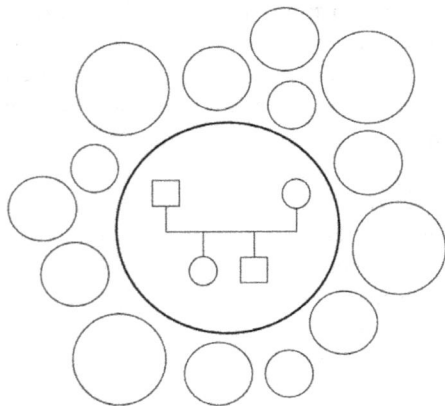

Basicamente, as regras que devem estar presentes para construirmos um eco-mapa do sistema de relações de um indivíduo ou família são:

– identificar o sistema, seja a família ou o indivíduo (normalmente o sujeito designado ou identificado), e construir o genograma da família no círculo central, com a informação básica;
– preencher os círculos externos com a identificação dos sistemas com os quais este indivíduo (ou família) se relaciona; estes podem ser diversos: família(s) de origem, família alargada, escola, trabalho, patronato, senhorio, sistemas de recreação, vizinhança, amigos, sistemas de protecção social, instituições (e valências) de apoio social, sistema de saúde, relações comunitárias específicas, etc., assim como com indivíduos que se destaquem por ser significativos;
– estabelecer as relações entre os sistemas identificados, indicando a natureza da relação através de linhas distintas[1], de acordo com a simbologia proposta na Figura 9. As conexões podem ser desenhadas tendo em conta o sistema familiar como um todo, podendo estabelecer-se linhas entre um elemento da família em particular e um outro sistema no qual esse sujeito é o único envolvido na relação (Hartman & Laird, 1983);
– estabelecer os fluxos de energia, recursos, etc., através de setas desenhadas nas linhas traçadas para as relações, que indiquem o seu sentido.

A adaptação efectuada indica um conjunto de instruções básicas e uma configuração para o mapa que utiliza um conjunto de informações suplementares acerca da relação do indivíduo ou da família com outros sistemas (em torno do tipo de suporte social recebido, necessidades de apoio identificadas face ao sistema e satisfação com o apoio recebido).

Esta adaptação foi pensada para ser utilizada para fins de avaliação de casos e investigação (com metodologias qualitativas, permitindo, no entanto, quantificar alguns dados), no âmbito do estágio curricular do curso de Serviço Social do Instituto Superior Miguel Torga, e não integra o genograma[2]. Pode encontrar esta adaptação disponível *online*[3], assim como programas informáticos específico para construir eco-mapas[4].

---

[1] Verifica-se que o tipo de simbologia adoptada para as linhas que identificam o tipo de relação estabelecida tem sido diferente da proposta inicial das autoras ("_____ for strong, – - – - for tenuous, +++++ for stressful"), tendo também detectado outras simbologias muito semelhantes mas que diferem da proposta original, o que pode ser gerador de confusão na leitura do instrumento, inibindo, desde logo, uma das suas vantagens. Para que não se favoreça ainda mais a confusão, propomos que seja utilizada a simbologia para o traçado das relações utilizado no genograma (McGoldick & Gerson, 1987), com uma leitura muito similar, acrescentando a indicação de uma simbologia para a relação stressante, não traindo assim a proposta inicial.

[2] Esta opção foi tomada porque os relatórios dos casos apresentados no âmbito dos estágios em Serviço Social apresentam autonomamente, de forma geral, o genograma e nem todos recorrem ao eco-mapa.

[3] Consulte a página "Intervenção Sistémica" da responsabilidade da autora: http://insistentesocial. wordpress.com.

[4] O Ecotivity é um programa de construção de eco-mapas da *WonderWare, Inc*, disponível em http:// interpersonaluniverse.net/wware.html.

Figura 9. Eco-Mapa (frente)
(adaptado a partir de A. Hartman, 1979; A. Hartman & J. Laird, 1983)

ECO-MAPA
Ann Hartman (1979), adaptado por Sónia Guadalupe, 2004

Pense nos vários sistemas com os quais se relaciona. Podem ser a família nuclear, a família alargada, os amigos, os vizinhos, o trabalho, a escola, os serviços de saúde, os serviços sociais, etc. Pense também no apoio que recebe e no tipo de relações que estabelece com cada um deles (relação forte e de apoio, de dependência, distante ou ténue, *stressante*, conflituosa, corte relacional, ou de troca de recursos). Depois complete o mapa.

Para fazê-lo tenha em conta o seguinte:
- Escreva o seu nome (ou da família) no círculo do meio;
- Cada um dos restantes círculos corresponde a cada um dos sistemas que identificar;
- Pode acrescentar círculos;
- Use os traços relativos à relação estabelecida para ligar os círculos pequenos ao central;
- Dê exemplos concretos do apoio que recebe (emocional, informativo e/ou material; dando pormenores ilustrativos) e do apoio que necessita;
- Classifique o nível de satisfação com o apoio que recebe de cada um dos círculos identificados.

Quando acabar, terá uma melhor noção das fontes de suporte e de *stress* na sua vida.

Refira, nas observações, o que poderá ser feito para fortalecer as relações comunitárias que identificou como "ténues", "*stressantes*", "conflituosas" ou com "corte de relação".

═══════	Relação forte e de apoio
··············	Relação distante, ténue ou fraca
××××××××××	Relação stressante
═══════	Relação de dependência
∿∿∿∿	Relação conflituosa
──//──	Corte relacional
◄►◄►◄►	Fluxo de energia/recursos

Nível de Satisfação com o Apoio:
①Nenhum ②Pouco ③Moderado
④Muito ⑤Muitíssimo

Data:_____, ____/____/_____
Observações:

É de sublinhar que a utilização de tal instrumento supõe conhecimentos sólidos sobre a estrutura e funcionamento familiar, ou ter presentes as teorias das necessidades humanas, assim como ter adquirido competências para identificar e compreender problemas sociais que não estão forçosamente relacionados com a insatisfação das necessidades (Idáñez & Ander-Egg, 1999). Permitindo uma avaliação dos recursos e necessidades, temos de equacionar as dimensões aqui envolvidas, o tipo e nível de necessidade, os problemas sociais existentes e emergentes, o tipo de recursos disponível e a mobilizar, e as estratégias de intervenção a implementar. Numa perspectiva que Kilpatrick e Holland (1999) denominam de ecossistémica e construcionista social, os autores estabelecem pistas que consolidam a discussão em torno destas questões determinantes na avaliação e intervenção social, apresentando uma intervenção planificada em torno do sistema familiar tendo em conta o nível de necessidades. Outro contributo a ter em conta nesta leitura é a interessante "matriz de necessidades e factores de satisfação" (ou *satisfactores*) proposta por Max Neef *et al.* (1986, *cit. in* Idáñez & Ander- -Egg, 1999).

Hartman e Laird (1983:167) afirmam que "o maior desafio para o assistente social e a família é identificar o factor que aparece como tendo o maior, mais rápido e mais eficiente potencial para a mudança", sendo este mapa uma importante ajuda na sua identificação.

Figura 10. Eco-Mapa (verso)
(adaptado a partir de A. Hartman, 1979, A. Hartman & J. Laird, 1983)

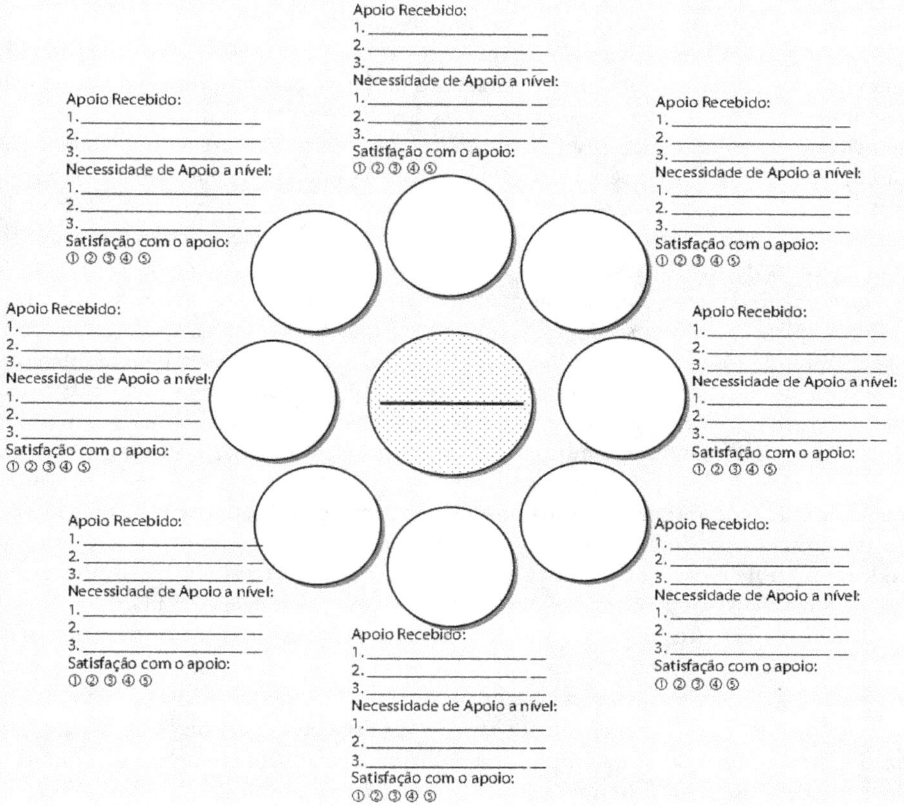

Apoio Recebido:
1._____ __
2._____ __
3._____ __
Necessidade de Apoio a nível:
1._____ __
2._____ __
3._____ __
Satisfação com o apoio:
① ② ③ ④ ⑤

Apoio Recebido:
1._____ __
2._____ __
3._____ __
Necessidade de Apoio a nível:
1._____ __
2._____ __
3._____ __
Satisfação com o apoio:
① ② ③ ④ ⑤

Apoio Recebido:
1._____ __
2._____ __
3._____ __
Necessidade de Apoio a nível:
1._____ __
2._____ __
3._____ __
Satisfação com o apoio:
① ② ③ ④ ⑤

Apoio Recebido:
1._____ __
2._____ __
3._____ __
Necessidade de Apoio a nível:
1._____ __
2._____ __
3._____ __
Satisfação com o apoio:
① ② ③ ④ ⑤

Apoio Recebido:
1._____ __
2._____ __
3._____ __
Necessidade de Apoio a nível:
1._____ __
2._____ __
3._____ __
Satisfação com o apoio:
① ② ③ ④ ⑤

Apoio Recebido:
1._____ __
2._____ __
3._____ __
Necessidade de Apoio a nível:
1._____ __
2._____ __
3._____ __
Satisfação com o apoio:
① ② ③ ④ ⑤

Apoio Recebido:
1._____ __
2._____ __
3._____ __
Necessidade de Apoio a nível:
1._____ __
2._____ __
3._____ __
Satisfação com o apoio:
① ② ③ ④ ⑤

Apoio Recebido:
1._____ __
2._____ __
3._____ __
Necessidade de Apoio a nível:
1._____ __
2._____ __
3._____ __
Satisfação com o apoio:
① ② ③ ④ ⑤

O Mapa de Rede

O Mapa de Rede de Carlos E. Sluzki (1996) (Figura 11) constitui-se como um instrumento muito útil para o trabalho dos assistentes sociais. É igualmente flexível na sua utilização, mas já não tanto no formato que apresenta, pelo que se torna mais fácil de integrá-lo nos instrumentos de registo da informação para o diagnóstico social. Tanto pode ser utilizado para mapear a rede social pessoal de um sujeito, como a rede de suporte social de um sujeito ou de uma família, entendidos como "sistema central". O interesse do Serviço Social em explorar a rede social pessoal e/ou familiar prende-se com a avaliação do suporte social disponível e já mobilizado pelo sujeito ou família em causa, para identificar as propriedades da rede que estão a inibir a sua funcionalidade, ou para planificar a intervenção por forma activar, potenciar ou mesmo criar uma rede de suporte.

Quando é este conjunto de pressupostos que está na base do mapeamento, a rede de suporte pode ser obtida a partir de distintos geradores de rede (Lazega, 1998), consoante o objectivo que se pretenda. Existem várias formas de recolha de dados para obter os membros e algumas das características das redes de suporte social, sendo as mais tradicionais as que usam questionários, entrevistas, observação e registos documentais (Molina, 2001), ou menos tradicionais, como a técnica *small world*, em "bola de neve", ou ainda um registo no que se chamou "diário de relações" (*idem*).

Para o Serviço Social, sem dúvida que a entrevista ou o inquérito por questionário serão os mais utilizados. Ora, neste contexto, o objectivo será utilizar geradores de rede que nos permitam aceder à "lista" de pessoas e instituições com os quais interactuam, os que são significativos e lhes garantem os diferentes tipos de suporte social. No entanto, não devem apenas centrar-se no tamanho e composição da rede, mas ter capacidade de avaliar as outras características estruturais, funcionais e contextuais que analisámos atrás. Por exemplo, para avaliar uma rede de suporte de alguém que se encontra dependente com mobilidade reduzida, deveremos centrar-nos na situação concreta, perguntando por quem o ajuda nesta situação ou que o poderia ajudar em caso de necessidade. Este exemplo aplica-se a outras situações. Claro que teremos configurações distintas conforme os geradores de rede usados, pois sabemos que as fontes de suporte social serão diferentes para uma situação *y* ou uma situação *k*. Nowak (2001) indica que o assistente social analise a rede em três vertentes, que passam por avaliar a rede social actual, a rede social desejada pelo indivíduo ou família e também, retrospectivamente, avaliar a evolução da rede no sentido de descobrir vínculos desactivados. Nos últimos anos tem-me feito sentido a avaliação da rede antes e após uma intervenção social planificada, ou seja, no contexto do estudo social prévio à intervenção e no momento de reavaliação desta. Esta avalição pode ter lugar no mesmo mapa, usando-se cores diferentes para distinguir as configurações nos dois momentos, ou em mapas distintos, conforme as mudanças avaliadas.

A configuração circular do mapa de rede apresenta uma composição ou distribuição da rede baseada em quatro quadrantes principais: a família, as amizades, as relações laborais ou escolares (colegas) e as relações comunitárias, de serviços ou religiosas. Os membros da rede podem ser listados primeiramente para depois distribuí-los no mapa ou podem ir-se distribuindo pelos quadrantes e círculos de proximidade à medida que são identificados. Podem ser identificados pelo nome, iniciais ou através de um número atribuído (no caso de ter sido efectuada uma lista anteriormente) que deverá ser inscrito dentro de pequenos círculos, cada um representando um membro da rede. Caso o indivíduo ou família manifeste dúvidas quanto à inclusão de alguém num ou noutro quadrante por estabelecer com este mais do um tipo de vínculo, deve ser eleito o tipo de relação mais significativa no momento. A simples distribuição segundo estes quadrantes dar-nos-á a indicação da proporção ocupada pelos membros que compõem a rede localizada em cada um deles e em cada círculo.

Os círculos que cercam o indivíduo (localizado no centro) representam o grau de proximidade e intimidade que os membros referidos pelo próprio terão relativamente a ele (assinalados na legenda de 2 a 4). Esta proximidade pode ser entendida enquanto proximidade/distância física ou emocional. A focalização efectuada vai depender da situação em concreto, pois poderá ter maior relevância um ou outro tipo de proximidade. Nas situações-problema que necessitam de apoio ou protecção quotidiana fará mais sentido avaliar a proximidade física, para avaliar em que medida a rede existente está disponível ou apresenta condições efectivas para prestar o suporte necessário. Quando a informação não é suficiente para determinar a distribuição dos membros pelos círculos de proximidade, podemos usar o mapa apenas com a divisão dos quadrantes, sob pena de ficar mais limitada a capacidade que teremos em diagnosticar a rede.

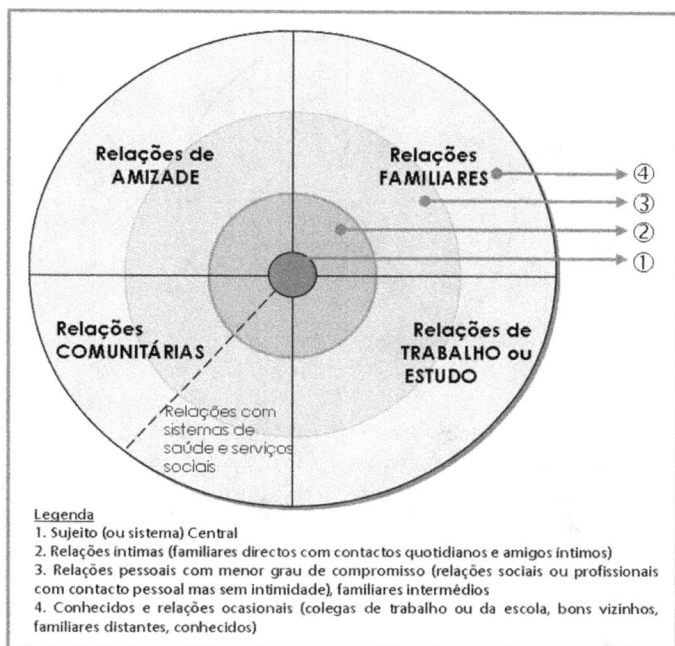

Relações de AMIZADE

Relações FAMILIARES

④
③
②
①

Relações COMUNITÁRIAS

Relações de TRABALHO ou ESTUDO

Relações com sistemas de saúde e serviços sociais

Legenda
1. Sujeito (ou sistema) Central
2. Relações íntimas (familiares directos com contactos quotidianos e amigos íntimos)
3. Relações pessoais com menor grau de compromisso (relações sociais ou profissionais com contacto pessoal mas sem intimidade), familiares intermédios
4. Conhecidos e relações ocasionais (colegas de trabalho ou da escola, bons vizinhos, familiares distantes, conhecidos)

O mapa deve ser complementado por ligações em linha recta entre os membros que se conhecem entre si, facilitando o diagnóstico da densidade apresentada pela rede, ou através de setas quando pretendemos avaliar se a relação de suporte é unidireccional ou recíproca.

Este tipo de mapa aparece com diversas variantes de representação gráfica e organizativa em quadrantes, áreas ou campos. A lógica de preenchimento é idêntica à descrita para o mapa anterior. As figuras 12 e 13, representam duas dessas variantes conhecidas.

Figura 12. Mapa de Rede com quatro campos
(Svedhem, 1985:156 *In* Nowak, 2001:179)

| Família | Parentesco |
| Outras pessoas relacionadas | Local de trabalho |

Figura 13. Mapa de Rede com seis campos
(Fyrand, 1994:150 *In* Nowak, 2001:179)

Outro instrumento para mapear a rede social pessoal, com variantes nas dimensões propostas e formato de preenchimento é o de Carolyn Arttneave (1978 *in* Pilisuk & Parks, 1986:121). A autora indica quatro zonas autónomas de preenchimento que são equivalentes ao nível de proximidade relacional[5], cruzando-as com dois tipos de relações: familiares e não-familiares. O mapa disponibiliza ainda um espaço para relações com carga menos positiva.

Pilisuk e Parks (1986) indicam algumas instruções básicas para o preenchimento deste mapa: a elaboração de quatro listas de pessoas de acordo com as zonas definidas; a representação de cada pessoa através de um número e um símbolo que distinga o género (normalmente quadrados e círculos); e o traçado de linhas entre as pessoas que estão conectadas entre si.

Outra configuração é proposta por Sanicola (1994:240): o "mapa em forma de tarte" (Figura 15), em que cada uma das suas "fatias" corresponderá a uma área de relações que o sujeito estabelece. Tal como nos mapas anteriores, as pessoas são colocadas no mapa em função da natureza da sua relação com o ego, dispondo-se igualmente de acordo com a distância emocional face ao sujeito central.

---

[5] A tradução das categorias relacionais e das zonas levantou algum nível de dificuldade. Assim, optámos por traduzir "put all family & kinfolk on this side" por "coloque neste lado a família nuclear e alargada", pois *kinfolk* remete para a ideia de *parentes*; "put all non family on this side" por "coloque neste lado as relações não familiares"; "put any people who make you uncomfortable or whom you dislike between these lines" por "coloque entre estas linhas qualquer pessoa que o faça sentir desconfortável ou quem não gosta". Relativamente às zonas, a tradução também originou dúvidas. Assim, decidiu-se traduzir "your household" por "o seu agregado familiar"; "emotionally significant people" por "pessoas emocionalmente significativas"; "casual relationships – ordinary folks" por "relações ocasionais" quando pensamos que a autora pretende aqui referir-se a relações com menor grau de compromisso; e "distant relationships – people you see on special occasions" por "relações distantes – pessoas que vê em ocasiões especiais".

Figura 14. *Personal Nework Map* (Mapa de Rede Social Pessoal) de Carolyn Attneave (1978, adaptado a partir da sua reprodução *In* Pilisuk & Parks (1986:121).

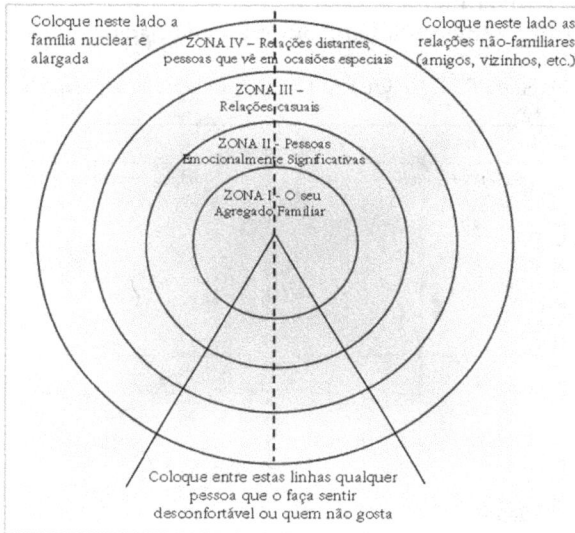

Coloque neste lado a família nuclear e alargada

ZONA IV – Relações distantes, pessoas que vê em ocasiões especiais

Coloque neste lado as relações não-familiares (amigos, vizinhos, etc.)

ZONA III – Relações casuais

ZONA II – Pessoas Emocionalmente Significativas

ZONA I – O seu Agregado Familiar

Coloque entre estas linhas qualquer pessoa que o faça sentir desconfortável ou quem não gosta

Figura 15. O "mapa em forma de tarte" (adaptado a partir de Sanicola, 1994:240)

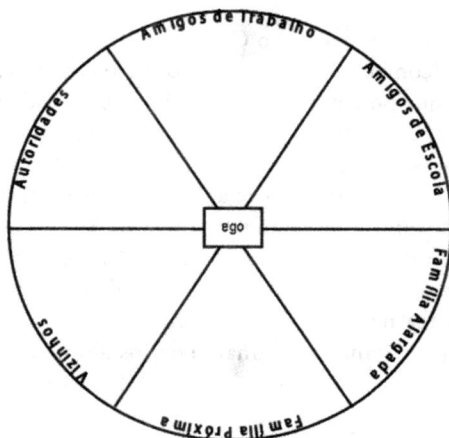

Amigos de Trabalho

Amigos de Escola

Família Alargada

Família Próxima

Vizinhos

Autoridades

ego

Num outro formato, mas suportado na mesma lógica, Nowak (2001:164) propõe um "mapa de rede de quatro campos" (Figura 16), representando as relações e/ou contactos do ego, que pode ser o indivíduo ou a família (neste caso, colocam-se os elementos que a constituem). O ego aparece no centro e em cada um dos campos os seguintes elementos: a família (que o autor enquadra nas redes primárias) no primeiro campo; os amigos, os vizinhos e colegas (constituindo igualmente redes primárias) no segundo; a escola, o emprego, empresas e serviços (privados ou estatais), servindo este campo para representar as redes secundárias; e, por fim, a rede social terciária ou intermédia (composta, segundo este autor, por grupos de auto-ajuda, ONG's e consultores). Usa ainda linhas para distinguir as ligações à rede formal (com linha contínua) e ligações à rede informal (com linha tracejada).

Figura 16. Mapa de Rede de Quatro Campos (adaptado a partir de Nowak, 2001)

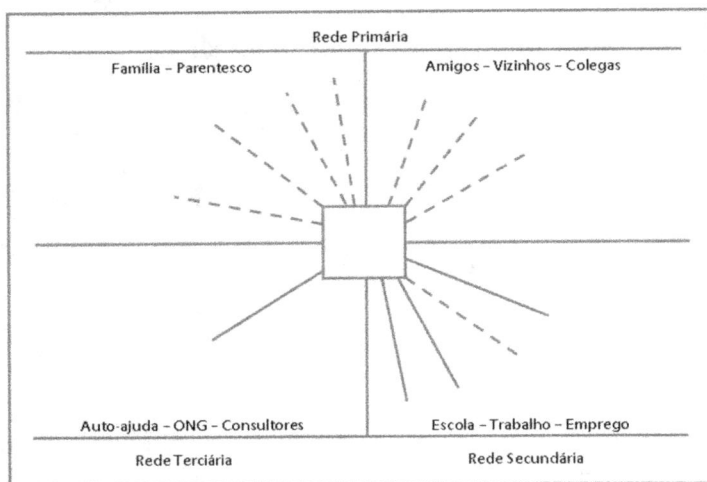

Nowak (2001:180) apresenta ainda o Quadro de Rede Social. Este é descrito como um quadro de madeira (com as dimensões de 50x50cm com uma linha de distância de 5cm nos extremos) em que podem distribuir-se figuras de madeira com a ilustração de uma cara estilizada, com diferentes tamanhos e cores. Utiliza-se pedindo-se ao sujeito que distribua os membros da sua rede no quadro para construir figurações que podem representar a simetria ou assimetria das relações (através do tamanho das peças), que permite jogar com a distância entre os membros, jogar com o posicionamento das peças (face a face ou de costas), representando a relação, jogar com a linha de fronteira que permite identificar os "incluídos" ou "excluídos" da interacção, assim como juntar sub-grupos que identifica na sua rede. Construída a figuração, poderemos colocar algumas questões que permitam equacionar cenários alternativos.

Outros instrumentos

Existem outros instrumentos ainda que podem aplicar-se directa e indirectamente à intervenção em rede, tais como: a etnografia de rede (Nowak, 2001:182); o mapa em forma de bolhas (Sanicola, 1994:241); a figuração da família (Nowak, 2001:160-162), que representa as relações dos membros de uma família com os elementos da sua rede primária e secundária, num círculo não estruturado; etc... Encontramos outros diagramas menos estruturados ou tipificados que representam o utente no seu contexto mais íntimo e nas suas relações com outros sistemas (entre os quais os serviços sociais), ocupações, actividades, contactos e interesses, numa perspectiva que acentua as vivências quotidianas (Seed, 1990), ou que permitem representar de forma simples as relações entre os elementos em interacção no sistema, como é o caso do "Desenho das Relações" (Évéquoz, 1984 *cit. in* Garrucho & Gomes, 1998:128), que consiste num esquema representativo dos elementos que queremos destacar (com o número de campos necessário para tal) e das relações que estabelecem entre si (através de setas uni ou bidireccionais).

De forma complementar, caso o sistema familiar seja o sistema-utente, assuma relevância especial na rede social primária, ou seja particularmente interessante explorar informação relativa a este, existe um conjunto de instrumentos específicos que nos oferecem possibilidades de registo e de exploração da informação.

O Genograma é de entre todos o mais difundido no contexto da Sistémica, tendo o seu desenvolvimento sido sustentado nas ideias do chamado modelo transgeracional de Murray Bowen (1978, *cit. in* McGoldrick & Gerson, 1987). O genograma constitui-se enquanto ferramenta de registo de informação que cruza as perspectivas de análise dos eixos diacrónico e sincrónico e é simultaneamente uma técnica de intervenção relevante.

A representação da família e das suas relações de forma gráfica permite uma rápida *gestalt* sobre a complexidade da estrutura familiar e constitui-se enquanto fonte de hipóteses para a intervenção (McGoldrick & Gerson, 1987).

McGoldrick e Gerson (1987) apresentam-nos padrões para o registo da informação, perante a dispersão e diversidade de formatos e simbologias utilizadas até então. Sistematizaram um formato-tipo para o traçado do genograma, caracterizam a entrevista dirigida à sua construção, discutem os seus princípios interpretativos e indicam os principais domínios de aplicação (*idem*). Partindo deste esforço, temos hoje programas informáticos desenhados especialmente para gerar genogramas[6]. A sistematização e actualização de dados que possibilitam constitui uma vantagem da utilização destes programas, tendo sido desenvolvidas versões e alternativas cada vez mais capazes de responder às necessidades de quem trabalha com estes instrumentos, nomeadamente quanto às limitações que apresentavam na notação das relações.

Todo este conjunto de instrumentos tem a dupla função de registo de informação relevante e de intervenção, oferecendo múltiplas possibilidades de utilização neste âmbito.

4.1. Instrumentos Padronizados de Avaliação do Suporte Social

Os instrumentos padronizados são utilizados na avaliação e investigação nas ciências sociais e humanas com a vantagem de reverterem dimensões qualitativas em quantitativas, possibilitando abranger grandes amostras populacionais e a comparação dos dados alcançados.

Começa já a ser frequente a sua utilização por assistentes sociais, quer no seu contexto de trabalho quer em contextos de investigação-acção ou investigação científica no domínio académico, pelo que considero pertinente apresentar aqui os instrumentos desenvolvidos

---

[6] É o caso do Genoware (desenvolvido por Rady Gerson), e do Genopro, que encontram disponíveis em http://www.genogram.org e http://www.genopro.com. A versão Genopro Beta constitui-se como uma versão mais completa e que oferece respostas mais complexas, encontrando-o em http://www.genopro.com/ beta/. Está também disponível o Smartdraw (*in* http://www.Smartdraw.com), o Relativity (*in* http:// interpersonaluniverse.net/wware.html), entre outros.

por autores portugueses ou traduzidos e adaptados, ou mesmo aferidos, para a população portuguesa, nesta área do suporte social e redes sociais (cf. Quadros 3 e 4).

Quadro 3[7]. Instrumentos de Avaliação do Suporte Social em versão portuguesa

Instrumento	Referência(s)	Itens	Dimensões Avaliadas
SS-A SocialSupport Appraisals	Vaux, 1988 Versão Portuguesa: Antunes, C, & Fontaine, A.M. (1995)	23 itens 23 itens + 7 (versão port)	Os 7 itens adicionais que a versão portuguesa contempla referem-se a questões relativas ao contexto escolar. Baseado no modelo transaccional-ecológico do apoio social
SPS - Social Provisions Scale	Cutrona e Russell, 1987 Versão portuguesa: Pinheiro, M.R.M. & Ferreira, J.A.G, (2000).	24 itens	Attachment, social integration, ressurence of worth, reliable alliance, guidance, opportunity of nurturance Baseado nas 6 funções de Weiss (1974)
SSQ6 - Social Support Questionaire - short form	Sarason et tal (1987) Versão portuguesa: Pinheiro, M.R.M. & Ferreira, J.A.G, (2002).	6 itens SSQ original 27 itens	Unidimensional: Apoio Emocional
EAS - Escala de Apoio Social	Matos, A. P. & Ferreira, A. (2000)	16 itens	Apoio emocional, instrumental e informativo
EIESS - Escala Instrumental e Expressiva do Suporte Social	Lin, N, Dean, A. & Ensel,W.M. (1986) Versão Portuguesa: Paixão, R. & Oliveira, R.A. (1996).	28 itens	Suporte emocional, suporte financeiro, suporte prático.
IESSS - Escala de Apoio Social, Instrumental e Expressivo (Instrumental and expressive social support scale)	Ensel, W. & Woefel, M. (1986). Versão Portuguesa: Faria, M.C. (1999, cit. in Ribeiro, J.L.P., 2007)	24 itens (versão portuguesa) 28 itens (versão original)	Vínculo de apoio afectivo, insatisfação com relações íntimas, conflito, falta de dinheiro, controlo exterior, comunicação, autonomia, problemas com crianças.
ESSS Escala de Satisfação com o Suporte Social	Ribeiro, J.L.P. (1999).	15 itens	Satisfação com os amigos, intimidade, satisfação com a família, actividades sociais.
Escala de Apoio Social de MOS (Medical Outcomes Study)	Versão Brasileira: Griep, R.H., Chor D., Faerstein E., Lopes C, (2003) Griep , R.H., Chor D., Faerstein E., Werneck, G.L., Lopes C. (2005)	19 itens	Avalia a percepção dos indivíduos sobre o grau de apoio social. Dimensões: Apoio emocional, apoio material, informação, afectiva, interacção social.
My Family and Friends	Pereira, A.I.F., Canavarro, M.C., Mendonça, D.V., Cardoso, M.F., (2005). Validação de um instrumento de avaliação do apoio social em crianças - a versão portuguesa do "My family and friends". Revista Ibero Americana de Diagnóstico y Evaluación, 20(2).	12 diálogos x 6 (72 itens)	O My Family anel Friends permite a avaliação multidimensional do apoio social das crianças nos domínios afectivo (5 itens), informativo (2 itens), instrumental (2 itens), companheirismo (2 itens) e conflito percebido (1 item), Avalia o nível de satisfação com o apoio de diferentes figuras: mãe, pai, irmãos, amigos, outros familiares e professor.

---

[7] Alan Vaux desconhece a existência oficial de traduções do SS-A e dos seus outros instrumentos para a língua portuguesa, admitindo a possibilidade atendendo contactos de investigadores neste sentido. Alan Vaux tem outros três importantes instrumentos nesta área: SS-B (Social Support Behaviors Scale), NOS (Network Orientation Scale) e SSR (Social Support Resources). Anne Marie Fontainne e a sua equipa de investigação da Universidade do Porto adaptaram alguns destes instrumentos. As escalas "EIESS" e "IESSS" referem-se ao mesmo instrumento, mas as versões portuguesas tiveram configurações distintas.

Quadro 4. Instrumentos de Avaliação do Suporte Social e da Rede Social em versão portuguesa

Instrumento	Referência(s)	Itens	Dimensões Avaliadas
IARSP Instrumento de Avaliação da Rede Social Pessoal	Guadalupe, S. (2000) Alarcão, M. & Sousa, L. (2007)	Existem diferentes versões	Características estruturais Características funcionais Características contextuais (atributos do vínculo)
SSQ6 Social Support Questionaire – short form	Sarason *et al*, 1987 Versão portuguesa: Pinheiro & Ferreira (2000)	6 itens SSQ original 27 itens	Unidimensional: Apoio Emocional
LIRES-A – Inventário de Acontecimentos de Vida e Rede Social	Moos, 1993 Versão Portuguesa: Fonte, A & Novo, T. (s.d.). Departamento de Psiquiatria e Saúde Mental do Hospital de Sta Luzia de Viana do Castelo.	200 itens	Usa diferentes escalas de medida e divide-se nas seguintes partes: saúde física, casa/vizinhança, finanças, emprego, cônjuge/companheiro(a), filhos, família alargada, amigos e actividades sociais
Family Support Scale [Escala de Avaliação do Apoio Social à Família]	Dunst, Jenkins & Trivette, 1984 Versão Portuguesa: Coutinho & Xavier (1997, *cit. in* Carmo, 2004)	20 itens	Avalia a utilidade e disponibilidade das fontes de apoio social. Sub-escalas: Família, Relações Próximas, Grupos Sociais, Profissionais, Grupos Profissionais.
Instrumento de avaliação do apoio social em comboio	Kahn & Antonnucci, 1980 Versão Portuguesa: Araújo & Canavarro (2002, *cit. in* Monteiro, S. *et al.*, 2005)	3 Secções	Três secções: – a 1ª secção é baseada em 3 círculos de proximidade; – a 2ª classifica numa escala de *likert*. o apoio recebido, com 7 itens; – a 3ª avalia a satisfação global sentida com o apoio recebido numa escala de *likert*.
Questionário do Suporte Comunitário e Integração em Redes	Ensel, 1986 Versão Portuguesa: Oliveira, R.A. (1999)	12 itens	Questionário com 12 perguntas extraídas e adaptadas da entrevista organizada por Ensel (1986, *cit. in* Oliveira, 1999) para o "The Albany Área Health Survey". As 12 questões são questões que identificam fontes de suporte e de caracterização social dessas fontes.
Classificação da Rede de Suporte	Morgan *et al.*, 1984 Versão Portuguesa: Oliveira, R.A. (1999)	Não se aplica	Avalia o número de relações significativas de diversos tipos (cônjuge, filhos, irmãos, outros familiares, amigos, vizinhos e outros) e permite definir a tipologia da rede de suporte social em: familiar (se ≥60%, como local ou dispersa) e amigos (ou não familiar, se ≥50%)

A maioria das escalas, inventários e questionários de avaliação do suporte ou apoio social centram-se fundamentalmente na dimensão do apoio percebido e são multidimensionais, sendo alguns aplicáveis igualmente para avaliar o apoio recebido.

O Instrumento de Análise da Rede Social Pessoal (IARSP)

O IARSP foi originalmente concebido para dois projectos de investigação orientados pela Professora Doutora Madalena Alarcão no âmbito do Mestrado em Família e Sistemas Sociais do Instituto Superior Miguel Torga que se iniciaram em 1998, de Sónia Guadalupe Abreu e Dina Simões (Guadalupe, 2000). Não sendo do conhecimento desta equipa a existência de instrumentos que permitissem a avaliação das redes sociais para a população portuguesa, e tendo em conta que os conhecidos não ofereciam as condições para o cumprimento dos objectivos da pesquisa, construímos o Instrumento de Análise da Rede Social Pessoal. Para a concepção da sua estrutura, partimos essencialmente de dois instrumentos existentes de Guay (1984:217-226) e de Matos & Ferreira (1997); quanto aos seus conteúdos, elegemos como variáveis teóricas essenciais as características funcionais e estruturais da rede social pessoal e os atributos do vínculo preconizados por Sluzki (1996) e Barrón (1996). Após o trabalho de campo, a equipa decidiu redefini-lo com a colaboração de Ana Paula Matos. O IARSP-II (redefinido) foi entretanto utilizado em diversos trabalhos de Dissertação em Mestrado no Instituto Superior Miguel Torga e na Faculdade de Psicologia e Ciências da Educação da Universidade de Coimbra. Sofreu entretanto outras alterações na sua configuração e conteúdos, denotando uma enorme capacidade de adaptação aos contextos onde se utiliza e ao objectivo com o qual é usado. Foi recentemente publicado um artigo por Alarcão e Sousa (2007) que caracteriza detalhadamente a revisão do IARSP-R (Alarcão, Abreu & Sousa), efectuada no âmbito de um projecto de investigação da Universidade de Aveiro coordenado por Liliana Sousa, e onde são discutidas as suas potencialidades e limites, considerando-o como tendo um "valor claro e inequívoco" (*idem*: 375).

Este é um instrumento multidimensional que pretende recolher informação acerca da rede social pessoal do indivíduo questionado[8], sendo constituído por um conjunto de itens que nos permitem identificar caracterizar a rede nos seus aspectos estruturais, funcionais e nalguns atributos do vínculo relacional. O IARSP-R poderá ser utilizado como instrumento de auto-resposta ou situação de entrevista, devendo ser sempre acompanhado de instruções prévias quanto ao seu preenchimento.

O IARSP tem diferentes campos, passíveis de serem seleccionados ou não para adaptar-se aos objectivos de um diagnóstico na intervenção ou a um projecto de investigação, dependendo o número de campos e itens da versão utilizada e do propósito com o qual se utiliza.

A primeira versão contemplava 11 itens e avaliava o tamanho da rede, a composição da rede, a frequência de contactos com os elementos da rede, os elementos e quadrantes com os quais mantém actividades sociais, as ligações negativas existentes, o grau de intimidade com os elementos, o tipo de problemas que suscitam apoio e os quadrantes que constituem recurso, o nível de apoio recebido, as funções assumidas pelos elementos, a reciprocidade das relações de apoio e a densidade da rede social. O excesso de informação recolhida, a dificuldade de análise quantitativa de alguns itens

---

[8] Pode também ser utilizado para um sistema familiar, remetendo o gerador de rede para o suporte em determinada situação especificada.

no contexto de trabalhos de investigação, assim como alguma informação redundante obtida na versão inicial, levou a considerar a necessidade de reformulações.

O IARSP-R, de 8 itens encontra-se, detalhadamente descrito no artigo de Madalena Alarcão e Liliana Sousa (2007), assim como a forma de cálculo de cada uma das variáveis para utilização em estudos com metodologia quantitativa.

Entretanto desenvolvemos uma versão curta que elege as variáveis consideradas essenciais para aceder às características da rede social pessoal dos sujeitos de forma sumária, para permitir estudos com amostras mais amplas. O IARSP-RS[9] (versão revista sumária) apresenta três partes distintas, tal como a sua versão mais desenvolvida. É sobretudo na segunda parte que sofre mais alterações.

Na primeira parte consta um campo para caracterização do sujeito central (ou família, caso se trate da avaliação de uma rede familiar) e um campo para o gerador de rede. Este enquadra todas as restantes questões em torno da rede. É uma pergunta inicial que vai delimitar as fronteiras da rede. Este gerador pode ser formulado de forma genérica para que o sujeito indique os membros da sua rede de relações ou de forma específica, sendo solicitada a configuração de uma rede de suporte para uma situação ou função específica. Como gerador genérico, o IARSP tem utilizado a seguinte questão inicial: "indique o nome das pessoas ou instituições/técnicos com quem esteve em contacto nos últimos seis meses, que sejam significativas na sua vida (podendo a sua relação com essa pessoa assumir uma carga positiva ou negativa) (...)". A formulação do gerador determina e orienta a eleição de membros para a rede, sendo que para o mesmo sujeito ou família podemos conceber redes com distintas características conforme o gerador de rede utilizado. Nesta formulação podem usar-se critérios mais amplos (que deixam uma enorme margem subjectiva e interpretativa a cada sujeito) ou mais finos, operacionalizando-os de forma mais restrita.

O IARSP-RS, do qual podem ver excertos nas Figuras 17 e 18, permite caracterizar a rede quanto ao tamanho e composição (elementos da rede e vínculo), densidade, frequência de contactos e dispersão geográfica, e quanto às funções genéricas de suporte social (tanto na frequência do apoio, como no nível de apoio percebido). Consta ainda de um pequeno conjunto adicional de questões opcionais, das quais destacamos a da reciprocidade de suporte. Ou seja, sumariamente temos informação disponível que nos permite caracterizar a rede estrutural, funcional e contextualmente.

Esta versão está formulada para a avaliação do suporte social recebido. No entanto, pode igualmente ser utilizada para avaliar o suporte social percebido, apenas modificando a escala de avaliação dos três tipos de apoio avaliados. Ou seja, se tivermos em conta que uma escala de resposta orientada para a frequência com que recebe apoio nos permite aceder ao suporte recebido, caso optemos por uma escala de nível de apoio ou ajuda percebida (por exemplo, a utilizada na versão anterior: do "nenhum apoio" ao "muitíssimo apoio").

O IARSP apresenta-se como uma forma estruturada útil "para a análise, compreensão, intervenção e investigação no âmbito das redes sociais pessoais" (Alarcão e Sousa, 2007:354), no entanto, a sua concepção permite uma aplicação mais simples e

---

[9] Para solicitar o instrumento e a autorização para sua utilização, contactar uma das co-autoras por e-mail (Sónia Guadalupe: guadalupe@ismt.pt ou soniaguadalupe@gmail.com).

rica no âmbito da intervenção social para caracterização de casos, levantando algumas dificuldades quanto à sua utilização para investigação. Para este fim, a utilização deste instrumento requer formação específica para quem o utilizar, já que, não sendo um construto unidimensional nem utilizando uma escala única de respostas, exige um processo de cotação intermédia, tal como indicam Alarcão e Sousa (2007), apresentando limitações no tratamento estatístico. No entanto, a sistematização de informação que possibilita sobre as redes sociais e o nível de adequação que tem demonstrando permitem afirmar o valor do IARSP.

Figura 17. Excerto da II Parte do IARSP-RS

IARSPRS Nº	Elementos da Rede	Vínculo (Tipo de Relação)	Frequência de Contactos	Residência (distância)	Apoio Emocional	Apoio Material e Instrumental	Apoio Informativo
	Refira o nome das pessoas com que se relaciona e que são significativas na sua vida Use o tipo de identificação que desejar (primeiro nome, alcunha ou iniciais)	Refira o vínculo que a pessoa tem consigo. Quando uma pessoa se enquadra em mais do que um vínculo, escolha o que melhor representa a relação (não repita o nome). Na família especifique o parentesco (mãe, pai, filho, cônjuge, irmão, tio, etc...). Os técnicos podem ser um médico, um psicólogo, um assistente social, etc	Use os números: 1-Diariamente 2- Algumas vezes por semana 3-Semanalmente 4- Algumas vezes por mês 5-Algumas vezes por ano	Use os números: 1-Na mesma casa 2-No mesmo bairro/rua 3-Na mesma terra 4-Até 50Km 5-A mais de 50km	Estima-o(a), dá-lhe afecto e carinho num clima de simpatia e compreensão.	Ajuda-o(a) nas coisas do dia-a-dia (refeições, cuidar dos filhos, etc) Empresta-lhe dinheiro ou bens	Dá-lhe informações úteis. Esclarece-o(a). Diz-lhe onde deve recorrer.
					2 escalas de resposta possíveis (frequência de apoio ou nível de apoio): 1-Nunca, 2-Raramente, 3-Algumas Vezes, 4-Fequentemente, 5- Sempre 1-Nenhum, 2-Pouco, 3-Moderado, 4-Muito, 4-Muitíssimo		
		☐Família________ ☐Amigo(a) ☐Vizinho ☐Rel. trabalho/estudo ☐Técnico	☐1 ☐2 ☐3 ☐4 ☐5	☐1 ☐2 ☐3 ☐4 ☐5	☐1 ☐2 ☐3 ☐4 ☐5	☐1 ☐2 ☐3 ☐4 ☐5	☐1 ☐2 ☐3 ☐4 ☐5
		☐Família________ ☐Amigo(a) ☐Vizinho ☐Rel. trabalho/estudo ☐Técnico	☐1 ☐2 ☐3 ☐4 ☐5	☐1 ☐2 ☐3 ☐4 ☐5	☐1 ☐2 ☐3 ☐4 ☐5	☐1 ☐2 ☐3 ☐4 ☐5	☐1 ☐2 ☐3 ☐4 ☐5
		☐Família________ ☐Amigo(a) ☐Vizinho ☐Rel. trabalho/estudo ☐Técnico	☐1 ☐2 ☐3 ☐4 ☐5	☐1 ☐2 ☐3 ☐4 ☐5	☐1 ☐2 ☐3 ☐4 ☐5	☐1 ☐2 ☐3 ☐4 ☐5	☐1 ☐2 ☐3 ☐4 ☐5
		☐Família________ ☐Amigo(a) ☐Vizinho ☐Rel. trabalho/estudo ☐Técnico	☐1 ☐2 ☐3 ☐4 ☐5	☐1 ☐2 ☐3 ☐4 ☐5	☐1 ☐2 ☐3 ☐4 ☐5	☐1 ☐2 ☐3 ☐4 ☐5	☐1 ☐2 ☐3 ☐4 ☐5
		☐Família________ ☐Amigo(a) ☐Vizinho ☐Rel. trabalho/estudo ☐Técnico	☐1 ☐2 ☐3 ☐4 ☐5	☐1 ☐2 ☐3 ☐4 ☐5	☐1 ☐2 ☐3 ☐4 ☐5	☐1 ☐2 ☐3 ☐4 ☐5	☐1 ☐2 ☐3 ☐4 ☐5
		☐Família________ ☐Amigo(a) ☐Vizinho ☐Rel. trabalho/estudo ☐Técnico	☐1 ☐2 ☐3 ☐4 ☐5	☐1 ☐2 ☐3 ☐4 ☐5	☐1 ☐2 ☐3 ☐4 ☐5	☐1 ☐2 ☐3 ☐4 ☐5	☐1 ☐2 ☐3 ☐4 ☐5

Figura 18. Excerto da III Parte do IARSP-RS

Densidade – Matriz de Interconexão

Use os números que foram atribuídos atrás a cada um dos elementos da rede.
Preencha o quadro fazendo uma cruz nos quadrados que correspondem ao encontro entre cada duas pessoas que se relacionam.

	1	2	3	4	5	6	7	8	9	10	11	12	13	14	15	...
1																
2																
3																
4																
5																
6																
7																
8																
9																
10																
...																

4.2. Programas informáticos para análise e visualização de redes sociais

Existem diversos programas de *software* informático que permitem analisar e visualizar redes sociais. Estes estão associados à metodologia específica designada por *Análise de Redes Sociais* (ARS) e são usados fundamentalmente em investigação em diferentes áreas científicas. No entanto, alguns destes programas são de utilização simples e podem ser úteis em análises qualitativas e de caso, pelo que ficam aqui algumas pistas não exaustivas acerca de tais programas.

Os programas mais difundidos para análise de redes sociais são desenvolvidos no âmbito da "Internacional Network for Social Network Analysis (INSNA)"[10] e "The Vancouver Network Analysis Team"[11]. Encontra informação muito completa sobre os programas existentes na página da INSNA[12], dos quais destacaremos os que são considerados como mais difundidos, na dupla vertente de análise e visualização.

O MULTINET[13], da "The Vancouver Network Analysis Team", liderada por William D. Richards e Andrew J. Seary, e o UCINET[14] da INSNA são programas que oferecem um pacote de possibilidades na manipulação de bases de dados especificamente desenhadas para redes sociais. Na página de *internet* da equipa canadiana, encontra igualmente acesso a outros programas de análise de redes que apresentam algumas particularidades e possibilidades nessa análise, tais como o FATCAT[15], o NEGOPY[16] (um dos programas mais antigos na ARS; permite a definição de *clusters* nas redes sociais), ou o PSPAR[17]. O UCINET, na sua versão 6, tem a particularidade de associar o PAJEK[18], que oferece a possibilidade de trabalhar com redes sociais muito amplas, o MAGE e o NETDRAW, que permitem a visualização das redes. Para o mesmo objectivo refira-se um dos programas mais utilizados para a representação de redes sociais (Molina, 2001), o KRACKPLOT[19], assim como o Tom Sawyer Software[20]. Um outro programa que merece particular destaque é o EGONET[21] destinado à análise e representação de redes egocentradas.

Apesar da visualização encerrar imensas vantagens por permitir representar graficamente sistemas complexos de relações, pode também induzir em erro. A mesma matriz de dados origina inúmeras possibilidades de representação gráfica (cf. Figura 19), nunca podendo afirmar-se qual a representação mais correcta (Molina, 2001), daí a necessidade de definição de critérios e de aspectos que podem ajudar na clarificação da leitura, tais como formas e cores distintas na representação da rede social.

É ainda de referir que alguns dos intrumentos padronizados para avaliação das redes e do suporte social, referidos em pontos anteriores, entre os quais o IARSP, apresentam vantagem em ser utilizados em articulação com alguns destes programas,

---

[10] Cf. http://www.insna.org/

[11] Cf. http://www.sfu.ca/~richards/

[12] Cf. http://www.insna.org/INSNA/soft_inf.html. Neste link encontra sistematizada informação e possibilidade de fazer o *download* dos seguintes programas: AGD, Agna, Apache Agora, daVinci, Doug White's software, DyNet, Ecosystem Network Analysis, Egonet, EigTool, gem3Ddraw, GLAD, GRADAP, GraphEd, Graphlet, GraphPlot, GraphViz, IKNOW, InFlow, Javvin Network Packet Analyzer 4.0, JUNG, KeyPlayer, KliqueFinder, VisuaLyzer 1.1, LinkaLyzer, MetaSight, Moviemol, NetForm Network Analysis Software, NetMiner, NetVis, Noldus, PermNet, ReferralWeb, SIENA, SNAPS, SocioMetrica LinkAlyzer, SNAFU, Soc Net V, Sparse Matrix Package, StOCNET, STRUCTURE, Shunra, Tom Sawer Software, Tulip, visone, Walsh's Classroom Sociometrics, yFiles, ZO, para além dos destacados por nós.

[13] Encontra o programa no seguinte *link*: http://www.sfu.ca/~richards/Multinet/Pages /multinet.htm.

[14] Cf. para *download In* http://www.analytictech.com/downloaduc6.htm

[15] Cf. http://www.sfu.ca/~richards/Pages/fatcat.htm

[16] Cf. http://www.sfu.ca/~richards/Pages/negopy.htm

[17] Cf. http://www.sfu.ca/~richards/Pages/pspar.html

[18] Cf. http://vlado.fmf.uni-lj.si/pub/networks/pajek/default.htm

[19] Cf. http://www.isi.edu/~blythe/KP/ para obter a versão 4.3.

[20] Cf. http://www.tomsawer.com/home/index.php

[21] Cf. http://survey.bebr.ufl.edu/egonet/ para obter o manual de instruções e o programa.

nomeadamente para obter índices relativamente a algumas das suas características estruturais, assim como para representar as redes graficamente.

Figura 19. Quatro alternativas de representação de uma matriz de dados (Ucinet/Netdraw)

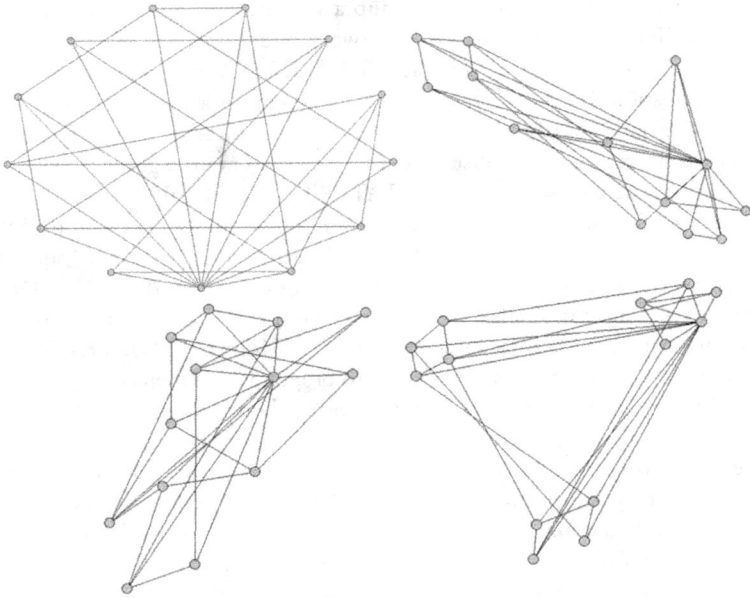

5. A intervenção em Rede no Serviço Social

5.1. A Relevância dos Vínculos Sociais na Intervenção Social

A intervenção social na contemporaneidade é atravessada por contradições inerentes à nova formulação da "questão social" problematizada por Robert Castel ou por Anthony Giddens, entre outros autores.

Coloca-se em causa a intervenção social dita clássica, sendo amplamente debatidos os seus limites, ao apresentar-se como sectorialmente organizada e descoordenada, centrada na assistência e nas intervenções compensatórias, pouco flexível e adaptável aos problemas sociais emergentes, burocratizada, centrada na legitimação institucional, e com acções essencialmente reguladoras. Ora, as novas concepções que associamos aos processos de exclusão/inclusão social e desqualificação social, trazem novas roupagens e implicações profundas não apenas e só no plano teórico mas também no plano da acção quotidiana.

Por um lado, recupera-se o actor social excluído na intervenção e na relação com o actor social que intervém. Por outro lado, as respostas da intervenção exigem-se passíveis de maior proximidade com os indivíduos ou comunidades a que se destinam.

A concepção de exclusão social como um processo de sucessivas rupturas, proposta por Robert Castel (1990, *cit. in* Costa, 2004), remete-nos para um processo que ultrapassa em grande medida a pobreza, à qual está frequentemente associada, mas que nem sempre se verifica coexistirem. Neste processo podemos conceber rupturas na relação dos indivíduos com a sociedade que eles próprios constituem, não sendo estas limitadas à esfera do mercado de trabalho, referência para a integração social à luz de um sistema capitalista. São também contempladas rupturas familiares, afectivas e de amizade (*idem*) ou de desafiliação, sendo estas consideradas rupturas extremas.

Recupera-se desta forma a importância dos laços sociais, sobretudo pela mão dos autores da "escola francesa", que enfatizam os aspectos relacionais da exclusão, atribuindo-se um maior destaque na discussão em torno dos aspectos distributivos à "tradição britânica" (Room, 1995 *cit. in* Costa, 2004), embora seja de referir que nenhuma terá desvalorizado ora as questões relacionais ora as distributivas. Alfredo Bruto da Costa (2004) inscreve a noção de exclusão social na cidadania, sendo que o seu exercício pleno se traduz no acesso a (ou relação com) sistemas sociais básicos interdependentes que agrupa em cinco domínios:

1) social – que engloba os sistemas em que a pessoa se insere, mais imediatos, intermédios ou amplos, como sejam a família, as redes sociais, os grupos e as comunidades;
2) económico – associado aos mecanismos geradores de recursos, o mercado de bens e serviços e a poupança;
3) institucional – sistema prestador de serviços relacionado com direitos cívicos e políticos (por ex. sistemas de educação, saúde, habitação, justiça, etc.);
4) territorial – relativo a territórios de exclusão associados a condições de vida precárias ou com características que representam dificuldades de acesso aos direitos sociais,
5) das referências simbólicas – que constitui a dimensão subjectiva da exclusão associada a perdas nas referências (identidade social, pertença, auto-estima, auto-confiança, perspectiva de futuro, iniciativa e motivação, etc.).

Amaro (2000, *cit. in* Sousa, 2005) propõe outra nomenclatura para o mapa multidimensional da exclusão, assente nos actos do quotidiano dos sujeitos: o *ser* (referindo-se à personalidade, dignidade, auto-estima e auto-reconhecimento), o *estar* (relativamente às redes sociais de pertença mais imediatas e mais amplas), o *fazer* (associado às tarefas reconhecidas socialmente, como sejam o trabalho), o *criar* (que revala a capacidade de empreender, iniciativa e criação), o *saber* (que se prende com o acesso à informação), e o *ter* (relativo ao rendimento, poder de compra e acesso a bens e serviços).

Não poderemos esquecer que a exclusão social só consegue definir-se pela expressão dos mesmo processos que nos levam a afirmar a inclusão social. São sempre faces da mesma moeda e nem sempre de sinal contrário. Moller e Hespanha (2002, *cit. in* Sousa 2005) alertam para que a exclusão num sistema (defendido como socialmente adequado, ou onde estão presentes condições para que o indivíduo desenvolva as suas capacidades) dita a inclusão noutros sistemas paralelos (tidos como menos adequados ou opressores das capacidades do sujeito) que revelam uma espiral complexa que enreda o sujeito e o mantém aí incluído. E não é necessário remeter para sistemas marginais, pois se pensarmos que os sujeitos quando excluídos do mundo do trabalho poderão ser incluídos em sistemas de protecção social, tendo acesso a apoios e benefício que, quando não são capazes de favorecer a superação dos problemas, levam a que a exclusão possa conceber-se como um sub-produto da inclusão e da intervenção social. Claro que os valores presentes nestas concepções de sistemas ditos adequados ou aceitáveis socialmente determinariam outro nível na discussão, mas não nos cabe aqui prendermo-nos com esta questão.

Os exemplos concretos de excluídos revelam uma sobreposição dos domínios identificados atrás, porque interdependentes e inscritos num ciclo potenciador dos processos, pois "para além da precariedade, a perda de bens e de protecção, a perda de laços sociais e o isolamento das pessoas constituem uma etapa decisiva no sentido da marginalização" (Dumoulin, 2004:3), assim como para a manutenção na face dita excluída da moeda.

Os itinerários individuais nunca são individuais. A recusa da concepção individual dos processos prende-se com uma dupla concepção: se os processos de exclusão são sociais e não meramente individuais, também os itinerários de perda não se fazem sem um contexto mais amplo ou mais imediato de onde se é ou está excluído, ou seja, nem os processos de conquista e sucesso nem os de perda podem referenciar--se a indivíduos isolados. Aliás, a exclusão existe e persiste assente em relações sociais que fomentam a desigualdade e que impedem que todos tenham as mesmas oportunidades de participar em condições semelhantes nas condições de vida que o meio social oferece.

Paugam (2003) propõe o conceito de "desqualificação social" que sublinha o estatuto social inferior e desvalorizado que marca profundamente a identidade dos que experimentam a exclusão social. Esta e outras ideias emergentes, parecem esboçar hoje uma revolução na representação da pessoa, como detentora de competências próprias e no seu contexto (Dumoulin, 2004) que lhe permitirão evitar cair no "plano inclinado em que vão ocorrendo sucessivas rupturas", retomando a metáfora de Costa (2004:18) para o processo de exclusão. É necessário reequacionar e questionar as perspectivas em que olhamos a pessoa excluída e assistida que destacam as problemáticas, carências e deficits. A propósito da intervenção familiar, Ausloos (1996:29) defende que esta se deve basear no postulado da competência, defendendo o chavão de que "uma família só se pode colocar problemas que seja capaz de resolver", ainda que o autor adverta que tal regra não é passível de ser aplicada a problemas que se impõem à família, como sejam reflexos de problemas sociais estruturais (desemprego, reprodução social da desigualdade, etc.) ou problemas individuais que implicam mudanças estruturais e funcionais na família, como sejam situações acidentais e doenças. Ainda assim, esta ideia basilar do autor é útil para reequacionar a intervenção social, mesmo quando temos presentes tais problemas sociais que não podem superar-se partindo da esfera meramente individual e casuística.

Neste contexto, equaciona-se a intervenção em rede de acordo com a definição que encontramos no *Dictionnaire Critique de L'action Sociale* (Barreyre, 1995): "a intervenção em rede é uma forma de pensar e de fazer que consiste em observar os problemas da sociedade como problemas gerados pelas relações sociais e aspira a resolvê-los não sobre os factores puramente individuais ou pelo contrário puramente colectivos ou estruturais, mas através de novas relações sociais e de novas organizações destas relações".

É necessário também reafirmar que é nossa convicção que ninguém é totalmente competente nem totalmente incompetente. Liliana Sousa (2005:103), reflectindo sobre a intervenção com famílias consideradas multiproblemáticas, afirma que "a incompetência pode existir realmente ou ser fruto da não atribuição de competência" (...) assim, "a valorização da competência é uma estratégia de capacitação das famílias, o que significa que são os clientes os mais aptos a definir e a compreender as suas necessidades, a actualizar os seus recursos (...)". Outros conceitos associados como o *coping* ou a "resiliência" (usados nas intervenções com orientação mais clínica), ou ainda a capacitação, a promoção ou o *empowerment*, colocam questões afins.

Tais assumpções trazem enormes consequências para a postura do interventor social perante os sujeitos com os quais trabalha e até a uma transformação profunda no seio das organizações. Obriga, desde logo, "que todo o trabalhador social reconheça as capacidades das pessoas, dos grupos, dos colectivos a mobilizarem-se" (Dumoulin & Dumont, 2004:131).

5.2. Trabalhar no Contexto de uma Rede de Redes

Uma meta-rede secundária

A configuração das políticas sociais em Portugal na contemporaneidade leva a que consideremos que podemos afirmar a existência de uma espécie de rede secundárias de redes secundárias ou de uma meta-rede secundária. As instituições ou as redes secundárias, como preferimos chamar-lhes neste contexto, que compõem o chamado terceiro sector que, em traços largos, dá conta de "um vastíssimo conjunto de organizações sociais que não são nem estatais nem mercantis, ou seja, organizações sociais que, por um lado, sendo privadas, não visam fins lucrativos, e, por outro lado, sendo animadas por objectivos sociais, públicos ou colectivos, não são estatais" (Santos, 1999:14), têm reflectido transformações profundas na concepção das políticas e direitos sociais que os governos sucessivamente reinventam. Chamou-nos recentemente a atenção uma passagem de um discurso do primeiro-ministro José Sócrates[1] em que este partilhava a sua convicção de que "uma política social moderna impõe a colaboração entre o Estado, as autarquias e a sociedade civil, designadamente as instituições particulares de solidariedade social, as misericórdias e as mutualidades. São parceiros que unem esforços para um objectivo comum: melhorar o bem-estar das famílias e as condições de desenvolvimento das crianças." Esta opção clara de uma política que *investe no desinvestimento* estatal em áreas que anteriormente tínhamos como áreas prioritárias de investimento público, é isso mesmo: uma opção político-ideológica e nunca uma imposição. É uma opção guiada por uma aposta na sociedade providência face à falência do Estado que quase nem quasi-providência, passe a redundância, consegue ser.

Nunes (1995:7, a partir das ideias de Wolfe, 1989) diz-nos que "a colonização crescente das relações sociais pelo Estado e pelo mercado tem tido como consequência (...) uma expansão das suas lógicas respectivas para o espaço das relações interpessoais e de interconhecimento. Neste sentido, a sociedade civil e as suas redes e instituições parecem estar cada vez menos capazes, não só de servir de fundamento a novas formas de solidariedade para com os que nos são distantes, como de resistir a essa colonização pelo Estado e pelo mercado na esfera da solidariedade para com os que nos são próximos", levando Hespanha (1993) a advertir para o risco destas se tornarem simples extensões da burocracia estatal. Se por um lado, a institucionalização e secundarização das solidariedades primárias e espontâneas, é uma ideia que nos alerta para um estreitamento do espaço "individual" e para a retirada da autonomia de acção aos indivíduos, famílias e redes sociais pessoais, por outro, preocupa-nos também a possível passagem de todas as formas de protecção social para as solidariedades primárias baseadas num contexto de reciprocidade e não do direito do cidadão ao exercício da sua cidadania. Hespanha (1993:9) refere que "a institucionalização da sociedade-providência, através da conversão ou integração de certas das suas formas de acção nas instituições privadas sem fins lucrativos, sobre a tutela do Estado, tende quase sempre para uma inevitável perda de flexibilidade e autonomia", dando o exemplo das IPSS em Portugal.

---

[1] Referimo-nos concretamente à Intervenção do Primeiro-Ministro no debate quinzenal na Assembleia da República sob o tema «Equipamentos Sociais nas Áreas Metropolitanas de 2008/02/13, que pode consultar *online in* http://www.portugal.gov.pt/Portal/PT/ Primeiro_Ministro/Intervencoes/20080213_PM_Int_Equipamentos_Sociais.htm

É inegável que a nova geração de políticas sociais instituiu novos hábitos e exigências à intervenção social, trazendo novas configurações e agentes para o panorama da organização da protecção social.

Cada vez mais, a criação de contextos de colaboração e interconexão (Coletti & Linares, 1997) entre redes secundárias é uma necessidade sentida e levada à prática por parte dos interventores sociais para melhor responder às problemáticas que assim o exigem. O domínio da intervenção com famílias multiproblemáticas e multiassistidas é disto um exemplo claro que coloca desafios permanentes aos serviços que com elas trabalham (Sousa, 2005; Sousa *et al.*, 2007).

No contexto da organização estratégica do trabalho social em Portugal, fica a dever-se esta característica essencialmente à forma como se concebeu e organizou a implementação do Rendimento Mínimo Garantido (instituído pela Lei n.º 19-A/96 de 29 de Junho), hoje designado como Rendimento Social de Inserção (Lei n.º 13/2003 de 21 de Maio).

Entre um conjunto alargado de organizações sociais (estatais ou não), como sejam autarquias, unidades de saúde, Instituições Particulares de Solidariedade Social (IPSS), Organizações Não Governamentais (ONG), escolas, associações, etc., existe hoje uma tendência generalizada para reconhecer potencialidades para uma parceria ou, mais recentemente, para reconhecer benefícios na sua organização enquanto rede social ou meta-rede social, como prefiro chamar-lhe. A territorialidade que caracteriza estas instituições aponta para uma intervenção de âmbito local, organizando-se entre si apenas pontualmente através de uma articulação interinstitucional a partir de situações concretas que assim o obrigam ou ainda através do estabelecimento de parcerias que persigam um fim comum. Esta territorialidade e a descentralização podem encerrar problemas de eficácia e de "localismo", assim como põem em causa o princípio da equidade de acesso a recursos, sendo superadas por uma boa articulação entre as redes locais e os sistemas de âmbito nacional.

Segundo Rodrigues e Stoer (1998:15) "a procura de novas formas de solidariedade num clima mundial de globalização" parece relacionar-se intimamente com este crescimento da importância do conceito de partenariado, surgindo assim os conceitos de partenariado e de rede como uma "linguagem de novas formas de solidariedade num contexto de acção-à-distância".

Régis Dumont (2004:29) afirma que os apelos encantatórios do partenariado e das redes nos anos 80 e 90 "não são mais que a tradução de um mal-estar sentido pelos diferentes profissionais (...) perante situações-problema cada vez mais massivas, complexas apresentadas pelos utentes, necessitando de uma abordagem global e de um trabalho de coordenação entre os interventientes". Para tal, o autor defende a aposta nas competências transversais e de coordenação no trabalho em rede profissional, que obriga a ultrapassar os caminhos paradoxais trilhados na área do trabalho social no sentido da especialização. Dumont (2004) problematiza as competências e condições de funcionamento que (des)favorecem o partenariado e o trabalho em rede, introduzindo distinções entre quatro formatos possíveis para o partenariado (encantatório, espontâneo e paliativo, ideológico, operativo), constituindo os dois intermédios formas de trabalho em rede com base numa rede de profissionais (um informal e o outro formal no funcionamento), demarcando o primeiro do trabalho de rede e remetendo-o para laços inter-institucionais e o último para formas de concertação e de criação de laços jurídicos entre organizações (*idem*). O autor defende que, para que se consiga instituir um verdadeiro partenariado, deve conciliar-se uma rede de responsáveis com uma rede de profissionais. Para que se torne operacionalizável tem de apoiar-se em instrumentos institucionais e numa verdadeira dinâmica transversal formalizada através de uma rede de profissionais (*idem*).

O contexto da nova geração de políticas sociais

A nova geração de políticas sociais demarca-se da ideia do Estado-Providência paternalista e como "máquina de indemnizar" (Rosanvallon, 1995, *cit. in* Sousa *et al.*, 2007). Introduz uma filosofia de cidadania activa, enfatizando a sua relação com o utente enquanto cidadão e não meramente como assistido. Implica, assim, uma atitude mais activa por parte do Estado e dos cidadãos. Modificam-se os modelos de intervenção, tornando-se mais pró-activos, tanto na forma como os serviços vão ao encontro dos cidadãos sinalizados, como estes são envolvidos nos planos traçados, ou como se partilham responsabilidades na intervenção.

Não podemos deixar de destacar o Programa Rede Social (PRS) criado em 1997[2], não só pela sua denominação, mas porque este pretendeu "incentivar redes de apoio social integrado de âmbito local" através de "um fórum de articulação e congregação de esforços (...) [entre as] autarquias, entidades públicas ou privadas sem fins lucrativos" (IDS, 1999, *cit. in* Guadalupe, 2003:67) com adesão livre. As finalidades a que o programa se propôs foram a "erradicação da pobreza e exclusão social, a concepção e avaliação das políticas sociais, a renovação e a inovação de estratégias de intervenção no contexto das dinâmicas em presença e o planeamento estratégico" (*ibidem*). Para tal optou pelos princípios da parceria e do reconhecimento de complementaridades como estratégia operacional. A estratégia global do programa assenta em quatro princípios de acção: integração, articulação, subsidiariedade e inovação, dos quais destacamos os princípios de articulação e de subsidiariedade. O primeiro concretiza-se pelas funções do PRS em "articular e integrar progressivamente as várias parcerias existentes, fazer com que os promotores das diferentes iniciativas locais se integram num projecto mais global e de conjunto" (*idem*:68) reunindo esforços no sentido do "processo de desenvolvimento global" que o programa defende. Segundo este princípio, o programa deveria constituir-se como "um suporte da acção, permitir criar sinergias entre os recursos e as competências existentes na comunidade" (*ibidem*), consolidando-se em torno da parceria. Já o princípio da subsidiariedade remete para a intervenção territorializada e participativa, apontando para que seja "no território, no local que os problemas terão de ser resolvidos; é próximo das populações que se deve actuar, de uma forma concertada, articulada e preventiva" (*ibidem*) e que "o local é o espaço privilegiado de desenvolvimento de processos participativos, no exercício de uma democracia efectiva e de formas de regulação social, em que o Estado, sociedade civil

---

[2] Programa criado sob proposta da Resolução do Conselho de Ministros n.º 197/97 de 18 de Novembro e regulamentado pelo Despacho Normativo n.º 8/2002 de 12 de Fevereiro e institucionalizado através do Decreto-Lei n.º 115/2006, de 14 de Junho.

organizada e cidadãos se unem, criando factores de mudança propiciadores da inserção dos mais desfavorecidos" (*ibidem*), entendendo-se o desenvolvimento local como uma "responsabilidade colectiva".

Um par de paradoxos político-organizacionais na intervenção

Desde logo, o cidadão é frequentemente afirmado como o sistema central em torno do qual estas "redes de redes" se constroem e institucionalizam. No entanto, temos por vezes a sensação de que este se torna cada vez mais uma miragem numa rede organizacional que corre o risco de voltar-se para si própria (Guadalupe, 2003). Neste contexto, os assistentes sociais correm também o risco de afastar-se da sua relação com os seus utentes, investindo no seu papel de mediação e coordenação, tecendo a teia inter-institucional. Soulet (1996:114) refere-se à "recomposição do trabalho social", questionando, em tom provocatório se "não se assiste a um deslocamento (...) dos papéis do assistente social para secretário/a social?" (Soulet, 1996:118). Se consideramos o trabalho inter-profissional e intra-institucional como fundamental, também o é a intervenção relacional junto dos diversos sistemas destinatários da nossa intervenção, pelo que sublinhamos a necessidade dos movimentos se fazerem *do(s)* e *para o(s)* cidadão(s) e não apenas *na* e *entre* a organização (Guadalupe, 2003).

Aliás, a defesa de programas, no âmbito destas políticas sociais, que tenham em conta a especificidade e singularidade das necessidades e capacidades de cada sujeito trazem novas roupagens à abordagem microsocial individualizada e a necessidade de maior margem de manobra e discricionariedade por parte dos interventores. Mas se esta comporta potencialidades imensas, traz simultaneamente o risco de tornar mais vulnerável a decisão técnica a enviesamentos burocráticos, políticos ou éticos (Sousa *et al.*, 2007).

Outra ambiguidade que perpassa todas as restantes remete para a necessidade de não podermos ter como dado adquirido as políticas sociais como estando orientadas para o bem-estar e para a emancipação, dado estas estarem condicionadas por um conjunto de factores que marcam a sua natureza e orientação (Titmuss, 1974, *cit. in* Sousa *et al.* 2007). Serem tidas como instrumentos positivos para a mudança ou como emancipatórias parece resultar "muito mais da sua aplicação prática do que da sua filosofia e desenho institucional" (Sousa *et al.*, 2007:88). Não basta, por isso, ter "boas políticas", mas que ao serem levadas à prática não sejam distorcidas da sua missão por filtros organizacionais. É talvez nas práticas associadas a estas políticas sociais que residem os eixos cruzados da sua paradoxalidade e até algumas perversidades. As metodologias que ganham força em torno deste argumentário, apesar das suas contradições, fazem-nos ter algum optimismo relativamente à forma como podemos reequacionar as relações sociais e de protecção social.

5.3. Convicções e interrogações em torno do trabalho em rede e da intervenção em rede em Serviço Social

É no plano da intervenção do Serviço Social que temos assistido a uma crescente atenção dada ao conceito de rede social e de intervenção em rede, mas é também este o campo onde talvez se revelam as maiores contradições.

Empiricamente, o conceito de rede social parece reunir largos consensos quanto às vantagens e potencialidades que encerra, no entanto, não será nada vantajoso aplicá-lo indiscriminadamente ou sem uma definição clara do contexto de aplicação, já que temos verificado que reina a confusão no discurso.

A área da intervenção psicossocial foi aquela em que, desde cedo, se considerou que as redes sociais deveriam ser tidas em conta no tratamento dos indivíduos com dificuldades psicossociais, pois nos campos de intervenção da Psiquiatria, Psicologia e Serviço Social, entre outras disciplinas, os especialistas "são levados a reconhecer cada vez mais que o ser humano deve ser considerado, não como uma entidade isolada, mas como um ser em interacção constante com o meio físico e social de que ele faz parte" (Guédon, 1984: 18), remetendo-nos para um concepção holística do sujeito como um todo imbuído no seu contexto, sendo este contexto mais imediato, a sua rede primária.

A noção de rede social tem o mérito de ter contribuído para "reconciliar as abordagens macro e microssociológicas, ou mesmo psicológicas, considerando o indivíduo na sua dimensão de actor social, permitindo incorporar as acções dos indivíduos nos processos sociais" (*ibidem*), o mesmo é válido para a forma como entendemos a intervenção psicossocial no Serviço Social. Esta intervenção é definida como um método de trabalho próprio desta profissão que se dirige a pessoas em situação problemática que apresentam dificuldades na sua resolução (Silva, 2001). A intervenção psicossocial entronca igualmente numa dialéctica entre as dimensões macro e microssocial. Tendo raízes no "método de caso individual" ou "Serviço Social de Casos", um dos métodos tradicionais da profissão, distingue-se deste porque, embora o seu foco seja colocado no problema vivido pelo indivíduo (entrando em linha de conta com as suas características, dificuldades e competências singulares), equaciona a situação-problema no seu contexto mais amplo, colocando-se a tónica na "estratégia para uma mudança que não se encara apenas ao nível individual" (Silva, 2001:15). A perspectiva que a intervenção psicossocial adopta "não é terapêutica mas também não é a que encara os problemas sociais apenas na sua dimensão macro-social" (*idem*:16), e é este campo indefinido, de ligação interdimensional, que proporciona frequentemente interpretações desajustadas e rotulação deste nível de intervenção social como algo que "nem é peixe nem carne". Ora, se a aplicação dos conceitos de psicossocial e rede social à intervenção do Serviço Social for confusa, desorganizada e pouco consistente, teremos um "caldo" onde é impossível identificar os "ingredientes".

Mas as confusões não ficam por aqui, outros conceitos há que são referidos amiúde como sendo supostamente sinónimos de rede social, nomeadamente quando aplicados nas expressões "trabalho em rede" e "intervenção em rede", são disso exemplo conceitos como os de parceria, partenariado e articulação qualificada, intra ou interinstitucional. No plano das políticas sociais, o Programa Rede Social, que apresentámos brevemente no ponto anterior e que tivémos oportunidade de analisar antes (Guadalupe, 2003), veio ainda reforçar este emaranhado de conceitos.

Desde logo, numa análise dos modelos de trabalho vinculados no partenariado na realidade portuguesa para combate à exclusão social, Rodrigues e Stoer (1998) identificaram, desde logo, dois modelos coexistentes de partenariado: o partenariado e a parceria. Assim, segundo os autores, o partenariado assentaria numa estrutura organizacional que é *excessivamente*[3] formal (mesmo artificial) até ao ponto de ser, em certos casos, uma

---

[3] Destacado em itálico no original.

concepção imposta (...); a parceria funda-se numa "orgânica que é basicamente *informal*[4], por vezes ao ponto de os parceiros dificilmente se distinguirem dos colegas e amigos, reproduzindo assim um efeito de homogeneização que questiona a noção de partenariado (...)" (Rodrigues & Stoer, 1998:37). A rigidez, por um lado, e a informalidade, por outro, são características que identificamos simultaneamente nestes modelos de trabalho.

Uma rede (primária ou secundária, sendo este o caso das situações a que nos referimos mais frequentemente quando usamos os conceitos de parceria e partenariado) deve ser criada e não meramente formalizada por imposição, sem que aos membros dessa rede faça sentido a sua criação, pois nunca permitirá a implantação dos seus princípios e características (Guadalupe, 2003). Uma rede social não pode ser apenas um grupo de pessoas ou de instituições. Aliás, a própria ideia de grupo remete para interconexão, se tivermos em conta a expressão italiana que lhe dá origem, *gruppo*, que significa "coisa ligada".

Outro conceito que encontramos também repetidamente colado às expressões trabalho e/ou intervenção em rede é o de articulação, como foi já referido. A articulação intra ou interinstitucional é uma exigência quotidiana no trabalho do assistente social, esta pode aproveitar os recursos de uma rede social, mas não constitui, em si, uma rede social ou trabalho em rede.

Este tipo de trabalho utiliza frequentemente meios de comunicação que facilitam a rapidez do contacto, contacto este feito quase sempre para troca de informação no sentido de complementar o estudo social, para identificação de recursos sociais (institucionais, materiais ou instrumentais), para potenciar a advocacia social (no sentido de recolher ou esclarecer informações relativas a medidas de protecção social nas políticas sociais vigentes), para acrescentar vias possíveis de intervenção social na situação-problema para a qual foi sinalizada a intervenção, entre outros actos. Johnson e Côrte-Real (2000) definem a articulação qualificada como uma forma de "articulação com as redes formais e informais de apoio, na esfera individual e colectiva [que] implica um processo de prospecção e mapeamento de recursos comunitários (...) no sentido da constituição de redes de parceria circunstanciais (ou temporárias) ou estruturais, formais ou/e informais". Ora, se a primeira parte do conceito se adequa aos sublinhados que temos vindo a produzir, a segunda parte revela a confusão conceptual para a qual chamava a atenção.

Os nexos proporcionados pelos contactos na articulação, reafirmamos, podem ser pontuais ou sistemáticos, mas nem sempre configuram um trabalho em rede, mas antes contextos de colaboração e interconexão entre redes secundárias (Coletti e Linares, 1997), pois esta é uma necessidade premente e levada à prática por parte dos interventores sociais para melhor responder às problemáticas que assim o exigem. Sendo assim, não podemos deixar de discordar de Johnson e Côrte-Real (2000) quando abrangem os contactos mais esporádicos e circunstanciais pelo conceito de rede social. Não se conhece nenhum assistente social que trabalhe sozinho, isoladamente ou que seja omnipotente, mas o facto deste articular com outros interventores não significa imediatamente que estejamos perante uma intervenção em rede. O facto do telefone ser talvez o meio mais usado para facilitar tais contactos entre interventores sociais, leva-nos a afirmar, pontuando ironicamente, que este tipo de articulação só será in-

---

[4] *Idem.*

tervenção em rede por usar a rede telefónica. Porém, pode esta prática denunciar uma forma de organização do trabalho dos profissionais em rede, remetendo para aspectos distintos da intervenção social.

A mediação social vem também assumir relações conceptuais muito próximas com o trabalho em rede, já que se considera que o desempenho pleno do papel de mediação social apenas pode ser assumido por uma rede de actores sobre um território (Bondu, 1998, *cit. in* Almeida, 2001). Muito embora a mediação social possa cruzar-se com a intervenção em rede, tanto metodologicamente como nalgumas das suas principais finalidades, tendo até em comum o facto de ser também um conceito amplamente banalizado nas últimas décadas, os contextos onde vemos a sua pertinência enquanto implicando a "interposição de uma terceira que permita encontrar alternativas e saídas para impasses que surgem do choque de interesses entre as partes" (Almeida, 2001) não se confundem totalmente com as situações onde nos faz sentido a implementação de intervenções em rede.

Provavelmente seria muito útil separar no discurso as diferentes concepções que surgem mais frequentemente associadas ao conceito de rede social, de intervenção em rede e de trabalho em rede, tidas quase sempre enquanto sinónimas. Ao conseguimos traçar algumas ideias de que fronteiras podem ser demarcadas entre os conceitos em análise, poderia antecipar-se que seria muito claro identificar o que elegeríamos para incluir no enquadramento das intervenções em rede. De facto, as fronteiras são permeáveis, mas nem por isso devemos abandonar a sua delimitação, esta deve fazer-se, sob pena de ninguém perceber do que se trata, mas nunca de forma rígida, antes com o grau de maleabilidade e permeabilidade fundamentais ao funcionamento dos sistemas afastados do equilíbrio, como os define Ilya Prigogine, pois estamos sempre a tratar de relações entre sistemas humanos ou compostos por humanos, quer estejam num quadro profissional, institucional ou não.

Em síntese, apoiamo-nos na proposta de Dumoulin (2004:20) para abordar o conceito, que identifica cinco níveis de utilização do conceito de rede no trabalho social: 1) o conceito associado à abordagem da mediação, como anotámos anteriomente; 2) o conceito que encontramos na metodologia de intervenção em rede; 3) o conceito inerente aos grupos de ajuda mútua ou entreajuda; 4) o conceito que encontramos nos novos modos de organização do trabalho e das novas formas assumidas para a implementação de serviços que se baseiam na complementaridade de competências; 5) o conceito de rede de profissionais ou de instituições, alinhado com as concepções de rede secundária.

Para facilitar a leitura que fazemos, distinguiríamos três grandes dimensões em que as redes sociais devem ser evocadas no âmbito do Serviço Social:

  – as redes sociais, que assumem diferentes tipologias e que necessitam de especificação dessa mesma tipologia no sentido de clarificar o discurso;
  – as intervenções em rede, que se assumem como uma metodologia de intervenção social e que surgem em distintos modelos e modalidades, como veremos adiante;
  – o trabalho em rede, que se refere às diferentes formas de organização do trabalho intra e inter-institucional levado a cabo entre profissionais no sentido de amplificar as potencialidades do seu próprio trabalho, colocando no centro o utente, a família, o colectivo ou a comunidade, em suma, o sistema no qual e para o qual trabalham.

6. Modelos e Modalidades de Intervenção em Rede

Se tanto o trabalho em rede como as intervenções com redes sociais podem ser aplicados em diferentes vertentes na intervenção social, é certo que não se constituem como a única alternativa ou "alternativa completa" (Nowak, 2001:174) a outros modelos, muito menos se pretende entender como a via exclusiva para as metodologias do Serviço Social. Nem esta é a linha de desenvolvimento metodológico unívoca, nem constitui ela mesma uma linha homogénea.

São, assim, múltiplos os modelos, modalidades e práticas de intervenção em e com redes sociais, assumindo diferentes estruturas, formatos, e configurando-se também de forma distinta de acordo com os contextos de operacionalização, integrando igualmente um manancial de técnicas mais ou menos estruturadas. O carácter distinto que estas modalidades assumem parece prender-se fundamentalmente com dois aspectos: as diferentes orientações metodológicas dos autores que lhes deram corpo e a adequação às problemáticas a que se dedicam (Guadalupe, 2003).

Criar e Potenciar a Rede

De forma muito sintética, "as intervenções podem passar por criar novas redes sociais, potenciar a rede, ampliá-la, criar novos contactos, aumentar a capacidade da rede (fundamentalmente a primária ou a familiar) em lidar com os problemas dos seus elementos, melhorar as relações entre os membros da rede, melhorar a relação da família com os serviços sociais, e vice-versa, e também por todo um conjunto de intervenções em situação de crise." (*idem*:74). Erickson (1984, *cit. in* Góngora, 1991) agrupa-as em dois tipos de intervenção: as que criam uma rede e as que potenciam a rede. Góngora (1991) diz-nos que as primeiras são usadas em situações de isolamento social ou quando os vínculos sociais existentes são considerados como prejudiciais para o sujeito. Esta tipologia de intervenção é adequada a situações de indivíduos, famílias ou comunidades que apresentam problemáticas relacionadas com exclusão social associada a doenças crónicas, velhice, emigração, entre outras situações com isolamento social, sendo quase sempre levadas a cabo por iniciativa de redes secundárias. Nestas focalizam-se e mobilizam-se fontes de suporte social e o desenvolvimento de uma rede primária sustentada e duradoira, apostando no aumento do tamanho da rede, quer pela criação de novos vínculos ou potenciação de novos quadrantes, assim como possibilita a optimização do nível de uso dos serviços disponíveis nas instituições.

A segunda tipologia identificada por Góngora (1991), isto é, a das intervenções que potenciam a rede, são levadas a cabo com o objectivo de incrementar a sua eficácia, no sentido de torná-la capaz de resolver autonomamente os seus problemas, apostando na (re)activação dos vínculos, que por alguma razão estariam desactivados, e na incrementação da sua multifuncionalidade. As situações, a nível microssocial, em que este tipo de intervenção faz sentido são sensivelmente as mesmas da primeira tipologia, embora, neste caso, o indivíduo não esteja necessariamente isolado socialmente. Não se verifica a inexistência de vínculos, mas sim a sua inércia e/ou ineficácia associadas a uma série de situações que podem apontar-se: a rede pode não estar activada; pode não ter capacidade ou condições para sinalizar as dificuldades do sujeito ou família; pode ser constituída por elementos que apenas tenham perante o sujeito ou família um ou dois tipos de funções, isto é, pode não ser versátil funcionalmente; pode não conseguir gerar os recursos necessários para mobilizar no sentido de apoiar; pode estar sobrecarregada; etc.

Redes e crises no ciclo vital

Alguns dos acontecimentos de vida mais relevantes estão associados a crises normativas e a crises acidentais no ciclo vital dos indivíduos ou das famílias.

Tais crises têm sido estudadas pelo seu impacte na rede social e na vida dos sujeitos. Sluzki (1996) destaca o processo evolutivo na rede, que regista potencialmente fases de expansão, estabilidade e de extinção progressiva da galáxia, com a velhice, à medida em que se verificam movimentos de contracção na rede, até à morte. O autor discute também a influência que têm na configuração das redes sociais os processos migratórios, que passam pela simples mudança de local de residência à emigração para outro país e cultura, o casamento e separação ou divórcio e as suas vicissitudes relacionais, e a doença (*idem*).

A doença, como crise acidental, é um dos acontecimentos que cria um ciclo de potenciação e deterioração recíprocas na relação que estabelece com as redes sociais, sendo igualmente um acontecimento de vida inscrito num ciclo de interacção que associa problemas de saúde a problemas sociais. Sabemos que os problemas de saúde expõem os sujeitos a problemas sociais e que, no outro vértice, os problemas sociais se associam a problemáticas múltiplas de saúde, sendo "toda a doença um fenómeno social (...) [e] toda a doença um acontecimento com repercussões sociais" (Lasagabaster & Guardiola, 1999:16).

A nível da relação que estabelece com as redes sociais, é de assinalar que estas têm sido estudadas na dupla vertente do ciclo. Por um lado sabemos que as redes sociais favorecem a saúde dos sujeitos em níveis distintos da sua vida (Sluzki, 1996): servindo como moderador do impacte de situações nocivas ou de risco; permitindo uma retroalimentação quotidiana a nível dos desvios que o sujeito faz da saúde favorecendo comportamentos salutogéneos; usando os seus mecanismos de controlo, actua como um monitor para a saúde; e tende a favorecer actividades que se associam positivamente com a saúde e sobrevivência. No entanto, esta correlação não é tida como unidireccional, sendo pouco claros e transparentes "os mecanismos mediante os quais uma rede social activa e efectiva afecta positivamente a saúde" (Sluzki, 1996:79). Por outro lado, a acção de uma situação de doença na rede é bastante mais notória, resultando efeitos essencialmente negativos e impactes de diversa ordem da doença na interacção social.

Segundo Sluzki (1996), a doença leva a um evitamento generalizado do relacionamento interpessoal, pelo efeito aversivo que assume. Frequentemente a doença restringe a mobilidade, limitando as possibilidades de encetar contactos sociais, levando a alguma inércia de parte a parte, à resistência da activação do contacto e à desactivação de alguns vínculos, reduzindo-se gradualmente a ampla constelação da rede social a apenas alguns elementos ou pequenos pontos nodais, ou mesmo levando o sujeito a situações de isolamento social. O doente é muitas vezes obrigado a abandonar alguns dos seus contextos quotidianos, nomeadamente se tiver de deixar de trabalhar ou estudar ou mesmo de ter outras actividades sociais, o que o leva a perder esferas relacionais determinantes e a ficar impedido de uma participação social activa, ficando, por vezes impossibilitado de uma actividade produtiva. Noutra vertente de leitura mais centrada na relação da pessoa doente com os seus cuidadores primários, sabemos igualmente que a situação de doença tende a reduzir a reciprocidade relacional e simultaneamente a impor uma sobrecarga dos cuidados, geralmente pouco gratificantes. Se as perdas são diversas, há que lembrar que a doença, assim como qualquer outro acontecimento negativo, pode também potenciar a formação de novas redes ou de novos quadrantes na rede, nomeadamente ao nível das relações com os serviços sociais e de saúde, assumindo estas esferas relacionais um carácter por vezes central nomeadamente no que toca aos apoios instrumental e emocional ao doente e à sua rede primária (Guadalupe, 2000).

Emergência dos modelos de intervenção em rede

Naquilo que há de risco numa situação problemática, também há potencial de mudança, e é neste sentido que surgem as intervenções em rede.

Os modelos de intervenção em rede aparecem inicialmente no contexto da saúde mental, influenciados pelos movimentos da Anti-Psiquiatria e da Psiquiatria Comunitária, pela mão de autores com formação sistémica, entre os quais assistentes sociais, numa tentativa de equacionar novas formas de intervir que rompessem com a abordagem clássica da Psiquiatria Clínica. Esta, no entender do movimento contestatário da Anti-Psiquiatria, não permitia mais do que a exclusão social dos doentes já que lhes colocava o rótulo da loucura, "através do diagnóstico, prognóstico e tratamento [que] se tornaram numa operação micro-política de classificação e, depois, de destruição sistemática da pessoa por meio da 'cura' psiquiátrica" (Paixão, 1995: 34, referindo-se às ideias de Cooper, 1977).

As teorias sistémicas desenvolvidas pela escola de Palo Alto vêm trazer novos modelos para a compreensão e tratamento da "loucura", alargando o contexto da intervenção à família, colocando o seu foco de atenção nos processos de disfuncionamento nos padrões transaccionais e de comunicação da família. As terapias familiares, surgidas neste contexto, equacionavam o sujeito, antes classificado enquanto doente, como o portador do sintoma, e encarava-o como um aspecto, entre muitos outros, de um meio disfuncional. O movimento da Anti-Psiquiatria viu, inicialmente, na terapia familiar uma forma de intervir que permitia evitar excluir socialmente os indivíduos, pois colocava todo o grupo familiar como alvo de um tratamento, mas os elementos radicais deste movimento, criticam duramente esta nova abordagem por entenderem que seria produtora desses mesmos processos de exclusão social, desta vez não de um indivíduo mas do grupo familiar. Autores filiados neste movimento acusaram duramente as terapias familiares por considerarem que estariam ao serviço da ideologia dominante e que a família estava a ser alvo de controlo social, através da alienação das contradições sócio-económicas e político-culturais do processo terapêutico, contradições estas entendidas como estando na base da disfunção familiar, tratando-se de uma nova forma de manipulação social (Paixão, 1995).

A par desta corrente crítica de que as terapias familiares eram alvo, verificou-se, nalgumas experiências terapêuticas levadas a cabo, que o sintoma se mantinha, revelando a inadequação e alguns fracassos de tais intervenções, o que levou a repensar os processos e a novos alargamentos da esfera de intervenção, desta vez para a comunidade, envolvendo pessoas significativas do meio, passando pela família alargada, os amigos, vizinhos, etc... Esta forma de intervenção, com este conjunto de elementos em interacção, para distinguir-se das já existentes, passa a designar-se como intervenção em rede e permite implicar todos os elementos na redefinição e resolução das contradições e conflitos expressos pelo sintoma (Guadalupe, 2000).

Assim, "a recusa em reduzir a análise dos fenómenos psicopatológicos a uma dimensão puramente individual e, mais tarde, familiar, conduz ao alargamento a todo um contexto que atribui ao 'desvio' e ao 'desviante' uma dimensão social, política, económica e cultural que nunca mais foi posta em causa pelos cientistas sociais" (idem:26).

A este propósito pode abrir-se aqui um parêntesis.

Embora seja hoje quase unanimemente reconhecida a relevância do contexto e da interacção social para equacionar e intervir em problemas sociais, a verdade é que, durante um largo período, subsistiu a barreira a uma visão ampla dos problemas no contexto e na interacção circular entre as diferentes dimensões que poderemos identificar. Os próprios autores filiados em enfoques interaccionistas modernos (Magnusson & Endler, 1977, cit. in Feixas, 1991) revelam essa limitação. A evolução das concepções fez-se com rupturas epistemetodológicas e paradigmáticas, criando condições para novas concepções. É neste percurso que a focalização do intrapsíquico e do estritamente individual e comportamental perde força, abrindo caminho a campos onde dominam os aspectos relacionais e sociais (Guadalupe, 2000).

O percurso das psicoterapias (como também foi entendida a intervenção em rede, neste contexto da saúde mental) terá inicialmente focalizado o sujeito, em si, passando pelos processos interpessoais (com especial atenção nas relações diádicas), até chegar a uma concepção que considera todo um contexto. Feixas (1991) faz equivaler este percurso dos modelos intrapsíquicos aos modelos sistémicos a três níveis: o atomístico, o molecular e o molar, metaforicamente, a passagem do sistema individual a sistemas interaccionais cada vez mais vastos e complexos, é simbolizada pela passagem de uma focalização no átomo à molécula e desta à mole[1]. No entanto, dentro do próprio nível molar, atendendo aos constantes questionamentos e renovações epistemológicas, se há um caminho percorrido, há outro tanto a percorrer.

A intervenção em rede respeita a visão do indivíduo como sistema uno, inserido num sistema particular, que por sua vez está inserido noutros sistemas cada vez mais vastos, isto é, num domínio da complexidade e da multidimensionalidade. Nas palavras de Sluzki (1996:34) faz-se uma "incursão através dos múltiplos níveis alternantes de ordem e desordem, de modelos e de caos, de sistemas incluídos em sistemas incluídos

---

[1] Para aprofundar, cf. níveis de conceptualização da evolução dos modelos intrapsíquicos aos sistémicos em Feixas (1991: 92), encontrando-os adaptados esquematicamente em Guadalupe (2000:66).

em sistemas". É nesta complexidade que se colocam estes modelos de intervenção que permitiram um alargamento do objecto de intervenção à própria sistémica, recuperando simultaneamente a ideia de sistema individual. Apesar deste alargamento, para ajudar a potenciar mudanças na totalidade de um sistema não necessitamos de ter todos os elementos que o compõem perante nós (Alarcão & Relvas, 2002), podendo mesmo trabalhar-se sistemicamente com um só sujeito, como já foi sublinhado. No entanto, as intervenções em rede encerram particularidades que exigem a participação, mesmo que pontual ou fraccionadamente, deste todo complexo que nos enreda.

6.1. Modelos de Intervenção em Rede

Destacamos seguidamente alguns dos modelos e modalidades que nos parecem ter feito escola e ter tido maior divulgação, assim como os que poderão constituir fonte de maior interesse para o Serviço Social.

Se os primeiros modelos divulgados surgem associados à área da saúde mental, estes apresentam-se como modelos adaptáveis a outras áreas da intervenção social pela sua plasticidade. Mesmo estes modelos de carácter mais clínico e centrados no sistema individual ou familiar, podem dar-nos pistas para desenvolver estratégias interventivas diversificadas que potenciem a mudança num plano mais restrito ou mais alargado.

O Modelo do Efeito de Rede de Speck, Rueveni e Attneave

O modelo faseado do "efeito de rede" (Speck & Rueveni, 1969; Attneave, 1969; Speck & Attneave, 1990; Speck, 1995) tornou-se num marco no plano das intervenções em rede e decorreu das experiências no hospital psiquiátrico onde trabalhavam.

Nos Estados Unidos da América, Ross V. Speck (1995), psiquiatra de origem canadiana, retira algumas conclusões de um projecto com famílias de esquizofrénicos, intitulado "tratamento da esquizofrenia em meio familiar", levado a cabo em 1958 no âmbito do *National Institute of Mental Health*. Sumariamente, experimentavam a eficácia da terapia familiar, que na altura era uma novidade. Se em 80% dos casos acompanhados conseguiram obter bons resultados, nos restantes 20%, sentiram que parecia ser necessário ir procurar uma explicação para os fenómenos psicopatológicos em avaliação fora da família. Nestes casos, havia um aspecto em comum: era habitual um membro da família faltar. Speck, juntamente com a sua equipa (constituída pelo médico John C. Stone e pelo assistente social Jérôme E. Jungreis), consideravam que esta ausência era o "símbolo de resistência à mudança", denominando esta resistência como "a manobra do membro ausente" (Speck, 1995:21).

Abre-se aqui um pequeno parêntesis que nos permite contextualizar este tipo de expressões. Entendia-se, à luz dos conceitos do primeiro quadro sistémico ou primeira cibernética, que os sistemas auto-regulados eram resistentes à mudança, o sistema familiar era tido como "uma realidade objectivável e o seu observador era entendido como uma entidade neutra, capaz de, com perícia e atenção, descortinar as razões do seu disfuncionamento e provocar a mudança necessária para que o sistema pudesse retomar um desenvolvimento que a crise tinha parado" (Alarcão, 2000:18). A regulação entendia-se como sendo possível através da retroacção negativa introduzida como informação auto-correctiva com o objectivo de conduzir o sistema à estabilidade ou homeostasia, sendo a mudança (ou morfogénese; modificações introduzidas por retroacção positiva) entendida, neste quadro, como "um mal necessário à obtenção de novo equilíbrio" (*idem*:15). Neste contexto epistemológico, é fundamental sublinhar a ideia de totalidade ou globalidade que abordámos anteriormente, para que possamos compreender o sentido das palavras de Speck e dos seus colegas. Tendo presente o princípio hologramático de Morin, ao trabalhar com a parte não deixamos de estar a trabalhar com o todo, sendo que a ideia da "manobra do membro ausente" não se ajustaria à leitura que fazemos actualmente dos mesmos factos, nem à forma como equacionaríamos a intervenção nesses casos, podendo ultrapassar-se a ausência física de membros do sistema com as chamadas de informação que são feitas para o sistema interventivo (Alarcão & Relvas, 2002) através do questionamento circular.

As premissas que se reconhecem na leitura do fracasso sentido nos casos que Speck refere, atribuído ao facto de a intervenção ser confinada a um meio demasiado restrito (ao sistema família) e à ausência de membros relevantes, apesar de partir de ideias que hoje colocamos em causa e das quais nos afastamos, teve a enorme virtude de levá-lo a pensar numa intervenção mais alargada, integrando "membros da rede social" (Speck, 1995:21). Foi na sequência destas reflexões, depois de um contacto com a obra *Família e Redes Sociais* de Elizabeth Bott, de 1957 (1990), acerca de famílias britânicas do meio urbano, que surgiu a sua primeira intervenção em rede, em 1966. Desde então, Speck, influenciado pelos trabalhos de Barnes, Bott e Edward Jay, desenvolveu, juntamente com a sua equipa, uma técnica específica de intervenção em rede que denominou como "técnica de trabalho de rede ou de tribo" (Attneave & Speck, 1990:21) e que é também conhecida como "modelo estruturado de retribalização" (Paixão, 1995).

Ross V. Speck e a sua colega Carolyn Attneave, assistente social de origem índia (da tribo Delaware), vêm a editar em 1973, após a publicação de artigos na *Family Process*[2], o livro *Redes Familiares* onde desenvolvem as técnicas de intervenção em rede, com ênfase na "utilidade que pode dar-se ao conceito de retribalização aplicado às crises das pessoas que acodem às clínicas urbanas" (Attneave & Speck, 1990:20). Estes autores definem a rede social pela sua composição, dizendo que ela "inclui o núcleo familiar e todos os parentes de cada integrante, mas também os amigos, vizinhos, colegas de trabalho e todos aqueles que, pertencentes a uma igreja, escola, organização assistencial ou qualquer tipo de instituição, atribuem uma ajuda significativa e demonstram capacidade e vontade de assumir o risco que implica a participação" (*idem*, 1990:20). Desta forma explicitam as fronteiras deste sistema interventivo, isto é, quais os elementos que deveriam ou poderiam fazer parte de uma reunião de rede.

Os autores apresentam um modelo faseado, baseado no "efeito de rede", e que compreende seis fases[3] (Figura 20). Este efeito de rede joga um papel central neste modelo de intervenção, sendo descrito como um fenómeno "não verbal e inconsciente, que dá conta do essencial do impacto da intervenção em rede" (Harper, 1978:12, *cit. in* Desmarais & Mayer, 1980:30).

---

[2] Cf. Attneave, C. (1969). Therapy in tribal settings and urban network intervention. *Family Process*, 8: 192-210; Speck, R.V. & Rueveni, U. (1969). Network Therapy: A Developing Concept. *Family Process*, 8: 182-191.

[3] As fases apresentadas por Speck e Attneave foram traduzidas de diversas formas por diferentes autores. Optámos, porém, por traduzir a partir da versão castelhana do texto *Redes Familiares* (1990, com a sua primeira edição em 1974), pois pareceu-nos a mais fiel.

Figura 20. Sequência das fases do efeito de rede (adaptado de Speck e Attneave, 1990)[4]

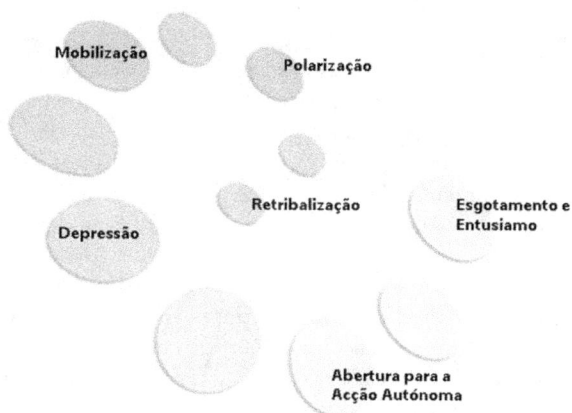

Mobilização

Polarização

Retribalização

Esgotamento e
Entusiamo

Depressão

Abertura para a
Acção Autónoma

Esta é uma intervenção planeada a partir de uma sinalização e de um pedido por parte do sistema que vivencia o problema (geralmente fazem-no o paciente identificado e família). São previamente recolhidos os dados de avaliação do problema e faz-se a redefinição para introduzir a intervenção propriamente dita. Antes desta se processar efectivamente, a equipa define conjuntamente as estratégias de acção, para, numa primeira sessão, o seu porta-voz apresentar o motivo da reunião e fazer uma curta exposição acerca do fenómeno tribal e importância dos vínculos relacionais. É desta forma que se inicia a retribalização (baseada em técnicas específicas) que tem como objectivo transformar as pessoas presentes num grupo activo, fornecendo-lhe uma consciência comum. Segue-se uma exposição por parte da família acerca dos seus problemas, sendo suscitada a sua discussão na rede. Inicia-se aqui a polarização pois a rede vai posicionar-se (unir ou dividir-se) relativamente às diferentes perspectivas dos membros da família, permitindo o reforço da energia do grupo recém-constituído.

A polarização cria condições para aparecerem activistas no seio da rede, sendo estes depois mobilizados pela equipa. Estes serão elementos-chave que ajudarão a rede a explicitar os seus objectivos e a animar grupos de apoio para a família. A depressão surge quando os elementos começam a sentir-se frustrados por se sentirem incapazes de encontrar imediatamente as soluções, havendo resistência, falta de esperança e algum desespero. Nesse momento, a equipa deve intervir no sentido de dar apoio, recorrendo, para tal, a algumas técnicas específicas. Esta fase é ultrapassada quando alguns dos activistas conseguem mobilizar os restantes elementos através de propostas de soluções inovadoras, procurando que estes se unam a si e os apoiem, havendo um "sentimento de abertura criativa" que vai atravessar toda a rede, impelindo-a para a acção autónoma, seguindo-se um sentimento de esgotamento e entusiasmo perante uma sensação de tarefa cumprida. Estas são fases que se cumprem em todas as sessões, numa intervenção em rede, e que, segundo Speck e Attneave (1990), permitem a formação de uma rede activa na resolução dos seus próprios problemas.

---

[4] O esquema adaptado para a sua representação pretende corresponder à ideia de espiral transmitida pelos autores.

Se os princípios e estruturação básica deste modelo de intervenção foram bastante difundidos, aplicados e adaptados noutros formatos, houve também críticas à pretensão comunitária do modelo.

A própria Elisabeth Bott, cujo trabalho inspirou este modelo, na segunda edição do livro, compila e comenta os trabalhos produzidos entretanto que citavam e assentavam nos seus estudos, entre os quais de Speck (1964[5] *cit. in* Bott, 1990; 1967), de Speck & Rueveni (1969) e de Attneave (1969), agrupando os artigos no contexto do que apelidou como "terapia reticular". Diz Bott (1990:314) que "o uso terapêutico da ideia de rede [lhe] parece interessante, mas não deixa de manifestar algum receio, enquanto psicanalista, pois, apesar de considerar que não há exclusividade da psicanálise como terapia efectiva, manifesta inquietação pela possibilidade desta terapia poder despertar um grau de ansiedade impossível de controlar por parte da equipa terapêutica (*ibidem*) e em relação ao tempo exigido pelo acompanhamento da rede. Refere ainda a produção intencional de uma mudança das relações sociais com este tipo de intervenção como uma interferência extrema no social, salvaguardando, ainda assim, que estes grupos (sistema familiar ou rede) com os quais Speck e Attneave se propõem trabalhar "têm suficiente identidade colectiva para aceitar ou rejeitar um tratamento terapêutico" (*idem*:315).

Por outro lado, Claude Brodeur (1977, *cit. in* Desmarais & Mayer, 1980) afirma que este modelo surge como demasiadamente centrado no discurso individual e no problema apresentado pelo paciente identificado, considerando-o, assim, uma terapia "individual", apesar de reconhecer que os meios empregues na intervenção implicam a mobilização de recursos comunitários.

Modalidade de Happening do Québec

Este modelo de intervenção nasce no seio da equipa de intervenção em rede "Happening" de um grupo de investigadores da unidade de investigação psicossocial do centro de psiquiatria comunitária do centro Hospitalat Douglas (Québec, Canadá), constituído por Luc Blanchet (psiquiatra), Renée Dauphinais, Linda Roy (assistentes sociais), Henri Laviguer (psicólogo), Robert Mayer (sociólogo) e Danielle Desmarais (antropóloga) (Desmarais & Mayer, 1980; Blanchet, Dauphinais & Lavigueur, 1981). O objectivo da investigação-acção era elaborar um modelo de intervenção comunitário que constituísse uma alternativa face à psiquiatria tradicional que se praticava (Desmarais *et al.*, 1995).

Desmarais e Mayer (1980) descreveram e reflectiram sobre a implementação de um conjunto de dez intervenções que levaram a cabo a partir do modelo de Speck & Rueveni (1969) que haviam sido seus formadores. Este foi o modelo de que partiram por ser uma intervenção breve que englobava, no seu entender, dimensões socio-políticas por basear-se no conceito de rede e integrar as várias dimensões da vida do paciente identificado. A avaliação desta experiência permitiu diversos questionamentos e análises críticas, assim como a estruturação de um modelo próprio. Focalizaram a sua atenção particularmente no impacto da intervenção e nas formas como se revela o efeito de rede, sentindo necessidade de precisar este aspecto fundamental. Questionam se na intervenção em rede haverá a criação de novos tipos de relações interpessoais e configurações relacionais, assim como a amplificação desse efeito no sentido da autonomização da rede.

---

[5] Speck, R.V. (1964). Family Therapy in the home. *J. Marriage and the Family*, 26, 72-76.

Consideram, concordando com os autores do modelo do efeito de rede, que a tomada de consciência colectiva dos problemas é um dos aspectos de charneira do modelo, sendo, portanto fundamental a etapa de colectivização dos problemas e partilha de experiências vividas para a mobilização da rede (Desmarais & Mayer, 1980). No entanto, seria uma intervenção limitada se esta dimensão fosse apenas considerada no contexto da reunião de rede, daí sentirem como necessárias intervenções paralelas e complementares, tanto de natureza terapêutica como de acções de membros activos implicados nas estruturas sociais a um nível socio-político.

Os membros da equipa encontraram algumas dificuldades assinaláveis que se prendem com a relação entre a esfera da vida privada e pública. As convocatórias para as sessões de rede são disto um exemplo, já que aos membros convocados que não fossem pessoas mais implicadas na situação da família nuclear, não lhes fazia sentido a sua presença, questionando-se acerca do seu papel na sessão. Outra dificuldade foi trabalhar temas tabu e segredos, pela exposição pública que exige. Acima de tudo, o interesse destas experiências e da sua avaliação foi a análise crítica dos modelos existentes, das suas potencialidades e limites, assim como ter permitido avançar na discussão sobre as sociabilidades primárias no contexto urbano. As interrogações enunciadas em torno da metodologia e da sua capacidade em constituir-se como uma intervenção capaz de produzir os efeitos pretendidos, assim como as armadilhas que poderia integrar, nomeadamente por poder constitui-se como uma forma dos serviços se infiltrarem na vida quotidiana e íntima das pessoas favorecendo perdas de autonomia (Matthey, 1978, *cit. in* Desmarais & Mayer, 1980), levam a afirmar a necessidade de um questionamento permanente e de um posicionamento socio-político de transformação das relações sociais que favorecem a cristalização das situações.

Estas questões tiveram um enorme eco para o Serviço Social no Canadá, constituindo-se a intervenção em rede como "uma nova prática social susceptível de trazer alternativas interessantes às intervenções mais tradicionais do Serviço Social" (Desmarais & Mayer, 1980:37).

O Modelo de Mony Elkaïm

Outro dos autores altamente significativos no que concerne às intervenções em rede é Mony Elkaïm (Bélgica). Este autor fez a sua primeira intervenção em rede acidentalmente, ao procurar ajudar uns amigos na resolução de um caso crítico. Foi aí que se apercebeu do "impacto extraordinário que pode ter a dinâmica de um grupo quando (...) surge um contexto vital diferente. Neste contexto, podem nascer e crescer outros tipos de relação que permitirão o aparecimento doutras possibilidades" (Elkaïm, 1995:16), sendo o objectivo a mudança na situação. Foi um episódio que ocorreu durante a sua especialização em psiquiatria social e comunitária na Escola de Medicina Albert Einstein em Nova Iorque, que o marcou na sua formação enquanto psiquiatra e o levou a analisar algumas das questões nele implicadas, tendo apenas posteriormente tido conhecimento dos trabalhos de Speck e Attneave.

Na Bélgica do final dos anos 70 do séc. XX, Elkaïm trabalhava num centro de saúde mental num bairro da zona norte de Bruxelas com uma população maioritariamente constituída por operários imigrantes de várias procedências e por belgas idosos. Neste contexto o autor e os seus colegas tentam criar novos enfoques de intervenção que integrassem "elementos socioeconómicos, culturais e políticos no trabalho realizado com uma rede familiar ou num programa de encontro que agruparia várias famílias" (Elkaïm, 1995b: 75).

Elkaïm vem a propor uma intervenção sistémica, com um enfoque socio-político assumido, próxima das terapias multifamiliares[6] mas onde as "intervenções psicologizantes da equipa se reduzam ao mínimo" (*idem*:76) e onde são reunidas, ao contrário do modelo proposto para as terapias multifamiliares por Peter Laquer, famílias que apresentam características socioeconómicas e culturais homogéneas e os mesmos tipos de problemas. Estes sublinhados tentavam demarcar esta intervenção dessa dimensão psicologizante que não aproveitasse apenas "as boas vibrações", mas onde os aspectos sociais, políticos e económicos que poderiam explicar os sintomas não ficassem ocultados (Elkaïm, 1977, *cit. in* Desmarais & Mayer, 1980).

Apesar do autor não assumir uma designação inequívoca para o modelo implementado, ele aparece designado como "modelo não estruturado dos *Souks Marroquinos*" (Paixão, 1995: 42), devendo-se, provavelmente, à descrição de um caso que o autor faz de uma intervenção com famílias marroquinas (Elkaïm, 1995: 76-80). A inovação introduzida reflecte-se no título de um seu artigo de 1980: " *'Défamilialiser' la thérapie familiale. De l'aproche familiale à l'aproche sócio-politique*".

Para Elkaïm, um elemento fundamental neste tipo de intervenções é a contextualização e redefinição do problema. A observação do trabalho de um *médium* que acompanhava uns pacientes seus de origem porto-riquenha, permitiu-lhe ressaltar o que parecia ser o elemento comum em todas as situações: "o *médium* redefinia o mal sofrido pelo crente (...) como consequência de um processo compreensível para o conjunto das pessoas presentes" (Elkaïm, 1995:17). Tal situação leva-o a reflectir sobre o que (não) acontece no diagnóstico psiquiátrico por parte da psiquiatria clínica tradicional. Esta baseia-se fundamentalmente no diagnóstico a partir dos sintomas manifestados e estabelece uma classificação através de uma entidade nosológica incapaz de ser compreendida por leigos, definindo-se um plano de tratamento a partir daí. Este movimento de diagnóstico-tratamento leva à usurpação da realidade concreta da situação vivida por um indivíduo em contexto, assim como ao despojamento da possibilidade de intervenção na situação de forma autónoma (Elkaïm, 1987; Guadalupe, 2000) por parte da sua rede de suporte, pois, o perito, ao isolar os elemento explicativos para a doença (sintomas) e ao codificá-los na linguagem própria da disciplina científica que integra, vai carimbar a realidade singular de um indivíduo com um rótulo que se lhe cola e a partir do qual são interpretados todas as suas acções, daí que se afirme que o especialista "quanto mais aprende, menos conhece a realidade que o rodeia, mas ao mesmo tempo adquire uma competência de controlo social e político" (Paixão, 1995:35) face à situação. O *José* deixa de ser *o José* com a sua história, as suas relações, vivências, sucessos e insucessos, competências e problemas, para passar a ser *o esquizofrénico*. A leitura que este diagnóstico permite, constrói um filtro que confirma a psicopatologia e deixa escapar o que define um doente enquanto pessoa.

---

[6] O conceito de terapia multifamiliar (*multiple family therapy*) foi criado por Carl Wells (1963, *cit in* Elkaïm, 1995). Trata-se de sessões de psicoterapia com 5 ou 6 famílias reunidas, onde os seus membros podem compartilhar dificuldades, experiências e soluções. Este foi um enfoque desenvolvido e difundido por H. Peter Laqueur (1979, *cit in* Elkaïm, 1995).

Durante algumas das reuniões a que Mony Elkaïm assistiu, chamou-lhe a atenção, durante o trabalho de exorcismo, ter-se iniciado a formação de uma rede de solidariedade em torno do paciente e que continuava a funcionar posteriormente noutros contextos. Concluiu que a redefinição do problema do paciente, que se encontrava marginalizado, possibilitava a interrupção desse processo de marginalização, assistindo-se à criação de toda uma nova rede de apoio (Elkaïm, 1995). As práticas de rede levadas a cabo por este autor estão ligadas à convicção de que "os problemas aparentemente individuais estavam ligados a situações colectivas" (*idem*:18), daí a mobilização da comunidade e a criação de uma rede social. Este é um tipo de observação que vem a fundamentar o desenvolvimento de uma teoria e técnica de trabalho. No passado, Barnes, Bott e Jay (1954, 1971 e 1964, *cit. in* Paixão, 1995), que a partir de observações de tribos haviam demonstrado que o feiticeiro redefinia o problema por forma a que este não voltasse à pessoa mas sim se espalhasse e fosse partilhado por toda a tribo, já tinham sublinhado a importância de conferir ao problema uma realidade relacional e social, deixando de ser meramente individual.

Fundamentalmente, a intervenção que Elkaïm (1995b) propõe processa-se em torno de quatro etapas:

– a equipa de intervenção apresenta-se, assim como os objectivos pretendidos e o programa para a reunião;
– (re)definição do problema por parte dos participantes, que incluem as famílias e membros-chave da comunidade e dos sistemas com os quais as famílias lidam, num quadro de referência que permite aos participantes terem consciência do carácter comunitário das suas situações e problemas;
– são constituídas comissões de trabalho para apresentação de propostas concretas de ajuda mútua para os problemas expressos;
– os participantes são confrontados com as soluções propostas em assembleia geral, discutindo-se os aspectos paternalistas e emancipadores nelas contidos.

Figura 21. Intervenção em Rede: enfoque socio-político (baseado em Elkaïm, 1995b)

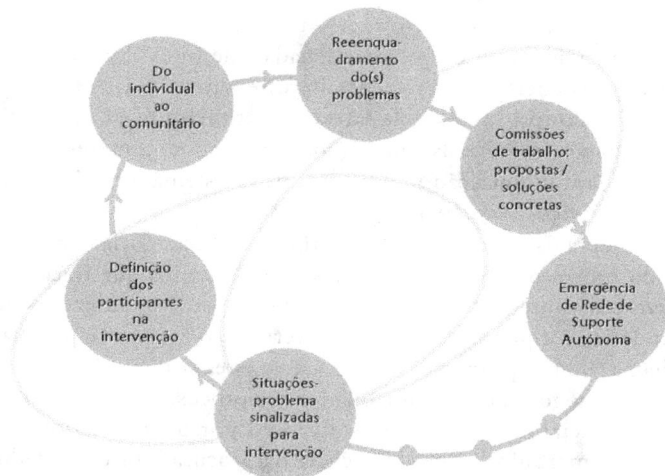

Com este procedimento, tenta-se "a recriação de uma microssociedade que frequentemente repete as estruturas alienantes do meio ambiente, mas num contexto onde é possível desmantelar tais estruturas" (Elkaïm, 1995b:81), partindo da reunião de pessoas que lidam com problemas aparentemente individuais. Emergem, assim, dois aspectos determinantes na intervenção: "o problema de um indivíduo aparece como o de um grupo amarrado nas mesmas contradições" e surgem "uma série de situações políticas – situações de exclusão, de opressão, de mistificação, que a família ou a rede reproduzem no seu seio" (*idem*:80). A compreensão e discussão de como funcionam os processos de exclusão proporcionam à comunidade a oportunidade para a criação de uma rede de suporte, no entanto, há a consciência também que por vezes é extremamente difícil passar de um registo de acusação para um de solidariedade, impedindo a criação da rede de suporte social. Esta intervenção em rede baseia-se em hipóteses sistémicas equacionadas a partir das relações paradoxais que as estruturas sociais revelam quando um sintoma surge numa comunidade. A sua dimensão política reside na forma como são construídas as leituras de uma dada realidade social e se equaciona a intervenção de forma não normalizadora e emancipatória.

A intervenção em rede como projecto socio-político
O modelo de Claude Brodeur

Claude Brodeur (1984) parte da contextualização das grandes tendências político-ideológicas na sociedade contemporânea para enquadrar o seu "projecto de acção socio-política". O autor situa as "práticas de redes" nos movimentos culturais que se ocupam da qualidade de vida, considera ser fundamental que qualquer tipo de projecto de acção social esteja inscrito num projecto global de sociedade, sendo que a sua matriz ideológica nos remete para o Socialismo na sua concepção originária. Considera que estas práticas têm por objectivos libertar as pessoas da alienação associada ao sistema de produção de bens e serviços, inscrevendo-as na sua dimensão colectiva, sendo o seu objecto as "pequenas comunidades humanas que constituem a base e o alicerce da nossa sociedade" (Brodeur, 1984:55).

Nesta óptica, Brodeur concebe o interventor como um agente comunitário que transforma "as solicitações, inicialmente alienadas, de indivíduos junto dos serviços em projectos de existência absolutamente livres e autênticos" (*ibidem*). Para tal, o interventor tem de cumprir uma dupla tarefa: em primeiro lugar deve compreender e desmontar a dimensão colectiva da solicitação, e em segundo, inscrever esta solicitação "num processo de autonomização radical perante o sistema económico de produção e distribuição de serviços" (*ibidem*).

O autor considera os conceitos de rede primária e secundária como fundamentais na definição do processo de acção. São estes dois conceitos que traçam o campo da intervenção em rede, integrando um sistema global, onde os interventores integram as redes secundárias e a população-alvo da intervenção as suas respectivas redes primárias. Brodeur (1984) equaciona as trocas entre estes sistemas à luz da lei da oferta e da procura, num jogo de condicionamentos recíprocos. Por exemplo, um bem ou um serviço que, inicialmente pode ser concebido por uma entidade individual ou colectiva, entra no mercado, vai ter influência na procura; por outro lado, a procura (ou solicitação, como lhe chamei anteriormente), que pode ser a expressão livre de necessidades e desejos, a partir do momento em que os indivíduos procuram satisfazê-la no mercado, vai ajustar-se à oferta. Neste contexto, a intervenção em rede terá um duplo objectivo: "a colectivização e autonomização das redes primárias na sua relação com as redes secundárias. No entanto, o caminho desta autonomização não deve ser imposto por um determinado sistema de valores, este deve ser determinado pelos próprios. Brodeur sublinha que a sua definição de autonomização e colectivização não comporta um conteúdo, apenas as considera como dois objectivos "na perspectiva de um movimento que segue uma certa trajectória, para formar (...) dois eixos: indivíduo/colectivo e dependência/autonomia" (*idem*:60). Ou seja, as práticas de rede não têm como pretensão determinar a natureza ou qualidade da colectivização e autonomização, mas sim imprimir o movimento no seio do contexto do sistema formado pela tensão permanente entre os eixos, o que obriga a pensá-lo como um processo dialéctico.

A trajectória do processo de acção é descrita de acordo com os dois eixos definidos.

No primeiro eixo, reflecte-se a solicitação de ajuda a uma instituição que é, quase sempre, formulada a título individual. As instituições, por seu lado, respondem de forma análoga através de respostas centradas no indivíduo, tido como paciente identificado. No entanto, encontramos também uma vertente de respostas comunitárias nestas redes secundárias, abrindo distintas possibilidades de intervenção social. Os próprio indivíduos (e redes primárias que integram) que vivenciam os problemas têm destes, geralmente, um concepção meramente individual, sendo fundamental que a intervenção faça o seu reenquadramento num quadro de problema que extravasa esta dimensão para uma dimensão colectiva, da mesma forma como é proposto pelo modelo de Mony Elkaïm (1995). No segundo eixo, inscreve-se a tendência contraditória verificada nas instituições que se revela na forma como estruturam e implementam a oferta dos seus serviços. O poder de responder às necessidades identificadas pode ser utilizado de forma distinta, por um lado, pode favorecer a criação de dependência do utente face à instituição, e por outro, pode potenciar a autonomia dos sujeitos e das suas redes sociais se apostar em reforçar as competências existentes no seu seio de forma a fazer emergir um conjunto de saberes e competências, reforçando, assim, a sua autonomia.

Sintetizando, Brodeur (1984:68) afirma que "o projecto de uma intervenção em rede (...) consiste em devolver à rede primária a sua dimensão colectiva e o seu poder de conhecer e regular os seus próprios problemas", havendo a necessidade de uma postura por parte dos interventores que favoreça, no processo de intervenção social, uma metamorfose da procura de bens e serviços inscrita na sua dimensão colectiva e autónoma.

Modelo de Bélanger & Rousseau

Mario Bélanger e Richard Rousseau (1984) amplamente influenciados por Brodeur (1984), também inscrevem a prática de intervenção em redes nos eixos do individual *versus* o colectivo e da dependência *versus* autonomia. Os autores apresentam uma intervenção faseada que pretende implementar um processo de acção susceptível de favorecer um movimento espontâneo no seio das redes primárias (Bélanger & Rousseau, 1984).

As quatro fases identificam uma sucessão de situações passíveis de delimitar-se na evolução da intervenção. A *fase da introdução* inicia-se com o primeiro contacto do interventor com a pessoa que faz o pedido de ajuda, no qual se estabelece uma dinâmica relacional baseada numa escuta activa com abertura à dimensão colectiva do problema. Esta é uma fase exploratória caracterizada pela escuta e recolha de informação e contém uma certa euforia (de curta duração) que os autores associam à possibilidade de verbalização da solicitação de forma muito completa e à exploração que se faz do meio social, interpretada como uma intensificação da escuta. Segue-se uma *fase de transição* em que se verifica uma certa *resistência*, já que a proposta de intervenção não é a tradicional e esperada pelo utente. Se entretanto a rede acede à proposta do interventor, inicia-se um *período de mobilização*. Este é um período determinante para que a rede assuma o "projecto colectivo para resolver os seus problemas" (*idem*:91), assumindo o que os autores apelidam de um "discurso do meio", enquanto produção colectiva que resulta das interacções entre os membros da rede. Este discurso é entendido como um "produto cultural contendo uma interpretação dos problemas, uma análise e hipóteses de soluções" (*idem*: 92) e reflecte uma tomada de consciência das suas tensões internas e o reconhecimento dos seus processos. Instala-se, assim, a *fase de consciencialização* que confirma o *processo de colectivização* da rede e marca o início de uma nova etapa dominada pela *autonomia* (*idem*). Por fim, a *fase de acção* constitui o momento de operacionalizar as decisões tomadas. A rede encontra-se, nesta fase, num estado avançado "na arte de definir as suas próprias necessidades e de produzir as suas próprias soluções" (*idem*:93).

Claro que os recursos que encontramos no seio das redes primárias não são ilimitados e capazes de responder a todas as necessidades dos seus membros. É por isso fundamental equacionar a relação com as redes secundárias formais. Após uma intervenção, é frequente a solicitação já assumir um carácter de solicitação gerada por uma definição autónoma que se afasta da solicitação de dependência que se verifica antes deste tipo de intervenção (*idem*). É também possível que algumas redes primárias mobilizadas se transformem em redes secundárias informais (*idem*).

Quadro 5. As Fases da Intervenção em Rede de Bélanger e Rousseau (1984:87)[7]

Fases	Introdução		Transição		Consciencialização	Acção
Períodos	Procura (solicitação)	euforia	resistência	mobilização	Construção de um projecto colectivo	
Atitudes do interventor	Escuta	Mantém a escuta	Propõe de um projecto de colectivização	Mantém um projecto de colectivização	Suporta a elaboração do projecto colectivo	Observa a actualização do projecto colectivo após retirar-se
Percurso da rede	Solicitação individual e heterónima	Exprime a sua vivência colectiva	Clarifica o papel do interventor	Opta pelo colectivo	Constrói um projecto colectivo, toma consciência das suas conexões internas	Operacionaliza o seu projecto colectivo, toma consciência das suas ligações com as instituições
Objectivo da intervenção	→ em direcção ao colectivo		→ em direcção à autonomia		→ em direcção à acção política	
Tempos	0 a 2 semanas	2 semanas a 3 meses		3 a 4 meses	4 a 12 meses	Ao ritmo das mudanças nas estruturas

Este modelo de intervenção joga também com a dimensão temporal e assume uma duração de alguns meses. Os autores indicam que a primeira fase deve ser suficientemente longa para que o pedido seja claramente formulado e para que o interventor

---

[7] Tradução e adaptação a partir de Bélanger e Rousseau (1984:87) e Bésson (1994:245).

possa conhecer as dinâmicas na rede onde vai intervir, sendo que pode ter uma duração de cerca de um ano (*idem*), apresentando estes tempos a título meramente indicativo. Aliás, esta é uma dimensão fundamental na intervenção sistémica. O modelo proposto por Bélanger e Rousseau relembrou-nos muito os ensinamentos de Ausloos a propósito da intervenção com famílias. Ausloos (1996) equaciona a ideia de autonomia e de tempo a par uma da outra e sistematizou ideias que me foram fazendo sempre cada vez mais sentido. Afirma ele que "quando nos consulta, o paciente tem necessidade de sentir a nossa disponibilidade; depois, precisa de tempo para mudar" (Ausloos, 1996:24), há um "tempo do processo", que é o necessário para que as famílias (neste caso) observem, experimentem e mudem (*idem*) e, para isso, é preciso saber esperar. Diz o autor que as famílias (e podemos extrapolar esta ideia para todos os outros sistemas humanos) "têm as competências necessárias para efectuarem as transformações de que precisam com a condição de as deixarmos experimentar as suas auto-soluções e activarmos o processo que as autoriza a isso" (*idem*:35).

Mas jogar com o tempo nem sempre é fácil nos contextos de trabalho dos assistentes sociais[8]. A pressão institucional para apresentar resultados quantificáveis ou até a pressão do mandato político não se compadece com o tempo necessário para a verdadeira mudança nas situações-problema, tidas casuisticamente, ou nos problemas sociais. No entanto, acreditamos que há uma pedagogia das chefias que tem de promover-se a vários níveis. Este é um deles.

Modelos de Philippe Dumoulin & Régis Dumont

Os autores assumem dois modelos distintos de intervenção *na* e *com* redes sociais: as intervenções em rede e as intervenções colectivas em rede, para além de outra forma de apropriação das redes na intervenção social que se prende com a organização desta entre os interventores sociais. Em traços largos, poderemos inscrever o primeiro na tradição das intervenções que anteriormente apelidámos de clínicas e o segundo nas intervenções com carácter socio-político, sendo que ambicionam acima de tudo contribuir para a renovação da cultura profissional (Dumoulin, 2004).

A) A Intervenção em Rede

Dumoulin e Dumont (2004:136) abordam neste contexto a intervenção em rede como "um método que consiste em mobilizar os recursos da rede primária de um indivíduo a fim de que a dificuldade que ele apresenta, objecto da acção e do recurso ao assistente social, possa ser solucionado na totalidade ou em parte pelas pessoas que compõem essa rede primária". Este é um modelo centrado na situação-problema apresentado por um sujeito e baseia-se na expectativa da sua superação através da mobilização dos recursos próprios da sua rede, isto é, parte do postulado de que o sujeito que procura ajuda não se encontra sem recursos, mas que apresenta dificuldades em mobilizá-las.

---

[8] A propósito da dificuldade em ter em conta o tempo, não numa perspectiva do enquadramento socio-político do interventor, mas no decurso do processo, relembro a sistematização por este proposta que descrevi no ponto 1.4, pois são ideias que vão muito de encontro ao meu pensamento sobre tal temática.

Assim, os autores defendem que "estabelecer uma relação de ajuda com o utente, privilegiando a mobilização dos seus próprios recursos, a partir de uma activação da sua rede primária e eventualmente de uma rede secundária não formal em detrimento de uma intervenção mais clássica escorada a partir da rede secundária formal" (*idem*:135) implica que o profissional balize a intervenção em três eixos básicos: no *saber ser*, no *saber* e no *saber fazer*. Tal passa por reconhecer os recursos das pessoas, estabelecendo uma ruptura com forças de inércia ligadas à discriminação, ao ostracismo e à estigmatização, com vontade em fazer uma intervenção "à medida" ou não estandardizada, conhecer as potencialidades das redes primárias e secundárias informais e reunir competências a nível da metodologia de trabalho de projecto, competências na utilização de diferentes métodos, capacidade de dinamização de grupos e de avaliação dinâmica ao longo da intervenção.

Apresentam um modelo de intervenção em rede em que identificam 13 etapas:

1) ter em conta a situação (a solicitação, a existência de uma rede primária);
2) identificar as pessoas da rede primária susceptíveis de ser mobilizadas (que disponibilizem tempo, capacidade e vontade de trazer ajuda e suporte);
3) identificar os profissionais e voluntários das redes secundárias formais que intervêm junto da pessoa e do grupo primário (no sentido de pensar uma intervenção integrada);
4) identificar as redes secundárias informais a mobilizáveis;
5) estabelecer o mapa de rede;
6) estabelecer um esforço de projecto federativo, construído com base do que emerge do conjunto;
7) activar e animar a rede primária, que necessita ser planeada para que seja duradoira, devendo ser mobilizada com o compromisso das pessoas envolvidas, podendo aqui explorar-se o manancial infinito de recursos nas redes de segundo nível, partindo das redes de cada pessoa que faz parte da rede identificada; esta fase decorre em formato de reunião utilizando-se estratégias muito semelhantes às descritas no modelo de Speck e Attneave;
8) identificar, ter em conta, transmitir as proposições emitidas pela rede primária, validando-as e integrando-as no projecto de intervenção;
9) repartir e formalizar os papéis das diferentes pessoas da rede primária, formalizando e coordenando as acções, passando a uma animação democrática permitindo que os membros do colectivo regulem eles próprios o processo;
10) transmitir estas proposições junto dos outros profissionais;
11) implementar instrumentos de regulação da acção em curso (planificação de acções, avaliação, calendarização, etc.);
12) avaliar o dispositivo de ajuda levado a cabo, através do estabelecimento de critérios e indicadores de avaliação para o projecto de intervenção em rede submetidos à aprovação do grupo pelo coordenador da intervenção;
13) passagem de testemunho, reconhecer a autonomia da rede primária e do utente.

No processo deverá reconhecer-se "o valor democrático deste colectivo, da sua capacidade em fazer por si próprio as suas próprias escolhas" (*idem*:145), sendo todo este processo atravessado pela finalidade da intervenção, que se consubstancia na mobilização da rede para uma acção mais autónoma do colectivo, garantindo que a intervenção em rede não foi apenas uma intervenção pontual para responder a uma dada situação ou necessidade pontual.

B) A intervenção Colectiva em Rede

Este método de intervenção centra-se, já não numa situação particular trazida por um utente, mas na mobilização de um colectivo para superar um problema no seu meio. Parte de "uma problemática localizada compartilhada ou compartilhável por uma comunidade, comunidade de pessoas, instituições e organismos que se ajudará a reunir e a mobilizar para uma tentativa de resposta colectiva, adaptada ao problema encontrado por diferentes pessoas num território" (*idem*:149). É de sublinhar que tais problemas e problemáticas sociais são inicialmente frequentemente sentidos como individuais pelos utentes, mas diagnosticados como comuns e colectivos pelo assistente social, sendo que este se obriga a uma abordagem mais global e ecossistémica. Colocam-se, assim, as problemáticas num nível colectivo, sendo para tal necessária a acção convergente de diversas redes sociais, quer sejam primárias, secundárias formais e informais, inter-institucionais, etc. (*idem*).

Neste modelo, o interventor tem um papel essencialmente de catalisador das sinergias. A planificação de uma intervenção deste tipo passa por um conjunto de trabalhos preparatórios com os actores sociais implicados e por contribuir para a identificação de interesses partilhados no sentido de formular-se um objectivo comum. Entre outros aspectos relevantes, o interventor deve permitir que exista um *feedback* permanente sobre o processo, deve gerir uma planificação adequada que articule tempos de acção, de formação, de reflexão e de reformulação da acção. As suas competências devem também permitir-lhe investir na construção colectiva de saberes e da sua divulgação e amplificação, manutenção da animação do colectivo e a sua abertura a novos membros. Uma posição de "chefe de projecto" obriga a que o assistente social tenha uma consciência simultaneamente política e administrativa das suas acções enquanto técnico.

No Quadro 6 estabelecem-se as principais distinções entre os modelos atrás descritos brevemente.

Os autores fazem ainda a ressalva de que qualquer um destes modelos de intervenção apresenta incompatibilidades com determinadas características das situações-problema para as quais são equacionadas. No caso da intervenção em rede centrado no sujeito alertam para que devamos ter em conta a urgência de resposta ou o risco que a situação apresenta, situações acompanhadas há longa data e institucionalizadas, situações de desenraizamento completo das pessoas (*idem*:136-137).

Apesar de sentirmos que existem claramente situações em que equacionamos mais intuitivamente uma intervenção em rede, não perspectivamos no entanto que se devam excluir situações à partida, já que a plasticidade dos modelos e modalidades e a sua capacidade de reinvenção e adaptabilidade demonstram que o seu potencial pode responder a um conjunto de situações muito vasto e difícil de delimitar. Também consideramos que, apesar destas vantagens, este tipo de intervenção ganha se for articulado com outras intervenções em distintas fases do acompanhamento de determinadas situações. Numa situação em que é necessária uma acção urgente pode ser adequado intervir em rede numa fase posterior. Faz-nos todo o sentido a intervenção em rede que potencia competências para emergirem outras formas de superação dos problemas em pessoas demasiado vinculadas a serviços de protecção social, assim como em situações de pessoas desenraizadas e isoladas, pois se não temos a rede primária para dinamizar, poderemos partir de outros tipos de rede para potenciar a construção dessa rede, numa intervenção assente nos mesmo princípios de estímulo de competências, autonomização e emancipação.

Quadro 6. Elementos de distinção entre a IR e ICR de Dumoulin e Dumont (2004)[9]

	Intervenção em Rede	Intervenção Colectiva em Rede
Início	Utente procura ajuda	Problemática partilhada por diferentes pessoas, organismos, redes num determinado território
Objectivo	Resolução colectiva de um problema individual	Resolução colectiva ou comunitária de um problema colectivo
Princípio de Acção	Solidariedade	Cidadania
Impacto pretendido	Essencialmente curativo (resolução de uma situação)	Curativo, mas também preventivo (acção sobre as causas)
Solução trabalhada	Indicada ou fixada previamente pela intervenção (suportada na rede primária)	A imaginar pelo grupo/colectivo.
Legitimidade da intervenção	A pertinência da modalidade de intervenção é assegurada pela intervenção social	A fundar pelo colectivo: necessidade de trabalhar um conhecimento recíproco dos actores (profissionais e voluntários), os interesses, antes de entrar na procura de soluções (necessita de uma etapa de familiarização)
Efeitos da acção	Essencialmente aprende a trabalhar em conjunto para desenvolver a solidariedade	Desenvolvimento de uma peritagem colectiva: aprendizagem colectiva (saberes, conhecimentos...) sustentada sobre as problemáticas abordadas, os dispositivos, os papeis dos diferentes actores e instituições.

6.2. Outras Modalidades e Experiências de Intervenção em Rede

Para além das modalidades apresentadas atrás, as intervenções sistematizadas no Quadro 7 são alguns dos exemplos de experiências e modalidades de intervenção que passam por criar novas redes sociais, potenciar a rede, ampliá-la, criar novos contactos, aumentar a capacidade dos sujeitos ou das famílias em lidar com os problemas dos seus elementos, melhorar as relações entre os membros da rede, melhorar a relação das famílias com os serviços sociais, e vice-versa, e também por todo um conjunto de intervenções em situação de crise.

Há outras sistematizações de modalidades a apontar, tais como a Conferência de Assistente e de Rede (Nowak, 2001:180,181), o Modelo de Ammann, Laurin e Hernandes (1984) que partem da reflexão sobre as contradições que se colocam à intervenção psicossocial, o qual designo por Modelo de Rivière-des-Prairies, entre outros. Recomendamos vivamente a sistematização e problematização de Sanicola *et cols* (1994) sobre a intervenção em rede e um aprofundamento da obra organizada por Dummolin (2004). Nada aqui ficou esgotado.

Besson (1994) chama a atenção para o erro que se comete quando se pensa que os interventores em rede excluem o trabalho com as redes secundárias. Espero que não tenham ficado presos nesse erro, associando a intervenção em rede a um modelo clínico centrado nas redes primárias unicamente. Defendemos um modelo de inter-

---

[9] Traduzido e adaptado de Dumoulin & Dumont (2004:152).

venção integrador que esteja entre o trabalho em rede e a intervenção em rede, ainda assim, não conseguimos delimitar um modelo que ofereça todas as respostas a todas as situações, até porque tal não nos faz sentido. Caso vos tenham feito sentido, sigam as pistas que deixámos e construam o(s) vossos(s) modelos de intervenção.

Das diversas experiências, entre as citadas e as que ficam por citar, mais ou menos estruturadas, e modelos de intervenções em rede, retira-se a contribuição fulcral para a definição de uma linha de intervenção psicossocial filiada numa abordagem sistémica, também esta em constante (re)definição.

Quadro 7a. Modalidades e Experiências de Intervenção em Rede

Designação	Autores	Participantes e Indicação	Fases do Processo	Estratégia de Intervenção
Intervenção Em Sistemas Ecológicos	Auersweld 1971	Família nuclear e extensa disponível, amigos significativos e representantes dos Serviços Sociais com que a família mantém contacto. Entre 10 a 15 participantes.	Não são especificadas	Baseada em modelos de solução de problemas, através da subscrição de contratos; ênfase na melhoria das relações com os Serviços Sociais.
Solução Generalizada de Problemas	Curtis 1974	Família nuclear e técnicos dos Serviços Sociais.	1) reunião da rede; 2) definição do problema; 3) idenificação e criação de recursos para troca; 4) avaliação do contrato; 5) finalização.	Utilização e coordenação de todos os recursos sociais disponíveis.
Sessão de Rede	Garrison 1976	Todas as pessoas com alto significado emocional para a família nuclear. Entre 5 a 20 pessoas.	1) recolha informal de dados; 2) lista de queixas; 3) transformação de decisões; 4) 'reciclage m', se necessário.	Instalar o grupo num funcionamento consciente capaz de negociar relações contratuais.
Construção de Redes	Cohen & Sokolovsky 1978	Paciente Identificado e a nova rede em que se vai inserir.	Não são especificadas.	Aumentar (ou criar totalmente) o número de pessoas que compõem uma rede. Para PI's com forte privação social.
Redes de Vizinhos Naturais e/ ou Redes de Vizinhos	Erickson 1984	Grupos sociais e Serviços Sociais. Para formação de redes de acção precoce.	1) localizar indivíduos-chave de uma comunidade; 2) estreitar os laços entre eles e os serviços sociais; 3) treinar técnicas de encaminhamento para Serviços Sociais.	Funcionar como uma rede de acção precoce; reduzir o recurso a Serviços Sociais.
Terapia de Redes	Schoenfeld 1984 e 1988	De 15 a 60 pessoas. De todos os quadrantes ou zonas. Para problemas graves nos quais os meios mais tradicionais tenham fracassado.	1) sessão prévia de avaliação; 2) convocatória da rede; 3) ré-conexão da rede; 4) troca do locus de responsabilidade.	– Educativa (informar a rede dos problemas dos adolescentes e de estratégias de coping adequadas; – Pragmática (responsabilizar e organiza r a rede relativamente aos problemas do PI e da sua família); – Preventiva (identificar os recursos da rede).

Fonte: Guadalupe (2000:30-31, adaptação a partir de Góngora, 1991:145-148)

Quadro 7b. Modalidades e Experiências de Intervenção em Rede

Designação	Autores	Participantes e Indicação	Fases do Processo	Estratégia de Intervenção
Desenvolvi mento Redes de Idosos Instituciona lizados	Wells & Singer 1985	Para Idosos institucionalizados. Inclui idosos, família nuclear e extensa, Serviços Sociais e grupos sociais em geral. Entende-se que no programa intervêm todos os idosos do Lar Residencial.	1) desenvolvimento das relações entre a rede dos idosos institucionalizados; 2) criação de novas redes com novos encargos; criação de redes de residentes/profissionais da instituição; 3) desenvolvimento da rede de residentes/família extensa; 4) criação de rede de residentes/ grupos sociais externos à instituição.	Intervenções psicossociais e educativas.
Criação de Redes Multidimen sionais para Famílias Desalojadas	Hutchison et al. 1986	Famílias e Serviços Sociais. Para Famílias desalojadas.	1) estádio crítico; 2) estádio de estabilização; 3) estádio de re-localização; 4) seguimento	Criação de relações entre a família desalojada e a família extensa; melhoria da relação entre as famílias e os Serviços Sociais; desenvolvimento de redes entre os diferentes Serviços Sociais.
Programas de Apoio Familiar	Tracy & Whittaker 1987	Famílias com diversidade de problemas.	Não são especificadas.	Oferecer apoio (visitas domiciliárias de apoio); material (cuidados pediátricos) e de informação (escola de pais) de forma precoce, assim como ligar as famílias das outras fontes de apoio formais e informais.
Ajudas da Rede	Tracy & Whittaker 1987	Família nuclear e extensa e grupos sociais não-profissionais. Para problemas infantis e como complemento a outros serviços prestados por instituições	1) avaliação da rede; 2) recrutamento da rede; 3) treino de membros da rede; 4) atribuição de tarefas e actividades.	Apoiar e servir como fonte de recursos para famílias.

Fonte: Guadalupe (2000:30-31, adaptação a partir de Góngora, 1991:145-148)

BIBLIOGRAFIA

Allan, G. (1991). Social work, community care, and informal networks. *In* M. Davies (ed.), *The sociology of social work*. London: Routledge.

Alarcão, M. (1998). Família e redes sociais – malha a malha se tece a teia. *Interacções, 7*, 93-102.

Alarcão, M. (2000). *(des)Equilíbrios familiares*. Coimbra: Quarteto

Alarcão, M. & Relvas, A.P. (1998). Entrevista com Mony Elkaïm. *Interacções, 7*, 135-142.

Alarcão, M. & Relvas, A.P. (2002). Transformações na Intervenção sistémica. *Psychologica, 30*, 57-68.

Alarcão, M. & Sousa, L. (2007). Rede social pessoal: do conceito à avaliação. *Psychologica, 44*, 353-376.

Almeida, H.N. (2001). Conceptualização da mediação social em trabalho em rede. Jornadas sobre redes sociais: forma alargada de participação, Associação de Investigação e Debate em Serviço Social, 23 Novembro de 2001 [não publicado], Porto.

Almeida-Costa, J.M. (1998). A realidade construída. *In* J. Gameiro (coord.). *Quem sai aos seus...* Porto: Afrontamento.

Anderson, H. & Goolishian, H. (1998). O cliente é o especialista: a abordagem terapêutica do não-saber. *In* S. McNamee & K.J. Gergen. *A terapia como construção social* (pp. 34-65). Porto Alegre: Artes Médicas.

Antunes, C. & Fontaine, A.M. (1995). Diferenças na percepção do apoio social na adolescência: adaptação de uma escala, o Social Support Appraisals (SSA) de Vaux *et al.* (1980). *Cadernos de Consulta Psicológica, 10/11*, 115-127.

Baptista, M.V. (2001). *A investigação em Serviço Social*. Lisboa-S. Paulo: CPIHTS e Veras.

Barreyre, J-Y., Bouquet, B., Chantreau, A., & Lassus, P. (dir.) (1995). *Dictionnaire critique d'action sociale*. Paris: Bayard.

Barrón, A. (1996). *Apoyo social: aspectos teóricos y aplicaciones*. Madrid, Siglo Veintiuno España Editores.

Barreyre, J-Y. (dir.) (1995). *Dictionnaire critique d'action sociale*. Paris: Bayard, 1995.

Bateson, G. (1996). *Metadiálogos*. Lisboa: Gradiva. Edição original, 1972

Bélanger, M. & Rousseau, R. (1984). Les phases de l'intervention de réseaux. *In* C. Brodeur & R. Rousseau (dir.). *L'intervention de réseaux – une pratique nouvelle* (84-95). Montréal: France-Amérique.

Besson, C. (1994). Parcours méthodologique. *In* L. Sanicola (dir.). *L'intervention de réseaux* (pp. 155-274). Paris: Bayard Éditions.

Beauregard, L. & Dumont, S. (1996). La mesure du soutien social. *Service Social, 45*, 3.

Birou, A. (1988). *Dicionário de ciências sociais*. Lisboa: Publicações Dom Quixote.

Blanchet, L., Dauphinais, R., & Laviguer, H. (1981). L'intervention en réseau, un modèle alternatif de prise en charge communautaire. *Revue Santé Mental au Québec. Online In* www.erudit.org/revue/smq/1981/v6/ n2/030110ar.pdf, consultado em 2007/05/11.

Born, M. & Lionti, A.-M. (1996). *Familles pauvres et intervention en réseau*. Paris: L'Harmattan.

Bott, E. (1990). *Familia e red social*. Madrid: Altea Taurus. Edição original, 1971.

Brodeur, C. & Rousseau, R. (dir.) (1984). *L'intervention de réseaux – une pratique nouvelle*. Montréal: France-Amérique.

Bronfenbrenner, U. (1996). A ecologia do desenvolvimento humano: experimentos naturais e planejados. Porto Alegre: Artes Médicas. (Edição Original, 1979). Cambridge: Harvard University Press.

Campanini, A. & Luppi, F. (1996). *Servicio Social y modelo sistémico* (2ª reimpressão). Barcelona: Paidós.

Campanini, A. (2001). Una perspectiva sistemica per il servizio sociale. *In* H. Mouro & D. Simões. *100 Anos de Serviço Social* (pp. 185-212). Coimbra: Quarteto.

Canavarro, J. (1998). Construtivismo e construcionismo social – similitutes e diferenças, compatibilidade ou incompatibilidade? *In* Vários, *Ensaios em Homenagem a Joaquim Ferreira Gomes*. Coimbra: FPCE da Universidade de Coimbra.

Cardozo, E. (1981). Diagnostico em Serviço Social a nível de comunidade na perspectiva de ajustamento e transformação social. *Serviço Social & Sociedade, 4*, 119-149.

Carmo, M.G.F.S. (2004). A influência das características das famílias em intervenção precoce na identificação das suas necessidades e na utilidade da sua rede de apoio social. *Online in* https://repositorium. sdum. uminho.pt/handle/1822/589?locale=fr consultado em 2007/04/06.

Cazeneuve, J. (dir.) (1982). *Dicionário de Sociologia*. Lisboa, São Paulo: Verbo.

Chambo, V.J.A. (1997). *Apoyo social y salud, una perspectiva comunitária*. Valencia: Promolibro.

Chetkow-Yanoov, B. (1992). *Social Work practice, a systems approach*. New York: The Haworth Press.

Cochran, M., Larner, M., Riley, D., Gunnarsson, L., & Henderson, C.R. (1990). *Extending families, the social networks of parents and their children*. Cambridge: Cambridge University Press.

Cohen, S., Underwood, L.G., & Gottlieb, B.H. (eds.) (2000). *Social support measurement and intervention – a guide for health and social scientists*. Oxford: Oxford University Press.

Coimbra, A. (1990). Redes sociais: apresentação de um instrumento de investigação. *Análise Psicológica, 8* (2), 171-177.

Coletti, M. & Linares, J.L. (1997). *La intervención sistémica en los servicios sociales ante la familia multiproblemática – La experiencia de Ciutat Vella*. Barcelona: Paidós.

Costa, A.B. (2004). *Exclusões sociais*. (4ª edição). Lisboa: Gradiva.

Dabas, E.N. (1993). *Red de Redes: Las prácticas de la intervención en redes sociales*. Buenos Aires: Paidós.

Dabas, E.N. & Perrone, N. (1999). Redes en salud. *Online in* www.publicaciones.cucsh.udg.mx/pperiod/laventan/Ventana11/ventana11-2.pdf, consultado em 2007/06/20.

Davies, M. (ed.) (2000). *The Blacwell Encyclopedia of Social Work*. Madden, Oxford, Victoria : Blackwell.

Dawe, A. (1980). Teorias da acção social. *In* T.B. Bottomore & R. Nisbet (orgs.). *História da Análise Sociológica* (pp.475-546). Rio de Janeiro: Zahar.

Desmarais, D. & Mayer, R. (1980). Le modèle d'intervention auprès du réseau. *Revue Santé Mental au Québec. Online In* www.erudit.org/revue/smq/ 1980/v5/n1/030063ar.pdf, consultado em 2007/05/11.

Desmarais, D., Lavigueur, H., Roy, L., & Blanchet, L. (1995). Paciente identificado, red primaria e ideología dominante : el campo de intervención en salud mental. *In* M. Elkaïm, *Las Practicas de la Terapia de Red: salud mental y contexto social* (pp. 40-74, 2ª edição). Barcelona: Gedisa.

Dias, J.A. (1998). Do trapezista sem rede às redes dos equilibristas – na conjugação da terapia familiar e da intervenção em rede sistémica. *Interacções, 7*, 103-110.

Dornell, T. (2005a). Territorios y redes sociales. *Online in* http://www.rau.edu.uy/fcs/dts/Mip2/territoriosredes. pdf consultado em 2007/06/20.

Dornell, T. (2005b). Redes sociales y participación social. *Online in* http://www.rau.edu.uy/fcs/dts/Mip2/ territoriosredes.pdf consultado em 2007/06/20.

Durand, D. (1992). *A Sistémica*. Lisboa: Dinalivro. Edição Original, 1979, Paris: PUF.

Dumont, R. (2004). Le réseau profissionnel au service de la coordination inter-institutionnelle. *In* P. Dumoulin, R. Dumont, N. Bross, & G. Masclet. *Travailler en réseau, Méthodes et pratiques en intervention sociale* (pp.26-72). Paris: Dunot.

Dumoulin, P., Dumont, R. Bross, N., & Masclet, G. (2004). *Travailler en réseau, Méthodes et pratiques en intervention sociale*. Paris: Dunot.

Efran, J.S. & Clarfield, L.E. (1998). Terapia construcionista: sentido e contra-senso. *In* S. McNamee & K.J. Gergen. *A terapia como construção social* (pp.239-259). Porto Alegre: Artes Médicas.

Elkaïm, M. (1979). Système familiale et système social. Cahiers critiques de thérapie familiale et de pratiques de réseaux, 1, Paris: Éditions Gamma.

Elkaïm, M. (1980). 'Défamilialiser' la thérapia familiale. De l'aproche familiale à l'aproche sócio-politique. *Cahiers critiques de thérapie familiale et de pratiques de réseaux, 2*, Paris: Éditions Gamma.

Elkaïm, M. (org.) (1995). *Las practicas de la terapia de red: salud mental y contexto social* (2ª edição). Barcelona: Gedisa.

Elkaïm, M. (1995b). Redes, sistemas de intervención barrial. *In* M. Elkaïm, *Las Practicas de la Terapia de Red: salud mental y contexto social* (pp. 75-85, 2ª edição). Barcelona: Gedisa.

Elkaïm, M. (org.) (2000). *Terapia familiar em transformação*. São Paulo: Summus.

Faleiros, V.P. (1997a). *Estratégias em Serviço Social*. São Paulo: Cortez.

Faleiros, V.P. (1997b). *Saber profissional e poder institucional* (5ª edição). São Paulo: Cortez.

Fazenda, I. (s.d.). Empowerment e participação, uma estratégia de mudança. *Online In* http://www.cphits. com, consultado em 2007/10/01.

Feixas, G. (1991). Del individuo al sistema: la perspectiva constructivista como marco integrador. *Revista de Psicoterapia*, II, 6/7, 91-120.

Figueiredo, E.H.L. (2003). Crítica à teoria sistémica da sociedade. *Online in* calvados.c3sl.ufpr.br/ojs2/ index.php/direito/article/viewFile/1739/1438, consultado em 2007/10/12.

Fruggeri, L. & Matteini, M. (1995). Povertà e Servizi sociali, *prospettive sociali e sanitarie*, 25(3), *Online in* www.terapiafamiliare.org/terapia_ familiare_files/articoli_laura_fruggeri/Psicobiettivo%20costruzionismo. doc, consultado em 2007/08/26.

Fruggeri, L. (1998). O processo terapêutico como construção social. *In* S. McNamee & K.J. Gergen. *A terapia como construção social* (pp. 51-65). Porto Alegre: Artes Médicas.

Gameiro, J. (1992). *Voando sobre a psiquiatria, análise epistemológica da psiquiatria contemporânea*. Porto: Afrontamento.

Garrucho, J.C. & Gomes, M. (1998). Cães e gatos na casinha do menino com medo – intervenção sistémica em rede em contexto escolar: um breve olhar... *Interacções*, 7, 111-134.

Gergen, K. & Warhuus, L. (2001). Terapia como construção social: características, reflexões, evoluções. *In* M.M. Gonçalves & O.F. Gonçalves (coords). *Psicoterapia, discurso e narrativa: a construção conversacional da mudança* (27-64). Coimbra: Quarteto.

Giddens, A. (1997). O desenvolvimento da teoria sociológica. *In* A. Giddens, *Sociologia* (pp. 829-860). Lisboa: Fundação Calouste Gulbenkian.

Góngora, J.N. & Beyebach, M. (comp.) (1995). *Avances en terapia familiar sistémica*. Barcelona: Paidós.

Góngora, J.N. (1991). Intervencion en grupos sociales. *Revista de Psicoterapia*, 2 (6/7), 139-158.

Góngora, J.N. (1992). *Técnicas y programas en terapia familiar*. Barcelona: Paidós.

Griep, R.H., Chor D., Faerstein E., Lopes C. (2003). Apoio social: confiabilidade teste-reteste de escala no Estudo Pró-Saúde. *Cadernos de Saúde Pública*, 19 (2), 625-634. *Online in* http://www.scielo.br/ scielo. php?script=sci_arttext&pid=S0102-311X2003000200029&lng=pt&nrm=iso, consultado em 07/07/14

Griep, R.H., Chor D., Faerstein E., Werneck, G.L., & Lopes C. (2005). Validade de constructo de escala de apoio social do Medical Outcomes Study adaptada para o português no Estudo Pró-Saúde. *Cadernos de Saúde Pública*, 21(3), 703-714, *Online in* http://www.scielo.br/pdf /csp/v21n3/04.pdf, consultado em 2007/07/14

Guadalupe, S. (2000). *Singularidade das redes e redes da singularidade – rede social pessoal e saúde mental* [Dissertação de Mestrado]. Coimbra: Instituto Superior Miguel Torga.

Guadalupe, S. (2001). *Intervenção em rede e doença mental*. II Encontro de Serviço Social em Saúde Mental: Novas Perspectivas, Hospital Sobral Cid, Coimbra, 26 de Janeiro de 2001. Estudos & Documentos CHPITS. *Online in* http://www.cpihts.com/ PDF03/Sonia%20Guadalupe.pdf

Guadalupe, S. (2003). Programa Rede Social: questões de intervenção em rede secundária. *Interacções*, 5, 67-90.

Guadalupe, S. (2004). O Eco-mapa de Ann Hartman [trabalho não publicado]. Coimbra: ISMT.

Guay, J. (1984). *L'intervenant professionnel face à l'aide naturelle*. Gaëtan Morin Éditeur.

Guèdon, M-C. (1984). Les réseaux sociaux, *In* C. Brodeur & R. Rousseau, (dir.). *L'intervention de réseaux – une pratique nouvelle* (pp. 15-33). Montréal: Éditions France-Amérique.

Hamilton, G. (1958). *Teoria e prática do Serviço Social de casos*. Rio de Janeiro: Agir. Edição Original, 1940, New York, Columbia University Press.

Hartman, A. & Laird, J. (1983). *Family-centered Social Work practice*. New York: Free Press.

Healy, K. (2001). *Trabajo Social: persectivas contemporáneas.*Madrid: Morata.

Henriquez, B.A.C. (1988). A teoria funcionalista das profissões e o Serviço Social. *In* M. A. Negreiros *et al.*, *Serviço Social, profissão e identidade: que trajectória?*. Lisboa: Veras Editora.

Hespanha (1993). Vers une societé-providence simultanément pré-et-post-moderne. *Oficina do CES*, 38. Coimbra: Centro de Estudos Sociais.

Hill, R. A. & Dunbar, R.I.M. (2003). Social network size in humans. *Human Nature*, 14 (1), 53–72.

Hoffman, L. (1990). Constructing realities: an art of lenses. *Family Process*. 29 (1), 1–12.

Idáñez, M.J.A. & Ander-Egg, E. (1999). *Diagnóstico Social, conceptos y metodologia*. Madrid: ICSA (Instituto de Ciencias Sociales Aplicadas).

Imber-Black, E. (1988). *Families and larger systems. A family therapist's guide through the labyrinth*. New York: The Guilford Press.

Johnson, B. & Côrte-Real, F. (2000). O som do silêncio, uma reflexão a partir do serviço social da saúde em hospital. *Intervenção Social*, 21, 33-44.

Kahn, R. L., & Antonucci, T. C. (1980). Convoys over the life course: attachment, roles and social support. *In* P. B. Baltes (Ed.), *Life-span development and behavior* (Vol.3). New York: Academic Press.

Kilpatrick, A.C. & Holland, T.P. (1999). *Working with families, an integrative model by level of need* (2ª edição). Boston: Allyn and Bacon.

Krebs, R.J. (1999). Novas tendências para o estudo do desenvolvimento humano. Palestra proferida no V Encontro Internacional para Estudos da Criança (Brasil). *Online In* www.fmh.utl.pt/mestradodc/ textosruykrebs/novastendencias.pdf. Consultado em 2007/09/25.

Lacroix, J-L. (1990). *L'individu, sa famille et son réseau: les thérapies familiales systémiques.* Paris: ESF.

Lasagabaster , J.M. & Guardiola, I.T. (1999). *Manual de praticas de trabajo social en el campo de la salud.* Madrid: Siglo Veintiuno.

Lazega, E. (1998). *Réseaux sociaux et structures relationelles.* Paris: PUF.

Lemieux, V. (1999). *Les réseaux d'acteurs sociaux.* Paris: PUF.

Le Moigne, J-L. (1994). *La théorie du système général, théorie de la modélisation.* Reedição em e-book, Online *In* http://www.mcxapc.org/ inserts/ouvrages/0609tsgtm.pdf. Edição Original, Paris: PUF, 1977.

Libois, J. & Loser, F. (2003). Travailler en réseau, analyse de l'activité en partenariat dans les domaines du social, de la santé et de la petite enfance. Genève: IES Éditions.

Marc, E. & Picard, D. (1984). *L'école de Palo Alto.* Paris: Retz.

Matos, A. P. & Ferreira, A. (2000). Desenvolvimento de uma escala de apoio social. *Psiquiatria Clínica, 21*(3), 243-251.

McNamee, S. & Gergen, K.J. (1998). *A terapia como construção social.* Porto Alegre: Artes Médicas.

McNamee, S. (2001). Reconstruindo a terapia num mundo pós-moderno: recursos relacionais. *In* M.M. Gonçalves e O.F. Gonçalves (coords). *Psicoterapia, discurso e narrativa: a construção conversacional da mudança* (pp.235-264). Coimbra: Quarteto.

Mercklé, P. (2004). *Sociologie des réseaux sociaux.* Paris: Éditions La Découverte & Syros.

Milardo, R. M. (1988). *Families and social networks.* Newbory Park: Sage.

Miley, K.K., O'Melia, M., & DuBois, B. (2001). *Generalist social work practice, An Empowering Approach.* Boston: Allyn & Bacon.

Minuchin, P, Colapinto, J., & Minuchin, S. (2000). *Pobreza, institución, familia.* Buenos Aires: Amorrortu.

Molina, J.L. (2001). *El análisis de redes sociais, una introducción.* Barcelona: Bellaterra.

Morales, A.T. & Sheafor, B.W. (1998). *Social Work, a profession of many faces* (8ª edição). Boston: Allyn and Bacon (Edição original, 1977).

More, C.O.O. (2005). As redes pessoais significativas como instrumento de intervenção psicológica no contexto comunitário. Online *In* www.labsfac.ufsc.br/documentos/As%20Redes%20Pessoais%20 Significativas.pdf, consultado em 2007/05/11.

Monteiro, S., Araújo, A., Oliveira, C., Ramos, M.M., & Canavarro, M.C. (2005). O papel das relações com a família de origem e do suporte social na adaptação à transição para a maternidade. *Iberpsicologia, 10,* Online *in* http://www.fedap.es/IberPsicologia/iberpsi10/congreso_lisboa/monteiro4/monteiro4. htm, consultado em 2007/05/11.

Morin, E. (1997*). O Método. I. A natureza da natureza* (3ª edição). Mem Martins: Publicações Europa-América. Edição original, 1977, Paris: Éditions du Seuil.

Morin, E. (2003). *Introdução ao pensamento complexo* (4ª edição, Edição original 1990, Paris: ESF). Lisboa: Instituto Piaget.

Muñoz, M.M., Barandalla, M.F., & Aldalur, A.V. (1996). *Manual de indicadores para el diagnostico social.* Bilbao: Colégios Oficiales de Diplomados en Trabajo Social y Assistentes Sociales de la Comunidade Autónoma Vasca.

Nascimento, L.C. , Rocha, S.M.M., & Hayes, V.E. (2005). Contribuições do genograma e do ecomapa para o estudo de famílias em enfermagem pediátrica. *Revista Texto & Contexto Enfermagem, 14* (2), Online *In* http://www.textoecontexto.ufsc.br/viewarticle.php?id=92, consultado em 2007/02/02.

Navarro, S. (2004). *Redes sociales y construcción comunitaria, creando (con)textos para una acción ecológica.* Madrid: Editorial CCS .

Netting, F.E., Kettner, P.M., & McMurtry, S.L. (1993). *Social Work macro practice.* New York, London: Longman.

Nowak, J. (2001). O trabalho social de rede – a aplicação das redes sociais no trabalho social. *In* H. Mouro & D. Simões. *100 Anos de Serviço Social* (pp. 149-184). Coimbra: Quarteto.

Nunes, J.A. (1995). Com mal ou bem, aos teus te além: as solidariedades primárias e os limites da sociedade providência. *Revista Crítica de Ciências Sociais, 42,* 5-25.

Nunes, M. (2005). Apoio social na diabetes. *Millenium, 31,*135-149.

Oliveira, R.A. (1999). *Do vínculo ao suporte social: aspectos psicodinâmicos em sujeitos com deficiências físicas adquiridas* [Tese de Doutoramento em Psicologia Clínica]. Coimbra: Faculdade de Psicologia e Ciências da Educação da Universidade de Coimbra

Onnis, L. (1991). La renovacion epistemologica actual de la psicoterapia sistemica: repercusiones en la teoria y en la practica. *Revista de Psicoterapia*, II, 6/7, 5-16.

Ornelas, J. (1994). Suporte social: origens, conceitos e áreas de investigação. *Análise Psicológica*, 2-3 (XII), 333-339.

Paixão, R. & Oliveira, R.A. (1996). Escala instrumental e expressiva do suporte social. *Psychologica*, 16, 83-99.

Paixão, R. (1995). As intervenções em rede. *Interacções*, 1, 33-48.

Pakman, M. (s/d). Uma atualização epistemológica das terapias sistémicas. *Online In* www.usp.br/nemge/textos_seminario_familia/terapias_ sistemicas_pakman.pdf, consultado em 2007/05/11.

Parton, N. & Marshall, W. (1998). Postmodernism and discourse approaches to social work. *In* R. Adams, L. Dominelli & M. Payne, *Social Work – Themes, Issues and Critical Debates* (pp. 240-249). New York: Palgrave.

Paugam, S. (2003). *A desqualificação social: ensaio sobre a nova pobreza*. Porto: Porto Editora.

Payne, M. (2002). *Teoria do trabalho social moderno*. Coimbra: Quarteto.

Perret, B. (2004). Les indicateurs sociaux: essai de problématique. *Informations Sociales*, 114, 36-45.

Pestana, J.L.M. & Sánchez-Pinilla, M.D. (2000). Teoria de sistemas, trabajo social y bienestar. *Nómadas*, 1.

Pilisuk, M. & Parks, S.H. (1986). *The healing web, social networks and human survival*. Hanover, London: University Press of New England.

Pincus, A. & Minahan, A. (1973). *Social Work practice: model and method*. Itasca: F. E. Peacock.

Pinheiro, M.R.M. & Ferreira, J. A.G. (2002). O questionário de suporte social: adaptação e validação da versão portuguesa do Social Support Questionnaire (SSQ6). *Psychologica*, 30, 315-333.

Portugal, S. (1995). As mãos que embalam o berço: Um estudo sobre redes informais de apoio à maternidae. *Revista Crítica de Ciências Sociais*, 42, 155-78.

Portugal, S. (2005). "Quem tem amigos tem saúde": o papel das redes sociais no acesso aos cuidados de saúde. Oficina do CES, 235. Coimbra: CES-UC. *Online in* http://www.ces.uc.pt/publicacoes/oficina/235/235.pdf consultado em 2006/07/10.

Portugal, S. (2007). Contributos para uma discussão do conceito de rede na teoria sociológica. Oficina do CES, 271. Coimbra: CES-UC. *Online in* http://www.ces.uc.pt/publicacoes/oficina/271/271.pdf consultado em 2007/04/27.

Quintero, M.T.S. & Guidobono, N.G. (1985). *El diagnóstico social* (4ª edição). Buenos Aires: Humanitas.

Redondo, J., Fernandes, V.M., Toscano, M.F., Rafael, M.O., & Marques, A.S. (1991). Intervenção em Rede. *Revista da Associação para o Estudo, Reflexão e Pesquisa em Psiquiatria e Saúde Mental*, 3(1), 41-71.

Relvas, A.P. (1996). *O ciclo vital da família – perspectiva sistémica*. Porto: Afrontamento.

Relvas, A.P. (1998). Família e indivíduo – já alguém apertou a mão à família?. *Interacções*, 7, 83-92.

Relvas, A.P. (1999). *Conversas com famílias – discursos e perspectivas em terapia familiar*. Porto: Afrontamento.

Relvas, A.P. (2000). *Por detrás do espelho – da teoria à terapia com a família*. Coimbra: Quarteto.

Relvas, A.P. & Alarcão, M. (2001). Era uma vez... quatro terapeutas e uma família. Narrativa de uma terapia familiar. *In* M.M. Gonçalves & O.F. Gonçalves (coords). *Psicoterapia, discurso e narrativa: a construção conversacional da mudança* (267-299). Coimbra: Quarteto.

Ribeiro, J.L.P. (1999). Escala de satisfação com o Suporte Social (ESSS). *Análise Psicológica*, 3 (XVIII): 547-558.

Ribeiro, J.L.P. (2007). *Avaliação em psicologia da saúde: instrumentos publicados em português*. Coimbra: Quarteto.

Richmond, M.E. (1950). *Diagnóstico social*. Lisboa: Instituto Superior de Higiene Dr. Ricardo Jorge. Edição original, 1917.

Rodrigues, F. & Stoer, S.R. (1998). *Entre parceria e partenariado – amigos amigos, negócios à parte*. Oeiras: Celta.

Rodriguez, J.A. (1995). *Análisis estructural y de redes*. Madrid: Centro de Investigaciones Sociológicas.

Rosas, R.E. (2000). Redes sociales y pobreza. *La Ventana*, 11, 36-72 *Online in* www.publicaciones.cucsh. udg.mx/pperiod/laventan/Ventana11/ventana11-2.pdf, consultado em 2007/06/20.

Rosnay, J. (1977). *O macroscópio: para uma visão global*. Lisboa: Arcádia.

Samain, E. (2001). Gregory Bateson: rumo a uma epistemologia da comunicação. Ciberlegenda, 5. *Online In* http://www.uff.br/mestcii/ samain1.htm, consultado em 2007/05/28.

Sanicola, L. (dir.) (1994). *L'intervention de réseaux*. Paris: Bayard Éditions.

Santos, B.S. (1999). A reinvenção solidária e participativa do Estado. *Oficina do CES*, 134. Coimbra: Centro de Estudos Sociais.

Santos, F.R. (1996). *Redes sociales y cuestionarios*. Madrid: Centro de Investigaciones Sociológicas.

Seed, P. (1990). Introducing Network Analysis in Social Work. London: Jessica Kingsley Publishers.

Silva, L.F. (2001). Intervenção psico-social. Lisboa: Universidade Aberta.

Sluzki, C.E. (1996). *La red social: frontera de la practica sistemica*. Barcelona, Gedisa Editorial.

Sousa, L. (2005). *Famílias multiproblemáticas*. Coimbra: Quarteto.

Sousa, L. Hespanha, P., Rodrigues, S. & Grilo, P. (2007). *Famílias pobres: desafios à intervenção social*. Lisboa: Climepsi.

Soczka, L. (2005) Modelos de análise de redes sociais e limitações do modelo do equilíbrio estrutural de Heider. *Interacções*, 8, 83-122.

Speck, R.V. & Rueveni, U. (1969). Network therapy, a developing concept. *Family Process*, 8, 182-191.

Speck, R.V. & Attneave, C.L. (1990). *Redes familiares*. Buenos Aires: Amorrortu. Edição original, 1973, New York: Pantheon.

Speck, R.V. (1995). La intervención de red social: las terapias de red, teoría y fesarrollo. *In*, M. Elkaïm (org.). *Las practicas de la terapia de red: salud mental y contexto social* (pp. 20-39, 2ª edição). Barcelona: Gedisa Editorial. Edição original, 1987, Paris: ESF.

Tolsdorf, C.C. (1986). Social networks, support and coping: an explanatory study. *Family Process, 15*, 407-418.

Ugazio, V. (1991). El modelo terapeutico sistemico: una perspectiva constructivista. *Revista de Psicoterapia,* II, *6/7*, 17-40.

Urios, A.S. (2000). *Intervención microsocial: trabajo social con individuos y famílias*. Múrcia: Diego Marín.

Varandas, M.C. (1995). *Diagnóstico em Serviço Social* [Dissertação de mestrado]. Badajoz: Universidad de Extremadura.

Vasconcellos, M.J.E. (2006). *Pensamento sistémico, o novo paradigma da ciência* (5ª edição; edição original, 2002). São Paulo: Papirus.

Vaux, A. (1988). *Social support: theory, research and intervention*. New York: Praeger.

Watzlawick, P., Beavin, J.H. & Jackson, D.D. (1993). *Pragmática da comunicação humana, um estudo dos padrões, patologias e paradoxos da interacção* (9ª edição). São Paulo: Cultrix.

Watzlawick, P. (1991). *A realidade é real?*. Lisboa: Relógio d'água.

Wellman, B. (2004). Connecting community: on- and off-line. *Contexts, 3/4*, 22-28.

Wilden, A. (1980). *System and structure*. London: Tavistock.

Winkin, Y. (2005). The European importation of the "Palo Alto Group" ideas: an auto-ethnographic approach. Conferencia apresentada em "The international circulation of ideas in Europe's social sciences", Crète, *Online In* http://www.espacesse.org/en/art-95.html, consultado em 2007/05/28.

Whittaker, J.K. & Garbarino, J. (1983). *Social support networks: informal helping in the human services*. New York: Aldine de Gruyter.

www.ingramcontent.com/pod-product-compliance
Lightning Source LLC
Chambersburg PA
CBHW070250290326
41930CB00041B/2433